"十二五"职业教育国家规划教材
经全国职业教育教材审定委员会审定

"十四五"职业教育河南省规划教材

高职高专物流专业"互联网+"创新规划教材

仓储与配送管理实务
（第3版）

李陶然　褚　阳◎主　编
李晓琴　郭东阳◎副主编
张　玺　王　晗　赵　宇◎参　编

内 容 简 介

本书系统地讲述了仓储与配送管理的相关理论、业务作业与方法、业务管理，内容分为导读、行动和管理三篇。在导读篇中，主要讲述仓储与配送的基础知识、战略选择、组织构建、选址和设备选用的方法；在行动篇中，将仓储与配送分成仓储运作作业、运输与配送运作作业，其中要完成的仓储运作作业有入库作业、补货与拣货作业、仓库保管作业、仓库盘点作业、仓库出库作业，要完成的运输与配送运作作业所实施的行动有运输方案设计与决策、配送计划制订作业、配送线路优化作业、车辆调度与送货作业；在管理篇中，主要阐述仓储与配送的 5 项管理内容，即服务管理、客户开发与商务管理、库存控制与成本管理、安全管理、绩效管理。

本书以导读篇为基础，以行动篇为关键，以管理篇为支撑，形成一个紧密的内容结构体系。本书可作为高职高专物流管理等相关专业的教材，也可作为从事物流企业经营管理的人员的学习和参考资料。

图书在版编目 (CIP) 数据

仓储与配送管理实务 / 李陶然，褚阳主编 . —3 版 . —北京：北京大学出版社，2021.1
高职高专物流专业"互联网+"创新规划教材
ISBN 978-7-301-31846-1

Ⅰ. ①仓… Ⅱ. ①李… ②褚… Ⅲ. ①仓库管理—高等职业教育—教材 ②物流管理—物资配送—高等职业教育—教材 Ⅳ. ① F253

中国版本图书馆 CIP 数据核字 (2020) 第 226051 号

书　　　名	仓储与配送管理实务（第 3 版） CANGCHU YU PEISONG GUANLI SHIWU（DI-SAN BAN）
著作责任者	李陶然　褚　阳　主编
策 划 编 辑	蔡华兵
责 任 编 辑	蔡华兵
数 字 编 辑	金常伟
标 准 书 号	ISBN 978-7-301-31846-1
出 版 发 行	北京大学出版社
地　　　址	北京市海淀区成府路 205 号　100871
网　　　址	http://www.pup.cn　　新浪微博：@北京大学出版社
电 子 邮 箱	编辑部 pup6@pup.cn　　总编室 zpup@pup.cn
电　　　话	邮购部 010-62752015　　发行部 010-62750672　　编辑部 010-62750667
印 刷 者	北京溢漾印刷有限公司
经 销 者	新华书店
	787 毫米 × 1092 毫米　16 开本　16.5 印张　439 千字 2012 年 3 月第 1 版　2014 年 9 月第 2 版 2021 年 1 月第 3 版　2025 年 1 月第 3 次印刷
定　　　价	46.00 元

未经许可，不得以任何方式复制或抄袭本书之部分或全部内容。
版权所有，侵权必究
举报电话：010-62752024　　电子邮箱：fd@pup.cn
图书如有印装质量问题，请与出版部联系，电话：010-62756370

前言

在全球经济一体化的今天，随着市场经济的发展，企业通过物流运作去赢得市场的做法非常普遍。在现代物流业中，仓储与配送是整个物流系统运作的重要组成部分，通过仓储与配送合理、科学的运作，能够有效地降低企业成本，为客户创造价值。仓储与配送的发展水平和状况对于现代物流的发展有着深远的影响，其在社会经济发展中所起的作用也越来越大。

国务院印发的《国家职业教育改革实施方案》（简称"职教20条"）提出，在职业院校实施"1+X"证书制度改革，完善职业教育和培训体系，深化"三教"改革，促进产教融合。本书根据"职教20条"的要求，在第2版的基础上修订而成，调整了部分内容（包括知识点、案例、实训项目等），增加了思维导图、学习目标、能力自测及其他环节，并配备微课、动画和图片等资源，可供学生使用移动终端扫描二维码进行在线观看、学习。

仓储与配送管理课程是物流管理专业的核心课程。本书在编写时，首先分析典型工作任务，归纳出行动领域，然后转化成学习领域，基于工作过程设计学习情境。这种新颖的内容结构能够激发学生的学习兴趣，调动学生的求知欲望。

本书满足"三教"改革要求，契合学生的认知规律，较好地体现了翻转教学思想，为翻转课堂提供资源支持。本书内容的显著特点是：知识内容全面、体系结构新颖、突出作业导向、校企合作编写、编写体例规范。

（1）知识内容全面。本书将主体内容分为3个部分，第一部分是仓储与配送基础知识导读，第二部分是仓储、运输与配送运作，第三部分是仓储与配送运营管理，基本涵盖了现代物流仓储与配送知识的各个方面。

（2）体系结构新颖。本书首先从仓储与配送的基础知识入手，详细阐述了在行动和管理之前必须熟知的知识；其次，将仓储运作、运输与配送运作分开介绍，每项任务细分成多项行动，并按照业务运作的先后顺序进行分解；最后，管理部分介绍了仓储与配送的所有运作管理，以保证仓储与配送作业能够有序且高质量、低成本地进行运作。

（3）突出作业导向。本书的编写突出仓储与配送运作过程中基于工作过程和行动导向理念的应用，强调对学生专业技能的培养，内容的组织和安排完全符合高等职业教育和物流职业技能的要求。

（4）校企合作编写。本书在策划阶段和编写过程中，与郑州思念食品有限公司、南阳防爆电机集团公司、南阳市东森医药物流有限公司、河南牧原食品股份有限公司、南阳民爆器材有限公司等企业的专家进行过多次研讨，使得内容要点与企业实践要求紧密结合，具有管理实务的特色。

（5）编写体例规范。本书篇章结构清晰，内容体例条理，各部分内容都设有思维导图、学习目标、学习导入、应用案例、实训项目、能力自测，便于学习和实操。

本书实训考核的方式有教师评价、小组内部成员互评和第三方评价组成，建议教师评价占60%权重，小组内部成员互评占20%的权重，第三方评价占20%的权重，综合三方评价得分为最终的实训考核分数。考评满分100分，60分以下为不及格，60～69分为及格，70～79分为中等，80～89分为良好，90分及以上为优秀。

本书由河南工业职业技术学院李陶然、河南工业职业技术学院褚阳担任主编，由河南工业职业技术学院李晓琴、河南工业职业技术学院郭东阳担任副主编，参编的有河南工业职业技术学院张玺、河南工业职业技术学院王晗、河南工业职业技术学院赵宇。具体编写分工为：李陶然编写导读一、导读二；褚阳编写导读三、任务一的行动一、任务一的行动二、任务二的行动一；李晓琴编写任务一的行动五、管理一、管理二、管理三；郭东阳编写任务一的行动三、任务一的行动四、任务二的行动三；张玺编写任务二的行动四、管理五；王晗编写管理四；赵宇编写任务二的行动二。郑州思念食品有限公司的王明涛、南阳市东森医药物流有限公司的黎富永等参与了本书的策划与审稿工作。

为了使本书内容新颖，编者参考了相关的文献资料，在此向这些文献资料的作者表示诚挚的谢意！在本书修订的过程中，各位参编老师和出版社编辑均付出了辛勤的劳动，也对他们表示由衷的感谢！

由于编写时间仓促，编者水平有限，加之仓储与配送管理理论和技术仍处在发展和完善之中，所以书中难免存在不足之处，真心希望广大专家、学者和读者不吝赐教。

编　者

2020年5月

目录 CONTENTS

PART 1 导读 /1

导读一 仓储与配送概述 /2
一、仓储与配送的概念 /3
二、仓储与配送的作用与分类 /5
三、仓储管理的概念与任务 /11
四、仓储与配送的发展趋势 /14
应用案例 /20
实训项目 /21
能力自测 /22

导读二 仓储与配送战略与组织 /23
一、仓储与配送的战略 /24
二、仓储与配送企业的组织架构 /29
三、仓储与配送企业的岗位设置 /32
四、仓储与配送作业规程 /34
应用案例 /37
实训项目 /38
能力自测 /39

导读三 仓储布置与设备选用 /40
一、仓储与配送中心选址 /41
二、仓储布置 /43
三、设备选用 /44
四、仓库规划 /53
应用案例 /55

实训项目 /57
能力自测 /58

PART 2 行动 /59

任务一 仓储运作 /60
行动一 入库作业 /60
一、入库作业流程 /61
二、入库作业操作 /65
应用案例 /68
实训项目 /69
能力自测 /70
行动二 补货与拣货作业 /71
一、补货与拣货作业流程 /72
二、补货与拣货作业操作 /73
应用案例 /76
实训项目 /76
能力自测 /77
行动三 仓库保管作业 /78
一、仓库保管作业流程 /79
二、仓库保管作业操作 /80
三、特种货物保管作业 /89
应用案例 /97
实训项目 /98
能力自测 /99
行动四 仓库盘点作业 /100
一、盘点准备工作 /101
二、选择盘点方法 /102
三、盘点工作内容 /103
四、培训盘点人员 /103
五、清理盘点现场 /104
六、盘点作业实施 /104
七、填写盘点表 /104
八、盘点总结与异常处理 /105
应用案例 /105
实训项目 /106
能力自测 /107
行动五 仓库出库作业 /108
一、出库作业流程 /108
二、客户优先权分析 /109

  三、出库作业操作 /111
  四、退货作业 /113
 应用案例 /114
 实训项目 /115
 能力自测 /116

任务二 运输与配送运作 /118
 行动一 运输方案设计与决策 /118
  一、运输方案设计 /119
  二、多式联运组织 /122
 应用案例 /126
 实训项目 /126
 能力自测 /128
 行动二 配送计划制订作业 /129
  一、制订配送计划要点 /129
  二、制订配送计划作业 /131
 应用案例 /133
 实训项目 /134
 能力自测 /135
 行动三 配送线路优化作业 /135
  一、配送路线规划目标及约束条件 /136
  二、直送式配送线路选择 /137
  三、分送式配送线路选择 /138
 应用案例 /143
 实训项目 /143
 能力自测 /145
 行动四 车辆调度与送货作业 /146
  一、车辆计划 /147
  二、车辆调度 /155
  三、车辆营运 /163
  四、送货作业 /166
  五、特殊货物运输组织 /169
 应用案例 /172
 实训项目 /173
 能力自测 /174

PART 3 管理 /175

管理一 服务管理 /176
  一、服务水平与成本的关系 /177

	二、质量管理工具与服务质量管理	/179
	应用案例	/182
	实训项目	/182
	能力自测	/183
管理二	客户开发与商务管理	/184
	一、客户开发与管理	/185
	二、合同管理	/191
	应用案例	/201
	实训项目	/203
	能力自测	/204
管理三	库存控制与成本管理	/205
	一、ABC 分类法	/206
	二、安全库存管理与控制	/208
	三、定量订货法与定期订货法	/211
	四、仓储成本控制	/215
	五、配送成本控制	/219
	应用案例	/221
	实训项目	/222
	能力自测	/224
管理四	安全管理	/225
	一、运输安全与风险管理	/226
	二、防火与防盗	/228
	三、抗台风与防雨汛	/232
	应用案例	/234
	实训项目	/236
	能力自测	/236
管理五	绩效管理	/238
	一、仓储与配送成本控制	/239
	二、仓储与配送绩效管理的目标、意义与原则	/244
	三、绩效考核与评价	/246
	应用案例	/250
	实训项目	/252
	能力自测	/252
参考文献		/254

PART 1

导读

导读一
仓储与配送概述

▶【思维导图】

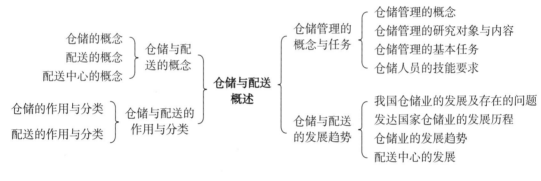

▶【学习目标】

（1）了解仓储与配送的基本概念和分类。
（2）掌握仓储与配送的作用，以及仓储作业人员的技能要求。
（3）熟悉仓储管理的概念和任务。
（4）了解仓储与配送的发展趋势。

【仓储概述】　【仓库概述】

▶【学习导入】

百利威物流是业内知名的现代供应链管理服务商，与当当、乐淘、京东等知名电商企业均有过合作。百利威物流的26号仓库，因当当、乐淘、京东在这里起步，被媒体称为中国电子商务的"福地"。百利威物流现代供应链服务网络覆盖了北京、沈阳、西安、武汉、成都、重庆、青岛、长沙、济南等城市，并将进一步拓展郑州、南京、海南、乌鲁木齐等市场。百利威物流在提供优良的仓储服务的基础上，利用仓储资源、行业经验、品牌效应，采用先进的技术手段和管理经验，整合各类资源，打造适合快速成长的电商物流市场的专业、集成、高效的标准化的仓配一体化运营服务体系和面向大规模、高成长、高利润企业的专业仓储物流网络。百利威物流的网络以北京为中心，逐步向各枢纽城市扩展，进而形成覆盖全国重点区域的网络化布局，希望成为行业领先的电商物流提供商和现代仓储物流整体解决方案专家。

（资料来源：http://www.chinawuliu.com.cn/xsyj/201507/17/303386.shtml，有改动）

思考
（1）百利威物流的主要功能是什么？
（2）分析百利威物流被称为中国电子商务的"福地"的原因。

PART 1 导读

一、仓储与配送的概念

（一）仓储的概念

"仓"即仓库，为存放、保管、储存物品的建筑物和场地的总称，可以是房屋建筑、洞穴、大型容器或特定的场地等，具有存放和保护物品的功能。"储"即储存、储备，表示收存以备使用，具有收存、保管、交付使用的意思。仓储通过仓库对商品与物品进行储存与保管。简而言之，仓储就是在特定的场所储存物品的行为。

【仓储的概念】

课堂思考

根据仓储的概念，你能找出你家中的仓储吗？随着生活水平的提高，你家中的哪些仓储或将消失？

仓储是根据社会生产的产品剩余和产品流通的需要而产生的。在原始社会，出现了存放多余猎物和食物的场所；进入工业社会后，随着产品品种的丰富和生产效率的提升，产生了现代意义上的仓库，并随着产品生产的发展而发展；进入21世纪后，经济活动和人们生活中的不均衡和不同步的现象普遍存在，许多产品都需要经过一定时间的存储，才能进入消费领域，仓储成为物流系统的重要环节，在产品的生产和流通过程中起着非常重要的作用。

此外，仓储还应用于政治、军事、防灾等方面，用来进行一定的物资储备。

课堂思考

举例说明仓储在政治、军事、防灾等方面的应用。

在产品的生产和流通过程中，因订单前置或市场预测前置而使产品、物品暂时存放。仓储是集中反映生产与生活物资活动状况的综合场所，是连接生产、供应、销售的中转站，对提高生产效率起着辅助作用。同时，在仓储实体活动中，还伴随着清晰的报表、单据、会计部门核算等信息。因此，仓储是物流、单证流、信息流的合一。

（二）配送的概念

"配送"一词来源于英文"delivery"，其意为运送、输送和交货。我国国家标准《物流术语》（GB/T 18354—2021）中对配送的定义是：根据客户要求，对物品进行分类、拣选、集货、包装、组配等作业，并按时送达指定地点的物流活动。日本工业标准对配送的定义是：把物品从物流基地送到收货者手里的活动。由此可以看出，配送是商流与物流的结合体，是拣选、加工、包装、组配、送货等各种物流活动的有机组合。

【配送的概念】

配送靠近客户，可以称为"二次运输"或"末端运输"，但与运输相比有不同的地方，见表1-1。

表1-1 配送与运输的比较

比较项目	配 送	运 输
运输类型	支线运输、区域内运输、末端运输	干线运输
运输对象	多品种小批量	少品种大批量
运输工具	小型货车或简单工具	大型货车、火车、船舶、管道

续表

比较项目	配　送	运　输
运输管理重点	服务与成本优先	效率与效益优先
附属活动	装卸、保管、包装、分拣、流通加工、订单处理等	装卸、包装

（三）配送中心的概念

【配送中心的概念与作用】

《物流术语》对配送中心的定义是：具有完善的配送基础设施和信息网络，可便捷地连接对外交通运输网络，并向末端客户提供短距离、小批量、多批次配送服务的专业化配送场所。

日本《物流手册》对配送中心的定义是：从供应者手中接收多种大量物品，进行倒装、分类、保管、流通加工和情报处理等作业，然后按照众多需要者的订货要求备齐物品，以令人满意的服务水平进行配送的设施。

日本《市场用语词典》对配送中心的解释是：配送中心是一种物流节点，它不以储藏仓库的这种单一的形式出现，而是发挥配送职能的流通仓库，也称基地、据点或流通中心。配送中心的目的是降低运输成本，减少销售机会的损失，为此建立设施、设备并开展经营、管理工作。

我国物流专家王之泰在其专著《现代物流学》中对配送中心是这样定义的：配送中心是从事物品配备（集货、加工、分货、拣选、配货）和组织对用户的送货，以高水平实现销售或供应的现代流通设施。

以上对配送中心的定义性的提法，反映了在"效率优先"的市场经济环境中，人们主要追求的是由配送中心带来的效益，而不过分拘泥于形式，应该说是一种有益的现象。但是，它们仅把配送中心界定为是一种具有备货、送货功能的"物流据点""场所"或"设施"，强调了"点"的作用，而忽视了"桥梁"和"辐射"的作用，配送中心应是构建物品和客户的桥梁和纽带，具有强大的辐射功能。

综合来说，配送中心的概念应包括：以从事或组织物品配送（集货、包装、加工、配货和送货）为主要职能的现代流通型经济实体；以营利为目的，通过构建厂商和客户之间的紧密、高效的枢纽网络，直接或间接地向社会供应物品或劳务，以满足客户需要的服务性经济组织。这个概念的要点解析如下：

（1）"集货、配货"是配送中心主要的、独特的工作，全部由配送中心完成，是配送中心的核心盈利点。

（2）"送货"对配送中心而言主要是承担组织管理，其职能范围可视配送中心的实际而定；或自主承担送货或利用社会运输企业完成送货，以降低物流成本，实现资源共享的最优化。

（3）"流通""服务"强调了配送中心活动是社会再生产过程中不可或缺的重要的供应和销售环节，属于社会再生产过程的流通阶段。

（4）"经济实体""经济组织"突出了配送中心经营活动的目的是获取利润。

（5）"现代"区别于以前的商场、贸易中心、仓库等，以现代信息技术和装备为基础，兼顾物流、信息流、商流。

（6）"枢纽网络"是指配送中心应具有强大的桥梁、纽带、衔接和辐射功能，通过枢纽辐射网络，将地区市场、国内市场、国际市场有机地统一起来，形成网络经济（也称整合经济）。

> **课堂思考**
> 查阅资料,说明我国区域物流枢纽的网络布局。

二、仓储与配送的作用与分类

(一)仓储的作用与分类

1. 仓储的作用

(1)仓储是社会生产顺利进行的必要过程。现代社会的劳动生产率较高,产量巨大,绝大多数产品都不能被即时消费,需要经过仓储才能避免生产过程被堵塞,以保证生产过程持续进行。而且,生产所使用的原料等需要进行合理的储备,才能保证及时供应,满足生产的需要。

(2)调整生产和消费的时间差,维持市场稳定。一方面,人们需求的持续性与产品的季节性、批量性生产的集中供给之间存在供需时差,通过仓储将集中生产的产品进行储存,持续地向消费者提供,才能保证不断地满足消费者的需求。另一方面,集中生产的产品如果即时推向市场销售,必然造成市场上短时期内产品供给大于需求,造成产品价格大幅度降低,甚至无法得到消费而被废弃;相反,在产品紧缺季节,市场供应量少而价高。通过仓储,将仓储产品均衡地向市场供给,才能稳定市场,有利于生产的持续进行。

(3)劳动产品价值保存的作用。生产出来的产品在消费之前必须保持其使用价值,否则将会被废弃。这项任务就需要由仓储来承担,在仓储过程中对产品进行保护、管理,防止损坏而丧失使用价值。同时,仓储是产品走向消费的最后一道作业环节,可以根据市场对产品消费的偏好,对产品进行最后的加工改造和流通加工,提高产品的附加值,以促进产品销售,进而增加收益。

(4)流通过程的衔接。产品从生产到消费,需要经过"分散—集中—分散"的过程,还可能需要经过不同运输工具的转换运输。为了有效地利用各种运输工具,降低运输过程中的作业难度,实现经济运输,物品需要通过仓储进行候装、配载、包装、成组、分拨、疏散等。为了满足销售的需要,物品需要在仓储中进行整合、分类、拆除、包装、配送等处理和存放。存放在仓库里的物品,可以提供给购买方查看,这也是大多数现货交易的方法,即仓储具有商品陈列的功能。

(5)市场信息的传感器。任何产品的生产都必须满足社会的需要,而生产者需要把握市场需求的动向。把握社会上仓储产品的变化是了解市场需求极为重要的途径。仓储量减少,周转量加大,表明社会需求旺盛;反之,则表明社会需求不足。例如,厂家存货增加表明,其产品需求减少、竞争力降低或者生产规模不合适。仓储环节所获得的市场信息虽然比销售部门滞后,但更为准确和集中,而且信息反馈快速,成本较低。现代企业生产特别重视仓储环节的信息反馈,将仓储量的变化作为生产决策的参考依据。现代物流管理特别重视仓储信息的收集和反馈。

(6)开展物流管理的重要环节。仓储是物流的重要环节,物品在物流过程中有相当一部分时间处在仓储之中,在仓储中进行运输整合,在仓储中进行配送准备,在仓储中进行流通加工,也在仓储中进行市场供给调整。仓储的成本是物流成本的最重要的组成部分,进行物流管理必须特别重视对仓储的管理,只有进行有效的仓储管理才能实现物流管理的目的。

(7)提供信用保证。在大批量的物品交易中,购买人必须在检验物品、确定物品的存在和物品的品质之后,方可成交。购买人可以到仓库查验物品,由仓库保管人出具的物品仓单是实物交易的保证，可以作为对购买人提供的凭证。仓单还可以作为融资工具，进行仓单质押。

（8）现货交易的场所。存货人要转让在仓库存放的商品时，购买人可以到仓库查验商品，取样化验，双方可以在仓库进行转让交割。例如，批发交易市场就是既具有商品存储功能，又是具有商品交易功能的仓储。许多具有便利交易条件的仓储都提供交易服务，有的仓储甚至形成有影响的交易市场。例如，我国快速发展的仓储式商店，就是仓储交易高度发展、仓储与商业密切结合的形式。

2. 仓储的分类

仓储的本质是为了储存和保管，但由于仓储经营主体、仓储对象、仓储功能和仓储物品的处理方式的不同，不同的仓储活动便具有不同的特征。仓储的分类见表1-2。

表1-2　仓储的分类

分类方法	种　类
仓储经营主体	企业自营仓储
	商业营业仓储
	公共仓储
	战略储备仓储
仓储对象	普通物品仓储
	特殊物品仓储
仓储功能	储存仓储
	物流中心仓储
	批发仓储
	零售仓储
	配送仓储
	中转仓储
仓储物品的处理方式	保管式仓储
	加工式仓储
	消费式仓储

3. 仓储的功能

【仓储的功能】

从物流的角度分析，仓储的功能可以分为基本功能和增值服务功能。仓储的基本功能包括存储保管、存期控制、数量管理、质量维护等；仓储的增值服务功能是指利用物品在仓库的存放，开展多种服务来提高仓储附加值，促进物资流通，提高资源效益的有效手段，主要包括交易中介、流通加工、配送、配载等。

（1）仓储的基本功能。

① 存储保管。存储保管是指在特定的场所，将物品收存并妥善保管，确保被存储的物品不受损害。存储保管是仓储产生的根本原因，因为有了产品剩余，就需要将剩余产品进行收存，所以就形成了仓储。存储的对象必须是有价值的产品，存储要在特定的场地进

行。存储的目的是确保存储物的价值不受损害，保管人有义务妥善保管好存储物，存储物始终属于存货人所有，存货人有权控制存储物。

② 存期控制。仓储的物品有可能是长期的存储，也可能只是短期的周转存储，对存期的控制自然就形成了对流通的控制。例如，当交易不利时，将物品进行存储，等待有利的交易机会。存期控制的任务就是对物品是仓储还是流通做出安排，确定储存时间和储存地点。

③ 数量管理。仓储的数量管理包括两个方面：一方面，存货人交付保管仓储物的数量和提取仓储物的数量必须一致；另一方面，保管人可以按照存货人的要求分批收货和分批出货，对存储的物品进行数量控制。

④ 质量维护。按照收货时仓储物的质量交还仓储物是保管人的基本义务。为了保证仓储物的质量不发生变化，保管人需要采用先进的技术、合理的保管措施，妥善地保管仓储物。仓储物发生危险时，保管人不仅要及时通知存货人，而且需要及时采取有效的措施减少损失。

（2）仓储的增值服务功能。

① 交易中介。仓储经营人凭借大量存放在仓库的有形资产，利用与物资使用部门广泛的业务联系，可以较为便利地开展现货交易，有利于加速仓储物的周转和吸引新的仓储业务。仓储经营人利用仓储物进行物资交易不仅会带来收益，而且能充分利用社会资源，加快社会资金周转，减少资金沉淀。交易中介功能的开发是仓储经营发展的方向之一。

② 流通加工。加工本来是生产的环节，但随着消费的个性化、多样化发展，生产企业将产品的定型、分装、组配等工序留到最接近销售的仓储环节进行，使得仓储成为流通加工的重要环节。

③ 配送。设置在生产和消费集中区域的从事生产原材料、零部件或生产成品的仓储，对生产车间和销售点进行配送也能提供增值服务。例如，根据生产进度和销售的需要，仓库不间断、小批量地将仓储物送到生产线、零售商店或收货人手上。仓储配送业务的发展有利于生产企业降低存货，减少固定资金的投入，实现准时制生产，还有利于零售商店减少存货，降低流动资金使用量。

④ 配载。大多数运输转换仓储都具有配载的功能，物品在仓库集货，按照运输的方向进行分类仓储，待运输工具到达时才出库装运。而在配送中心，就能不断地对运输车辆进行配载，确保配送的及时和运输工具的充分利用。

课堂思考

随着物流行业的发展，仓储还会增加什么功能？

（二）配送的作用与分类

1. 配送的作用

配送被喻为"最后一公里运输"，是运输在功能上的延伸，可以创造空间效用。配送的作用可以归纳为以下几个方面：

【配送的概念、特点与作用】

（1）完善运输系统。现代大载重量的运输工具固然可以提高效率、降低运输成本，但只适于干线运输，因为只有干线运输才可能是长距离、大批量、高效率、低成本的运输。支线小批量运输频次高、服务性强，比干线运输具有更高的灵活性和适应性，而配送通过其他物流环节的配合，可实现定制化服务，能满足这种要求。因此，只有配送与运输密切结合，使干线运输与支线运输有机统一起来，才能实现运输系统的合理化。

（2）消除交叉运输。交叉输送模式如图1.1所示。在没有配送中心的情况下，由生产企业直接运送物品到用户，交叉输送路线长，规模效益差，运输成本高。如果在生产企业与客户之间设置配送中心，则采取配送中心模式，可消除交叉输送，如图1.2所示。因为

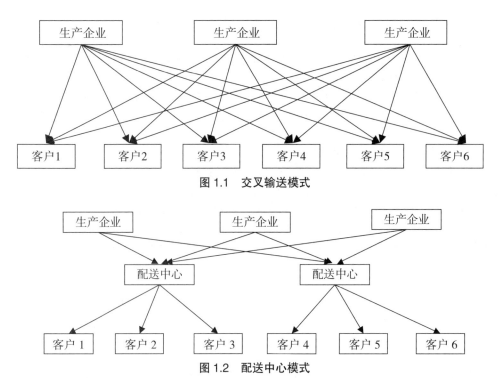

图 1.1　交叉输送模式

图 1.2　配送中心模式

设置配送中心以后,将原来直接由各生产企业送至各客户的零散物品通过配送中心进行整合再实施配送,可缓解交叉输送,使输送距离缩短,成本降低。

(3)提高末端物流的经济效益。采用配送方式,通过配货和集中送货,或者与其他企业协商实施共同配送,可以提高物流系统的经济效益。

(4)实现低库存或零库存。通过集中库存,在同样的服务水平上,可使系统总库存水平降低,既降低了存储成本,又节约了运力和其他物流费用。尤其是采用JIT(Just in Time 的简称,即准时制生产方式,又称无库存生产方式或零库存等)配送方式后,生产企业可以依靠配送中心准时送货而不需要保持自己的库存,或者只需要保持少量的安全库存,就可以实现生产企业的零库存或低库存,减少资金占用,改善企业的财务状况。

(5)简化手续,方便用户。配送可提供全方位的物流服务,采用配送方式后,用户只需要向配送服务商进行一次委托,就可以得到全过程、多功能的物流服务,从而简化了委托手续和工作量,节省了开支。

(6)提高供应保证程度。采用配送方式后,配送中心比任何单独供货企业都有更强的物流能力,可使用户减少缺货风险。

2. 配送的功能要素

配送实际上是一个物品集散过程,这一过程包括集中、分类、散发3个步骤。这3个步骤由一系列配送作业环节组成,通过这些环节的运作,使配送的功能得以实现。通常将这些作业环节称为配送功能要素。

配送的基本功能要素主要包括集货、拣选、配货、配装、配送运输、送达服务和配送加工等。这些要素将在第二部分进行详细介绍。

3. 配送模式的分类

配送模式的分类见表1-3。

表 1-3　配送模式的分类

分类标准	配送方式	配送机构的经营权限和服务范围
类别	直接配送	配销配送
	储存配送	
	直通配送	物流配送
	流通加工配送	

4. 配送中心的特征

根据物流配送行业的发展情况，在电子商务时代的配送中心具有以下特征：

（1）配送速度高效化。配送中心对上游、下游的物流配送需求的反映速度越来越快，前置时间越来越短，配送时间越来越短，物流配送速度越来越快，商品周转次数也越来越多。

（2）配送功能集成化。配送中心着重于将物流与供应链的其他环节进行集成，包括物流渠道与商流渠道的集成、物流渠道之间的集成、物流功能的集成、物流环节与制造环节的集成等。

（3）配送服务系列化。配送中心除了强调服务功能的恰当定位与完善化、系列化，保留传统的储存、运输、包装和配送加工等服务之外，在外延上扩展至市场调查与预测、采购及订单处理，并延伸至物流配送咨询、物流配送方案的选择与规划、库存控制策略建议、货款回收与结算、教育培训等增值服务，在内涵上提高了对配送中心决策的支持作用。

（4）配送作业规范化。配送中心强调作业、运作的标准化和程序化，使复杂的作业变成简单的易于推广与考核的运作。

（5）配送手段现代化。电子商务时代的新型物流配送使用先进的技术、设备与管理为销售提供服务，生产、流通和销售规模越来越大，范围越来越广，物流配送技术、设备及管理也越来越现代化。

（6）配送流程自动化。配送流程自动化是指物品的仓储、货箱排列和搬运、最佳配送路线等实现自动化。

（7）配送组织网络化。为了保证对产品促销提供快速、全方位的物流支持，配送中心要有完善、健全的物流配送网络，网络节点之间的物流配送活动保持系统性和一致性，这样可以使整个物流配送网络保持最优库存水平和库存分布，使运输与配送机动化，既能铺开又能收拢。分散的物流配送单体只有形成网络，才能满足现代生产与流通的需要。

（8）配送经营市场化。配送中心的具体经营采用市场机制，无论是企业自己组织的物流配送，还是委托其他物流配送企业承担的物流配送任务，都实行以市场为基础的市场化运作。

（9）配送目标系统化。配送中心从系统的角度统筹规划企业整体的物流配送活动，处理物流配送活动与商流活动、企业目标等之间的关系，不求单个物流活动的最优化，但求整体物流活动的最优化。

（10）配送管理法制化。从宏观上来说，配送中心的运营管理要有健全的法规和制度；从微观上来说，配送中心的运营管理要依法办事，按章行事。

5. 配送中心的分类

配送中心具有满足市场需求及降低流通成本的作用，但由于经营理念、

【配送中心的功能与分类】

战略目标的不同，其功能、构成和运营方式有很大区别，所以在规划配送中心时应充分注意配送中心的类别及其特点，进行适当划分。配送中心的分类见表1-4。

表1-4 配送中心的分类

分类方法	配送中心
配送中心的经营主体	制造商型配送中心
	批发商型配送中心
	零售商型配送中心
	第三方物流配送中心
配送服务的范围	城市配送中心
	区域配送中心
配送中心的功能	储存型配送中心
	流通型配送中心
	加工型配送中心
配送物品的种类	供应型（或生产资料）配送中心
	销售型（或生活资料）配送中心
	特殊商品配送中心

（1）按配送中心的经营主体分类。

① 制造商型配送中心。制造商型配送中心是生产企业为将自产商品直接销售给消费者而建的配送中心。这种配送中心的物品全部自己生产制造，可以降低流通费用，提高售后服务质量，而且从生产制造到包装售后等方面都容易控制。

② 批发商型配送中心。批发是物品从制造者过渡到消费者手中的传统流通环节之一，一般按部门或物品类别的不同，把每个制造商的物品集中起来，然后以单一品种或搭配品种向消费地的零售商进行配送。这种配送中心的物品来自各个制造商，它所进行的一项重要的活动是对物品进行汇总和再销售，而它的全部进货和出货都是社会配送的，社会化程度比较高。

③ 零售商型配送中心。零售商发展到一定规模后，可考虑建立自己的配送中心，为零售店、超级市场、百货商店、建材市场、粮油食品商店及宾馆饭店等提供服务，其社会化程度介于制造商型配送中心和批发商型配送中心之间。

④ 第三方物流配送中心。这种配送中心有很强的运输配送能力，地理位置优越，可迅速将到达的物品配送给用户。这种配送中心的现代化程度往往较高。

（2）按配送服务的范围分类。

① 城市配送中心。城市配送中心是向城市范围内的众多用户提供配送服务的物流组织。在城市范围内，物品的运距比较短，这种配送中心可直接配送到最终用户，一般都使用载货汽车运输。这种配送中心往往和零售经营相结合，由于运距短、反应能力强，所以从事多品种、少批量、多用户的配送比较有优势。城市配送中心也可以开展"门到门"式的送货业务。

此外，因城市配送中心的服务对象多为城市圈里的零售商、连锁店和生产企业，所以辐射能力不太强。城市配送中心是采取与区域配送中心联网的方式进行运作的。在我国一些试点城市已建立或正在建立的配送中心绝大多数属于城市配送中心,在国外有很多配送中心也属于城市配送中心。

② 区域配送中心。区域配送中心是一种辐射能力较强、活动范围较大,可以跨市、跨省、全国乃至在国际范围进行用户配送的配送中心。一般来说,区域配送中心的用户较多,配送批量也较大,往往配送给下一级的城市配送中心,也配送给营业所、商店、批发商和企业用户。这种配送中心虽然也从事零星的配送,但不是主体形式,是配送网络或配送体系的支柱。

(3)按配送中心的功能分类。

① 储存型配送中心。储存型配送中心具有很强的储存功能。我国当前的一些配送中心多为储存型配送中心,库存量较大。国外一些储存型配送中心拥有十几万个储存货位,有的甚至可储存几万个托盘。

② 流通型配送中心。流通型配送中心分为通过型配送中心和转运型配送中心,基本上没有长期储存的功能,仅以暂存或随进随出的方式进行配货和送货。在流通型配送中心,大量物品整批进入,按一定批量零出,一般采用大型分拣机分拣,进货直接采用分拣机传送带分送到各用户货位或直接分送到配送汽车上,物品在配送中心里仅做短暂停滞。

③ 加工型配送中心。加工型配送中心是以配送加工为主要业务的配送中心。例如,上海市和其他城市开展的配煤配送方式中,配送点也是配煤加工点。

(4)按所配送物品的种类分类。

① 供应型(或生产资料)配送中心。这种配送中心是专门为生产企业组织供应的配送中心,任务是向生产企业配送诸如能源、原材料、零部件等物品。这种配送中心多设在铁路沿线和沿海地区,并多以集装箱的方式配送物品,如我国的煤炭配送中心就属于这种类型。

② 销售型(或生活资料)配送中心。这种配送中心是以销售为根本目的、以配送为手段的配送中心,如生产企业为了自产商品的直接销售而建立的配送中心就属于这种类型,其目的是扩大市场销售能力。

③ 特殊商品配送中心。这种配送中心是一种专门配送特殊商品(如有毒物品、易燃易爆物品、危险物品或其他特殊物品等)的配送中心,一般设在远离人群的地区,并且对所存放的物品进行特殊的保护,配送费用较高。

课堂讨论

讨论配送中心与仓储中心的区别和联系。

三、仓储管理的概念与任务

(一)仓储管理的概念

仓储管理的内涵随着其在社会经济领域中的作用不断扩大而变化。简单来说,仓储管理是指对仓库及仓库内储存的物资所进行的管理,是仓储机构为了充分利用所拥有的仓储资源来提供仓储服务所进行的计划、组织、控制和协调的活动。

【仓储管理】

仓储管理已从单纯意义上的对物品存储管理发展成物流过程中的中心环节,其功能已不是单纯的物品存储,而是兼有包装、分拣、流通加工、简单装配等多种增值服务功能。因此,广义的仓储管理应包括对这些工作的管理。

【仓储管理的基本内容】

(二) 仓储管理的研究对象和内容

仓储管理研究的是商品流通过程中物品储存环节的经营管理，即研究商品流通过程中物品储存环节的业务经营活动，以及为提高经济效益而进行的计划、组织、控制和协调的活动。

仓储管理主要包括仓储资源的获得、仓储网点的布置、仓储设备的选择、库场规模的确定、仓储作业管理、仓储商务管理、仓储经营决策，以及仓储成本核算、仓储安全管理、仓储信息管理等一系列的内容。

(三) 仓储管理的基本任务

1. 配置仓储资源

仓储经营的目的是通过市场的价格和供求关系来调节资源的配置，使资源发挥最大效益。配置仓储资源应以根据所配置的资源获得最大效益为原则，需要营造局部效益空间，吸引资源的投入，具体任务包括根据供求关系确定仓储的建设、依据竞争优势选择仓储地址、根据生产的差异化决定仓储专业化分工和确定仓储功能、以所确定的功能决定仓储布局、根据设备利用率决定设备配置等。

2. 组建仓储管理机构

仓储管理机构是开展有效仓储管理的基本条件，是一切管理活动的保证和依托。仓储管理机构需要围绕仓储经营的目标，依据管理幅度、因事设岗、权责对等的原则来建立，并建立分工明确、互相合作、相互促进的管理队伍。仓储管理机构分为独立仓储企业的管理组织和附属仓储机构的管理组织，都设有内部行政管理机构、商务机构、库场管理、机械设备管理、安全保卫、财务及其他必要的机构。一般来说，在仓储管理机构内部大都实行直线职能管理制或事业部制的组织结构。

3. 开展仓储商务活动

仓储商务活动是仓储对外经济联系的行为，包括市场定位、市场营销、交易和合同关系、客户服务、争议处理等。仓储商务活动是仓储生存和发展的关键工作，是经营收入和仓储资源充分利用的保证。从仓储经营角度来看，商务活动的目的是实现收益最大化，最大限度地满足市场需要。

4. 组织仓储生产

仓储生产包括物品入库、堆存、出仓、检验、理货，以及在仓储期间的保管、质量维护、安全防护等。仓储生产的组织遵循高效、低耗的原则，充分利用机械设备、先进的保管技术和有效的管理手段，实现仓储快进、快出，提高仓储利用率并降低成本，不发生差、损、错事故，保持连续、稳定生产。仓储生产管理的核心在于充分使用先进的生产技术和手段，建立科学的生产作业制度和操作规范，实现严格的监督管理，采取有效的员工激励机制。

5. 建立仓储企业形象

企业形象是指企业展现在社会公众面前的各种感性印象和总体评价的总和，包括企业及其产品的知名度、社会的认可程度、企业忠诚度等方面，是企业的无形资产。作为服务产业的仓储业，其面对的主要是生产、流通经营者，因此仓储企业形象的建立主要是通过服务质量、产品质量、诚信和友好合作获得，并通过一定的宣传手段在潜在的客户中间推广。

PART 1 导读

6. 提高仓储管理水平

任何企业的管理模式都不可能一成不变,需要随着形势的发展而发展,以适应新的变化。仓储管理要根据经营目的的改变、社会需求的变化而改变,从简单管理到复杂管理、从直观管理到系统管理,在管理实践中不断修正和完善,并实行动态仓储管理,以不断提高管理水平。

7. 提高仓储企业员工素质

没有高素质的员工队伍,就不会有优秀的企业。仓储管理的一项基本任务就是加强对员工的培养,提高员工素质,加强对员工的约束和激励。只有不断地进行系统培训、严格地进行考核,才能保证每个员工掌握岗位应知、应会的操作内容,熟悉岗位的工作制度和操作规程,明确岗位职责。

(四)仓储人员的技能要求

1. 仓储管理人员的基本素质

(1)具有丰富的商品知识。熟悉所经营的商品,掌握其物理、化学性质和保管要求,并能有针对性地采取管理措施。

(2)掌握现代仓储管理技术,并能熟练运用。

(3)熟悉仓储设备,并能合理、高效地安排和使用。

(4)办事能力强。能分清轻重缓急,有条不紊地处理。

(5)具有一定的财务管理能力。能查阅有关财务报表,进行经济核算、成本分析,并掌握仓储经济信息,进行成本管理、价格管理及决策管理。

【仓储人员的技能要求】

2. 仓储保管人员的职责

(1)认真贯彻仓库保管工作的方针、政策,树立高度的责任感,忠于职守,廉洁奉公,热爱仓库保管工作,具有敬业精神;树立为客户服务、为生产服务的观点,具有合作精神;树立讲效率、讲效益的思想,关心企业的经营管理。

(2)严格遵守仓库管理的规章制度和工作规范,严格履行岗位职责,及时做好物资的入库验收、保管保养和出库发运工作;严格各项手续制度,做到收有据、发有凭,登记销账及时准确,手续完备,账物相符,把好收、发、管三关。

(3)熟悉仓库的结构、布局、技术定额,熟悉仓库规划,熟悉堆码、苫垫技术,掌握堆垛作业要求。要求做到妥善安排货位,合理高效地利用仓容,堆垛整齐、稳固,间距合理,方便作业、清点、保管、检查、收发。

(4)熟悉仓储物资的特性、保管要求,能有针对性地进行保管,防止物品损坏,提高仓储质量;熟练填写账表、制作单证,妥善处理各种单证业务;了解仓储合同的内容约定,完整地履行义务;妥善处理风、雨、热、冻等自然灾害对仓储物资的影响,减少损失。

(5)重视仓储成本管理,不断降低仓储成本管理。妥善保管好剩料、废旧包装,收集和处理好地脚货,做好回收工作。妥善保管、细心使用苫垫、货板等用品用具,延长其使用寿命。重视研究物资仓储技术,提高仓储利用率,降低仓储物耗损率,提高仓储的经济效益。

(6)加强业务学习和训练,熟练掌握计量、衡量、测试用具和仪器仪表的使用;掌握分管物资的物品特性、质量标准、保管知识、作业要求、工艺流程;及时掌握仓储管理的新技术、新工艺,适应仓储自动化、现代化、信息化的发展,不断提高仓储管理水平;了解仓库设备设施性能要求,督促设备维护和维修。

（7）严格执行仓库安全管理的规章制度，时刻保持警惕，做好防火、防盗、防破坏、防虫害等安全保卫工作，防止各类灾害和人身伤亡事故的发生，确保人身、物资、设备安全。

四、仓储与配送的发展趋势

（一）我国仓储业的发展及存在的问题

作为物流的核心功能之一，仓储在整个物流系统中具有重要的作用，是社会物质生产的必要条件。通过仓储可以创造物的时间效用，仓储是"第三利润"的重要源泉之一。仓储质量的优劣、效率的高低，会直接影响物流系统的质量和效率。

1. 我国仓储业的发展

我国仓储业有着悠久的历史，可分为3个发展阶段，在社会经济发展中起着相当重要的作用。

（1）古代仓储业。在原始社会，生产力低下，物质条件极差，但是为了生存或适应季节的变化等，人们将部分物品或多余的物品进行储存，这种行为就是仓储的萌芽。

（2）近代仓储业。随着生产力的发展和社会分工、生活方式的改变，尤其是经济的发展和物品的逐渐丰富，仓储业得到了较大的发展。这一阶段的仓储业在沿海工业发达地区，如上海、天津、广州等地，得到了迅速发展。

（3）中华人民共和国成立后的仓储业。在这一阶段，出现了一些自动化程度较高、设施设备较先进的自动化仓库，但总量较少。通过对各行业和部门的仓库整合优化，仓储业为我国的经济建设作出了贡献。改革开放以来，我国仓储业得到了迅速的发展，特别是近些年来仓储基础设施有了很大的改善。但从整体上来看，我国仓储业的发展与西方发达国家相比，还有很大的差距。

2. 我国仓储业存在的问题

（1）传统管理体制的制约。在长期的计划经济体制下，仓储业形成了以部门管理为主的管理体制，各部门、各地方出于自己的利益，各自建立属于自己的仓库，形成部门分割、地区分割、自备自用、相互封闭、重复建设的局面，导致仓储业社会化程度极低。这种条块分割、各自为政的管理体制，形成了资金分散、管理落后、设备陈旧、仓库利用率低的局面。另外，由于盲目乱建、乱设仓库，使得市场竞争过度，仓储价格无序，背离了价值规律，导致仓库管理水平低、储存条件差、服务质量低等。

（2）仓库结构与功能单一。很多仓库还是平房库，有相当一部分建于几十年前，储存功能单一，主要是根据货主委托对商品进行保管和养护。而且，相关的市场不规范，竞争不平等，很多仓库的经济效益不好，其中还有不少长期亏损，发展缺乏后劲，甚至生存都成问题。

（3）设备陈旧落后，效率低下。很多仓库的设施设备陈旧，不少仓库仍处在以人工作业为主的状态，工作效率低下。有的仓库甚至处在"物品进不去出不来"的状态，导致物品在库滞留时间过长或保管不善而发生破损、霉变，致使物流成本居高不下。

（4）企业对现代物流业务的需求不足。很多企业管理观念陈旧，仍然停留在"大而全"或"小而全"的经营方式阶段，成本高，效益低，宁可选择自己单干，也不愿将业务外包。这种规模小、专业化程度低、以自我服务为主的物流运营模式在很大程度上限制了对高效率、专业化、社会化的现代物流服务的需求。

（5）提供专业仓储服务的物流企业数量少。大多数物流企业所提供的仓储服务方式和手段比较单一，一般只提供简单的运输、仓储或货代等传统的服务，没有形成物流供应链上的一体化服务。

（6）法律法规建设不健全。在现代物流活动中，配套的法律法规建设相对滞后。尤其是对不能适应现代仓储业发展的法律法规，必须进行及时的调整，积极营造一个公正、公平、合理有序的竞争环境。

（7）仓储业的标准化程度不均衡。这种问题在一定程度上影响了仓储业的运营效率，导致运营成本的提高。

（8）高素质物流人才匮乏。仓储业的人才匮乏是影响物流效率的主要因素之一。我国尽管培养了一些物流专业的人才，但是仍然不能适应现代仓储业发展的需要，高层次的管理人才尤其难求。

（二）我国仓储业提升发展的途径

当前，我国如何实现仓储业的高效化，进一步提升发展水平，需要从以下几个方面进行思考。

1. 加强理论研究，提高总体认识

鉴于当前的物流应用水平，迫切需要加强对物流理论的研究，进一步提高人们对仓储业在物流和社会经济发展中的重要性的认识。我国的仓储业，无论是管理体制、规模上还是技术设备、管理方法上，都不能适应社会经济发展和人民生活水平提高的客观要求，已影响到物流整体功能的发挥，影响到从生产到消费流通过程的顺利进行。如果仓储业不能实现现代化，那么要实现物流的现代化是不可能的。

2. 改革现行管理体制，构建新型市场体系

改革现行的仓储管理体制是加快我国仓储业发展，加快实现仓储业现代化的关键。首先，要加强仓储行业协会建设，打破条块分割、相互封闭的格局，使各种类型的仓库从附属型向经营型转化，真正面向社会开展平等竞争，为加快实现仓储业的社会化、市场化、现代化创造条件。其次，要构建全国统一的仓储市场体系，在完善仓库功能的基础上，逐步实现仓储业的统一规划、合理布局，形成全国统一的仓储市场体系。

3. 加快实现仓库功能多元化

实现仓库功能多元化是市场经济发展的客观要求，也是仓库提高服务水平、增强竞争力的重要途径。在市场经济环境下，仓库不仅是储存商品的场所，而且应该承担商品分类、挑选、整理、加工、包装、代理销售等职能，并成为集商流、物流、信息流于一体的商品配送中心、流通中心。

4. 加快传统仓储企业的改造

加快发展我国的仓储业，重视对传统仓库的技术改造，加快实现仓储企业的现代化。现代化要求高度机械化、自动化、标准化，不是去大量建设新仓库，更不是都去建现代化的立体仓库，而应该是在调查研究的基础上，根据地区、城市的实际需要，有计划、有步骤地对传统仓库进行技术改造。除此之外，我国的仓储业还应努力提高社会化、网点化、信息化的程度，如面向全社会提供全方位的服务，为客户提供合理的仓储网点，为客户提供信息服务等。

5. 扩大对外开放，完善仓储市场

我国仓储业应树立面向国内外开放的观念，采取相应措施跟上总体开放步伐，提高开

放程度。另外，通过对外开放，我国仓储业可通过引进国外资金、先进的仓储管理经验、现代化的仓储技术，提高竞争能力，向国际物流市场进军。

6. 加强对现代化仓储工作人员的培训

实现仓储业现代化的关键在于科学技术，而发展科学技术的关键又在于人。要实现仓储人员的知识化、专业化，必须按现代化管理的要求，根据不同类型的仓库与工作岗位，制订和实施人才培训计划，加强对仓储人员的培养、教育和提高，培养出一批具有现代科学知识和管理技术、责任心强、素质高的专门从事仓储管理的队伍。

（三）仓储业的发展趋势

1. 仓储物品多样化和仓储服务个性化

随着生产技术的不断发展，新的劳动对象和消费对象不断出现，仓储物品多样性成为必然，而仓储物品的多样性必然带来仓库形式的多样化、仓储设备的多样化和仓库管理的多样化。那么，就要树立以客户为中心的理念，改变传统、单一的仓储业务无法适应现代物流客户个性化需求的现状，依据自身的优势和特点发展基于仓储的流通加工等增值业务，以满足客户日益提高的个性化和差异化的需求。服务品种的多样化、个性化、快速化，将成为传统仓储企业发展为现代仓储业的主要手段，会不断地提升整个仓储企业的水平。

2. 仓储环节集成化和仓储设备现代化

现代物流管理已进入集成化的供应链管理时代，要求提供物流服务的企业具有很强的整合能力。缺少高度信息化装备的仓储物流管理很难实现集成的供应链管理，装备先进的信息基础设施是必然选择，所以应配置现代化的装卸搬运设备、检验设备、储存设备、分拣设备、计量设备和流通加工设备等，以满足集成化的高效率仓储管理。

3. 仓储数量最小化和仓储地点远程化

"零库存"是仓储业中一个永恒的话题。零库存是针对少数企业来说的，对多数企业和社会储备来说是不可能的，只能是库存趋于最少。在国际采购中，原产地与销售地距离较远，完全可以考虑把物品存放在原产地的仓库里，随后直接送到客户手中，即仓储地点远程化。远程仓储已在越来越多的跨国企业中成为一种节约成本、方便营运的运作方式。

4. 仓储技术标准化和仓储人才规范化

仓储技术标准需要结合国际标准来制定，与国际物流市场接轨，形成行业的规范化发展。另外，采取人才引进和培养相结合的策略，树立客户第一、为客户创造价值的现代管理理念，营造人才流动的政策环境，进行物流企业、科研机构和高等院校等资本与技术的合作，充分发挥各自的资源优势，使产、学、研合作的成果在经济发展中起到积极的作用。

5. 仓储信息网络化和仓储运作智能化

仓储信息网络化是指利用现代技术、数学理论和管理科学对仓储信息进行收集、加工、存储、分析和交换的人机综合系统。全球信息网络的建立使仓储信息化趋势得到了进一步发展。另外，随着物联网技术和人工智能技术的发展，以仓储为核心的智能物流中心经常采用的智能技术有自动控制技术、智能机器人堆码垛技术、智能信息管理技术、移动计算技术、数据挖掘技术等，可极大地提高仓储作业效率。

知识拓展

人工智能技术在仓储环节中的应用是实现仓库作业全流程无人化操作,即所谓的无人仓。这也是现代仓储发展的终极目标。从技术发展角度来看,无人仓的主要组成部分包括:以 AS/RS 为代表的自动化仓库,以移动机器人为基础的"货到人"拣选系统、自动分拣系统、机器人小车自动搬运系统、自动包装机等,以及在自动化物流系统背后起到有效管理、调度与控制作用的"智慧大脑"和先进算法等。随着技术的不断发展,无人仓的作业水平和效率也在不断提升。

【条形码技术】

例如,京东的无人仓采用多层穿梭车自动化立体库的形式,穿梭车的速度达 6m/s,吞吐量高达 1600 箱/小时。多层穿梭车又分为单通道作业的单向穿梭车系统和可以多通道同时作业的四向穿梭车系统。其中,由于可以跨通道作业,四向穿梭车系统解决了作业节奏不均衡等问题,应用越来越广泛。

(四)部分发达国家仓储业的概况

第二次世界大战以后,世界经济迅速得到了恢复和发展,物品的流通量越来越大,商品流通费用显著增长。如何使物流更为畅通、物流过程更为合理,已成为众多国家关注的问题。一些发达国家出现了专门研究物流的机构,研究如何降低物流费用,提高经济效益。

1. 美国仓储业的特点

经过多年的发展,美国仓储业走在了世界前列。例如,美国仓储业的行业巨子——联邦快递(FedEx),早在 1995 年营业额就达到了 125 亿美元。美国仓储业的特点可归纳为以下几个方面:

(1)仓储业社会化水平较高。美国仓储业是随着工业的发展而逐步壮大起来的,现已成为一个相对独立的行业。美国出现的为工业生产服务的公共仓库在近十几年迅速发展,并呈现替代生产厂商仓库的趋势,不仅数量不断增加,而且规模不断扩大,如一些大型仓储公司在美国全国重点地区都建设了仓库并设立分公司,一个仓库就是一个配送中心。

(2)仓储业普遍推行系统化、程序化和现代化管理,实现了运行的高效率、高效益。美国的仓储公司把分散在全国各地的仓库视为统一体,进行系统规划、设计和控制,以谋求整体的高效率、高效益。例如,美国的流通仓库中大都采用"托盘—叉车—货架"形式的存储搬运设备,而且以经济效益和生产效率的高低为依据来决定对这些设备的取舍,决不盲目采用;在制订作业计划时,非常强调把握生产效率和灵活机动性,并注意充分利用现有工具,使之达到最优化;借助计算机与现代通信技术,建立庞大的系统网络,进行统一指挥和控制。

(3)仓储业高度重视服务质量,实现全方位客户服务。美国的仓储公司把服务质量视为赖以生存和发展的根基。美国把仓库中的流通加工誉为一种"市场技术",不仅提供加工、配送、信息等基本服务,而且提供其他良好的服务,如计划好库存和为客户送货的时间,及时把物品交给客户;设立阵容强大的服务办公室,直接与生产厂商和客户联系。

(4)仓储业人员素质较高,非常重视人力资源管理。激烈的市场竞争使美国的仓储公司非常重视质量管理,而质量管理的关键又在于人员质量,即员工素质与工作责任心。为此,仓库一方面采取措施,提高员工素质,增强其工作责任心;另一方面,努力创造稳定人心、高效率工作的工作环境与条件。

2. 日本仓储业的特点

日本作为一个资源缺乏的发达国家,对仓储的建设特别重视,且现代化程度较高。在日本,除企业物流外,许多物流仓储功能由独立的企业承担。日本仓储业的特点可归纳为以下几个方面:

(1)在仓储经营方面,越来越多的日本仓储企业在从事拆、分、拼装商品等多种经营业务,并出现众多为生产企业和商业连锁点服务的配送中心,极大地减少了各部门自备仓库的物品存储量,从而降低了资金的积压。

(2)日本非常重视仓储业运作水平的提高。仓储业与物流基础设施的改进相互配合,以提供更有效的服务。伴随着物流基础设施的改进,仓储业利用便捷的信息交换系统进行信息传递。例如,日本引入的仓储业主与客户间的电子数据交换(Electronic Data Interchange,EDI)系统,使得信息传递在准确性和便捷性方面有了很大的改善,在人员开支及其他各种物力节省方面也取得了较大成效。

(3)考虑到工作环境因素,以及提高效率和降低总体费用的目标,日本也在积极促进自动控制系统的使用。因为物品种类的增加,相关物品的处理变得越来越复杂,许多仓储企业采用自动条形码检测系统,物品的出入库完全由计算机控制系统自动完成,极大地节省了企业的费用空间。

(4)日本政府对仓储业的管理主要通过法律来约束,制定了一些专门的法律。早在1997年,日本就颁布了《物流政策总体纲要》,相关部门以此纲要为基础,制订了物流基础设施的发展计划。

(五)配送中心的发展

1. 配送中心的发展历程

任何一家生产制造企业,为了通过生产和销售产品来获利,都必须经过采购阶段、生产阶段、销售阶段这3个紧密相连的环节。在这3个环节中,只有在生产阶段企业才发生相对独立的专业行为。在采购阶段,企业面向的是一个广阔的市场,采购的原材料在这一阶段中,会多次发生装卸搬运、入库保管、分拣包装和运输送货等作业。在销售阶段,企业根据销售预测或客户订单将生产出的产品或产成品送往分布在各地的分销商或最终客户,在这个阶段中将发生装卸搬运、入库保管、包装加工、出库装车、运输配送、储存保管作业等。

生产制造企业为了突出专业强项,挖掘成本潜力,以期大幅度降低流通费用,必然会寻找从事流通业务的专业组织——配送中心。由此可见,配送中心是社会生产发展、社会分工专业化和现代化的必然结果。配送中心的发展是伴随着生产的发展而发展的,大体经历了3个阶段,如图1.3所示。

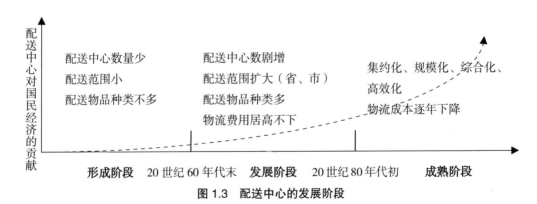

图1.3 配送中心的发展阶段

(1)形成阶段(第二次世界大战后到20世纪60年代末)。

在第二次世界大战中,高效、快捷的物资和人员的配送对盟军的胜利作出了突出的贡献。当时,美军为了支援其在欧洲、亚洲、非洲等战场的作战,保证战场上所需的物资快捷、安全地供给，逐步策划和建成了一条军需物资从生产地到最终使用地的后勤保障系统，这使物流配送进入了人们的视野。第二次世界大战结束后，日本、美国及西欧的一些国家经济高速增长，建立起社会化大生产体制，但随之而来的是流通的落后问题，使物流成本居高不下，严重阻碍了生产力的进一步发展。由于企业自备车辆多、道路拥挤及停车时间长，使企业收集和发送物品的效率明显下降。但企业如果减少自备车辆，就意味着自身运输能力减弱，销售收入降低。这种企业个体行为的膨胀，制约了整体物流的发展，特别是多环节、低速度、大消费的物流，导致社会总物流成本的恶性攀升。由于流通结构分散和物流费用不断上升，严重阻碍了生产的发展和企业利润率的提高，所以日本、美国的企业界把第二次世界大战期间的"军事后勤"引用到企业管理中，不少公司设立了新的流通机构，将独立、分散的物流统一、集中，推出了新型的送货方式，成立配送中心。在这个时期，配送只是一种粗放型、单一性的活动。这时的配送活动范围很小，规模也不大，配送物品的种类也不多，配送主要是以促销手段来发挥其作用的。到了20世纪60年代中期，随着经济发展速度的逐步加快，以及由此带来的物品运输量的急剧增加和商品市场竞争的日趋激烈，配送得到了进一步发展。欧美一些国家的实业界相继调整了仓库结构，组建或设立了配送中心，普遍开展了物品配装、配载及送货上门服务。

（2）发展阶段（20世纪60年代末到80年代初）。

20世纪60年代末期，随着工业全球化的发展，企业在世界范围内的贸易往来日益增多，企业与其合作伙伴之间的供应链条变得更长、更复杂、更昂贵。例如，在第一次全球石油危机之后，利率和能源价格飞速上涨，尤其是运输业的经营成本普遍超过企业的承受能力。生产制造企业开始致力于运费和服务质量的谈判，为了寻找更好的合作伙伴，找到一个最佳的物流途径，使自身能够比国内外的竞争者提供给市场更快捷、更可靠、更廉价的产品，物流进一步成为人们关注的焦点。这也推进了配送中心向合理化进程的发展。在这一时期，配送的物品种类日渐增多，除了种类繁多的服装、食品、药品、旅游用品等之外，还包括不少生产资料产品。例如，美国有30%以上的生产资料是通过流通企业配送中心销售的，而且配送服务的范围在不断扩大，甚至开展了州际的配送；在日本，配送的范围则由城市扩大到了省际，不少公司还开展了市内和城市间的集中配送、路线配送等措施，极大地提高了物流业的服务水平。从配送形式和配送组织上来看，这个时期曾试行了"共同配送"，并且建立起了相应的配送体系。

（3）成熟阶段（20世纪80年代初至今）。

20世纪70年代末至80年代初，随着美国政府制定的一系列法规的出台，运输业解除了管制，运输市场全面实现了市场化、自由化。这不仅带来了运输业的激烈竞争，而且由于运费降低、运输路线选择、运送计划自由决定等，使配送中心的组织者真正能够根据客户的需求，实现同其他公司在物流服务上的差异化竞争，加速了配送中心向规模化、集约化、综合化、专业化的发展。特别是物流信息系统的引进，使整体物流成本在美国整个国民经济中呈现逐年下降的趋势。与此同时，配送中心的规模和数量却在剧增，配送的品种也是全方位面向社会，涉及方方面面的物品种类，形成了规模经营优势。

例如，在日本，有的配送中心人均搬运作业率和分拣能力不断提高；同时，配送能力已达到了很高的水平，配送的活动范围已经扩大到了国际。又如，以商贸业立国的荷兰，配送的范围已扩大到了欧盟诸国，部分贸易过境运输用的是"转运"站（配送中心）。在这一阶段，配送中心除了自己直接配送外，还采取转承包的配送策略。而且，在配送实践中，配送的技术水平日益提高，如各种先进技术的应用使物流配送基本上实现了自动化。很多发达国家普遍采用了诸如自动分拣、光电识别、条形码等先进技术，并建立了配套的体系和配备了先进的设备，使配送的准确性和效率大大提高。

2. 我国配送中心的发展

在我国，物资部门可以说是涉足配送行业的先导者。早在20世纪六七十年代，我国一些大中城市的物资部门在一个城市设置一个或几个集中供货点，开始按指标备货、配货和送货，并且实行相对集中库存、集中送货、集中供应到厂和提高效率的物资流通方式。这种流通方式是我国配送的雏形，但由于落后的生产关系及其他因素制约，使得这一先进生产力未能突破计划经济体制的束缚，未能形成持续发展的局面。

进入20世纪80年代，我国物流配送方式得到了进一步的发展，无论是在规模、水平、速度和效率等方面还是在库存管理、配送质量等方面，都有了很大提高。特别是随着生产资料市场的开放，物资流通格局发生了很大变化，物资流通企业广泛开展了多种方式的物资配送业务，我国的物流配送已经从自发运用配送阶段步入基本自觉应用阶段。但是，这一时期配送中心的运作仍具有浓重的计划经济的色彩，配送模式也比较单一。

20世纪90年代以来，我国政府部门开始有组织、有计划地推动物流配送工作。例如，在1990年，政府部门在经济较发达的11个城市进行以发展配送制为重点的物资流通综合改革试点，到1992年年底，已有40多个城市开展了物流配送，签订配送协议的企业超过千家，连锁经营网点达1.5万个，并在广州、上海、杭州等地分别进行配送中心试点建设。近些年来，试行配送的城市已扩大到近百个，出现了一批不同类型的专业配送中心，配送得到了快速发展，并呈现以下特点：其一，各地政府积极培育物流配送业；其二，出现了各具特色的不同类型的现代物流企业；其三，随着连锁企业的规模扩张，连锁企业内部的配送中心在硬件设施、管理水平及管理信息系统建设等方面均取得了较大发展；其四，现代物流技术的研发取得显著成效。

知识拓展

与发达国家相比，我国物流产业存在诸多"瓶颈"：许多重要基础设施仍处于垄断经营状态，不适应现代物流的发展；在规划、管理和实际运作上，条块分割，自成体系，制约了物流配送的社会化；物流行业虽然整体上存量资产较大，但布局分散，企业规模小，技术力量薄弱，管理落后，资产利用率不高，运行方式陈旧。

为加快我国物流配送行业的发展，2001年，我国有关部门出台了《关于加快我国现代物流发展的若干意见》，明确了我国物流发展的指导思想和总体目标。

我国《物流业发展中长期规划（2014—2020年）》中指出，物流业是融合运输、仓储、货代、信息等产业的复合型服务业，是支撑国民经济发展的基础性、战略性产业。加快发展现代物流业，对于促进产业结构调整、转变发展方式、提高国民经济竞争力和建设生态文明具有重要意义。

【无人配送技术】

应用案例

药品集中配送是好是坏？一家企业全权负责当地医院的药品配送的办法能否行得通？药品流通费用是否会下降？老百姓用药能否得到实惠？新的医改方案在药品配送上到底会进行怎样的规定……

当药品集中采购政策在一片诟病声中煎熬前行时，"改版"的药品网上集中采购政策适时地浮出了水面。尽管药品采购新政并没有解决原有政策的漏洞，并从落地开始就小部分地"复制"了原有政策而引发争议，但是不可否认的是，在将新的医改方案推向前台之际，药品供应链源头的运营模式正在按照既有的节奏为各方利益群体所接受。

然而，与药品采购相呼应的药品配送，正在重复"播出"医药采购新旧政策的经历。似乎从一开始，药品供应链前端的"遭遇"，就已经"刺激"到了药品供应链的末梢神经，药品集中配送政策也开始了艰难的行程。

据相关人士透露，医改方案向社会公开征求意见，即意味着国人期待已久的医改大幕即将拉开，而关乎老百姓根本利益的药价虚高问题，也会得到一定程度的解决。

据了解，在医改方案进入倒计时之际，有关医改的焦点已经集中在"社会资金能否进入医疗领域提供非公益性即营利性医疗服务""补贴资金在供方和需方之间如何分配"等问题上。

然而,在人们对涉及利益分配的问题进行一次次的争辩时,老百姓最为关心的药价问题一直备受各方关注。如此一来,和药价息息相关的药品采购及配送政策无不牵动着大多数人的神经。

在药品采购政策上,卫生部(现国家卫生健康委员会)提出加快推进以政府为主导、以省为单位的网上药品集中招标采购,以此来提高规模效益、降低采购成本和各方负担;而在药品配送问题上,在药品招标后,尽量选择一家配送机构为当地进行药品配送。与药品采购政策一样,药品配送的出发点也放在了提高规模效益、降低流通成本,从而降低药价上。

"网上采购"和"集中配送"是足够吸引药品供应链上各方利益群体的两个词汇。在向社会公开征求医改方案意见后,在药品流通领域,新一轮的针对药品采购、药品配送政策的讨论就自然而然地铺展开来。

(资料来源:http://www.chinawuliu.com.cn/cflp/newss/content1/201101/769_34511.html,有改动)

案例思考

结合案例思考,在药品供应链物流运作上,仓储与配送的作用表现在哪些方面?它们对药品的最终价格会有什么影响?

实训项目

实训目的

参观两家不同类型的仓储与配送企业,感受一下企业环境,了解仓储与配送的工作任务和工作流程、企业的组织结构和各个岗位的职责,以及两家企业运营的异同点,并熟悉现代仓储与配送企业对仓储与配送管理人员的要求。

实训准备

(1)教师讲解实训的目的、任务与注意事项。
(2)对学生进行分组,每组8人左右,指派小组长负责组内的实训管理工作。
(3)每人必须带上笔和笔记本,每小组带1台照相机。

实训实施

(1)教师联系两家当地的企业(一家物流企业和一家制造企业),并带领学生到企业参观。由教师或企业接待人员向学生讲解企业仓储与配送管理的情况,并回答学生提问。
(2)回校后以小组为单位讨论参观的内容和两家企业的异同点,并撰写实训报告。
(3)以小组为单位展示实训成果。

实训考核

实训考核表见表1-5。

表1-5 实训考核表

考核人		被考核人	
考核地点			
考核内容	仓储与配送企业调研		
考核标准	具体内容	分值/分	实际得分
	工作态度	20	
	沟通水平	20	
	调研报告文字	30	
	调研报告汇报	30	
合计		100	

能力自测

知识能力自测

（1）简述仓储与配送的作用。
（2）仓储管理的基本任务有哪些？
（3）仓储管理人员应该具备哪些基本素质和能力？
（4）试论述仓储与配送的发展趋势及其对物流发展的影响。

双创能力自测

有个木匠会做门，给自家里做了一扇门。他认为自家的这扇门用料实在、做工精良，一定会经久耐用。但是，过了一段时间，门上的钉子锈了，还掉下一块板。木匠补上一颗钉子后，门又完好如初。不久，门上又掉了一颗钉子，木匠就又换了一颗钉子。后来，门上又掉了一块板，木匠就又换上一块板。再后来，门闩坏了，木匠换了一个门闩……

若干年后，这扇门虽破损无数次，但经过木匠的精心修理，仍然坚固耐用。木匠对此非常自豪：多亏有了这门手艺，不然门坏了还不知如何是好。

忽然有一天，邻居对他说："亏你是木匠，你看看你家这门！"木匠仔细一看，才发觉邻居家的门样式新颖，用料精致，而自家的门又老又破，满是补丁。木匠这才明白，自己的这门手艺阻碍了自家门的"发展"。

思考： 身处不断发展的时代，你是否有勇气和决心打破关住自己的"无形的门"？思考一下解决问题的思路有哪些？

导读二
仓储与配送战略与组织

> 【思维导图】

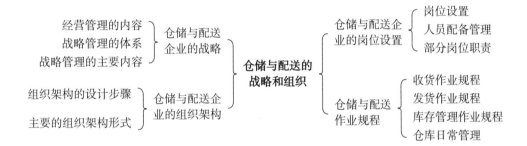

> 【学习目标】

(1) 了解仓储与配送企业战略的相关概念及其管理的内容。
(2) 熟悉仓储与配送企业根据不同标准构建的组织架构。
(3) 能根据仓储与配送企业运作的特点设置岗位及其职责。
(4) 学会制定仓储与配送企业岗位的作业规程。

> 【学习导入】

当初,几位来自莆田的创业者在厦门创办了专门从事品牌鞋服网络销售的乐麦公司,并选择将仓库租在他们家乡的枫亭镇。多年以后,乐麦公司的年销售业绩从最初的几千万元增长到10亿元。同时,乐麦公司在枫亭镇租用的仓库数量也不断增加,面积达10万平方米。

乐麦公司的仓储部发展成为专门运营仓储业务的独立公司——乐商后,在仙游经济开发区拿下一块土地,投资兴建了标准化的电商物流基地。它们的目标是向行业巨头学习,从单纯的发货仓库转型为专业化的第三方仓储物流服务平台。

乐商要学习的行业巨头是京东商城、亚马逊中国、苏宁易购等电商行业的佼佼者。它们原有的仓储与配送业务都在尝试从母体中独立出来,这成为一种趋势。业内人士认为,缩短送货时间正逐渐成为电商巨头竞争的一种利器,而仓储物流的反映速度是赢得竞争的关键,所以京东商城、亚马逊中国、苏宁易购等电商企业在自建仓储物流方面都投入了大量资金。同时,这些巨头又纷纷成立独立的物流公司,并加速物流公司的第三方化,从而为无法在各地自建仓储的电商企业提供服务,这样不仅避免了已建仓库的空置问题,而且创造出新的利润增长点。

随着电商行业的发展,乐商对第三方仓储物流的需求肯定会进一步增长。对乐麦公司而言,原来销售额只有几亿元时,它们在枫亭镇的仓储能力就能满足需求;而当销售额达到10亿元时,就必须依靠合作方的仓储力量。

"工欲善其事,必先利其器。"在未来的市场竞争中,乐商的利器是什么?那就是乐商引进的自动化处理设备和自主研发的智能系统乐仓宝。在乐商的1号仓库有一条长达90m的自动传送带;在传送带两侧,整齐地排列着一座座一人多高的货架,货架上分门别类地摆放着一双双不同款式、颜色和尺码的运动鞋;通过传送带,可以将一双双鞋子直接传送到打包区。过去每天需要五六名员工专门负责拣货,现在人员节省了一半。乐商还计划引进高位立体货架,使用堆垛机器人补货。

比自动化处理设备更高一筹的是乐商智慧仓库的核心——乐仓宝系统。该系统前端与销售平台对接,消费者在企业网店下单后,订单就会通过系统自动传到仓库,然后生成拣货指令下达给仓库管理员。仓库管理员借助PDA(Personal Digital Assistant,手持终端)扫描枪,就能直接读取分拣、位置等信息,然后将货品送入传送带即可。在传送带的尾端,操作员对货品进行复核和打包。例如,扫描鞋盒的专属标签,系统1s就能识别鞋子与消费者订单是否吻合;同时,会根据消费者所在地域,自动选择当地最有优势的快递公司。在"双十一"期间,该系统大显神威,使企业在备货能力、发货速度上经受住一次次巨大考验,还杜绝了错发、漏发现象。

乐商还在继续提升仓储管理效率。它们专门定制了一台自动打包机,用于鞋类货品打包,每天能打包2.4万双鞋子,相当于4个人的工作量。自动化加智能化,有这两大利器在手,所以乐商才有底气向专业的第三方电商仓储物流服务商转型。与此同时,乐商积极面向全国开展第三方物流。

(资料来源:http://www.chinawuliu.com.cn/xsyj/201602/22/309687.shtml,有改动)

思考

(1)是什么导致乐商发展战略的转变?
(2)乐商的发展战略主要从哪些方面进行部署?

一、仓储与配送的战略

(一)仓储与配送企业经营管理的内容

1. 仓储与配送企业经营管理的内容体系

任何一个经济组织的运营过程都存在"投入—交换—产出"的过程,即都要投入一定的资源,经过一系列形式的转换,向社会提供某种形式的产出(产品或服务),实现价值增值。仓储与配送企业的经济模型如图1.4所示。

【仓储与配送战略】

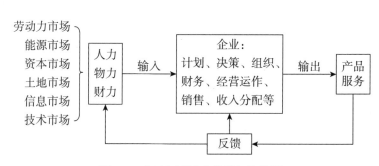

图1.4 仓储与配送企业的经济模型

仓储与配送企业的运营过程由输入(投入)、转换(交换)、输出(产出)3个部分组成,与一般经济组织的运营过程的差别在于输入的要素、转换的形式和输出的目标等内容方面。从其运行规律可以看出,仓储与配送企业运营管理的任务就是对整个仓储与配送过程进行有效的计划、组织、协调和控制,使投入转换的各种资源得以有效、合理的利用,采用经济的方法,输出符合社会所需要的产品和服务。因此,仓储与配送企业的经营管理主要包括以下内容:

(1)确立仓储与配送企业的总目标。仓储与配送企业要不断地发展和壮大,就必须具有自己的总体发展目标。总目标的确定是仓储与配送企业经营管理的首要任务，必须成为全体员工的共识和内在动力。

（2）制定正确的经营战略。为了确保总目标的实现，仓储与配送企业必须根据所处的外部环境和自身条件等各种因素，制定正确的经营战略。这是对企业长期发展的全局性经营问题的谋划，是实现企业总目标的重大举措。

（3）设计仓储与配送企业的运营系统。运营系统主要根据确定的经营战略对仓储与配送企业的能力（获取资金、资源等）规划、市场选择、配送品种选择、应用技术选择、选址、设施布置、运输工具选择及作业流程等进行设计。这是仓储与配送企业运营管理的核心内容，是确保企业总目标实现的根本途径。

（4）建立并及时调整组织机构。组织机构是为实现企业经营战略而采取的组织结构形式和组织运行方法，是企业从事经营管理活动的重要保证。一个合理、良好的经营组织必须具有充分的活力，既能适应外部环境的变化，也能灵活地根据经营战略及时进行调整、变革和发展。

（5）制定切实可行的运行与控制系统。这是指根据经营战略和运营系统设计方案，做好仓储与配送企业的日常运行与控制，包括仓储与配送企业运行的总体计划、主作业计划、作业计划、进度计划、质量控制、成本控制和信息系统构建等内容。这是企业总目标得以实现的重要的控制手段。

（6）改进和完善经营管理的方法和运行体系。仓储与配送企业在经营管理活动中，应及时根据运行情况和内外部环境的动态变化，以及未来的发展趋势，不断改进和完善经营管理的方法和运行体系。

上述内容，构成了如图1.5所示的"目标—战略—设计—运行—控制—维护—改进"仓储与配送管理企业管理螺旋循环曲线。它每循环一次，仓储与配送企业的管理水平就会向一个新的高度迈进。

2. 仓储与配送企业经营管理的目标

企业经营的总目标是获取利润，那么仓储与配送企业经营的总目标是什么呢？从表面上看，一般会认为仓储与配送企业的总目标是高标准服务、低管理成本地完成对各个顾客的仓储与配送服务。但从深层次去分析，仓储与配送企业其实也是为了盈利。仓储与配送企业经营管理的目标是在一定时期内，按照企业所有者和经营者的愿望，考虑所处的外部环境和自身条件，经过努力达到预期的理想成果。具体来说，这个目标可以概括为"四恰当，三提高"，即在恰当的时候，以恰当的配送方式、恰当的价格，向客户提供恰当的服务，达到提高客户和社会的满意度、提高竞争力、提高经济效益和社会效益的目标。

仓储与配送企业经营管理的目标通常以仓储与配送的物品总量、种类、服务质量、满意度、销售收入、现金流量、资金利用率、市场占有率、净投资回报率、库存及净利润等经济指标的未来发展规模和速度来表示。不同时期、不同类型的仓储与配送企业，确定经营管理目标的重点也各不相同，一般可分为长期目标、中期目标和短期目标3种。只有先确定长期目标，再在长期目标的指导下协调中期目标和短期目标，才能避免目光短浅，又能使长期目标得以实现。下面进行具体说明：

（1）仓储与配送企业在制定成本、服务、净利润、净投资回报率、库存、现金流量等子目标时，要以总目标为基准。

（2）在一定时期、一定技术条件下，为了满足一些子目标，可能以牺牲其他目标作为代价。但是，随着科技的进步，通过使用先进的信息技术和方法不断调整子目标，可使子目标之间的影响逐步减小。譬如说，仓储与配送企业降低库存成本、配送加工成本和运输成本，通常是以牺牲对顾客的服务和提高供应商的库存成本、运输成本为代价的。因此，

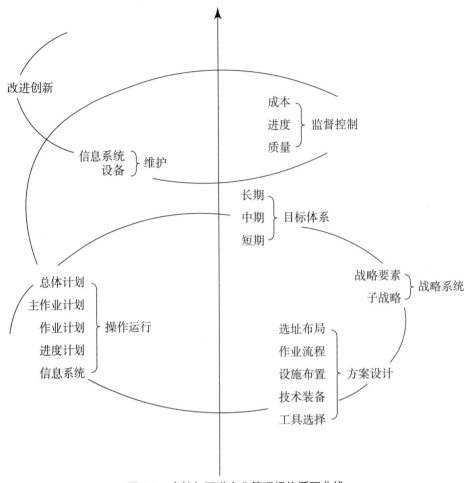

图 1.5　仓储与配送企业管理螺旋循环曲线

仓储与配送企业在运营时，应在成本和服务之间做出权衡，结合自身能力积极引进先进的信息技术和方法，使成本管理和服务质量再上一个台阶。

（3）在仓储与配送企业的目标管理中，重要的就是找出运营中的瓶颈因素。很多时候，仓储与配送企业在许多方面的运营都是良性的，但会因某一环节的制约作用而影响整个运营流程的高效运作。譬如说，如果仓储与配送企业的分拣速度下降，就会出现车辆和司机闲置、因顾客等待而导致缺货成本等现象，从而产生配送成本提高、服务质量下降等问题。在仓储与配送企业的目标管理中，要求企业运营以总目标为准绳，对各个子目标进行有效的整合，同时结合各个时期的不同的指导方针，善于发现瓶颈因素，先实现某些子目标，从而有利于总目标的实现。

总之，目标管理是仓储与配送企业经营管理的首要问题，企业要根据自身的情况，制定恰当的目标，并有重点地突出几项对企业未来发展起关键性作用的发展目标，这样可以集中精力经营好企业。而为了实现仓储与配送企业经营管理的目标，自然就需要妥善处理企业管理中的基本问题，如战略管理、组织管理、质量管理、作业流程管理、成本管理、财务管理及资源要素管理等。

（二）仓储与配送企业战略管理体系

战略就是对全局问题的统筹和规划。中国自古就有"战略"这一概念，如《孙子兵法》

就是军事战略论著。由于学科之间的交叉渗透，大量军事战略理论被引入企业竞争之中，引起了关于企业竞争战略的分析和讨论。一般来说，仓储与配送企业的经营战略指的是对仓储与配送企业未来发展做出规划的策略，它是仓储与配送企业根据外部环境和自身条件，为求得生存和发展，对发展目标的实现途径和方法的总体谋划，既是企业经营思想的集中体现，又是制定企业规划的基础。仓储与配送企业的经营战略应具有以下特点：

【仓储与配送企业发展的战略类型】

（1）全局性经营战略。全局性经营战略是研究全局的指导性纲领，所反映的是有关全局性问题的重大决策。全局是由局部构成的，当局部的成败对全局具有决定性作用时，局部的问题就具有战略的性质。例如，沃尔玛之所以实现了"为顾客提供始终如一的优质服务"的目标，关键就在于让企业补充存货的方法成为其竞争战略的核心部分。这种战略眼光在很大程度上体现在"越库直运"（cross-docking）零库存物流配送上。一个普通的配送策略竟然变成世界零售巨头整个竞争战略的核心部分，沃尔玛的成功就在于认识到有效的企业战略必然需要局部与整体之间的协调，一个新的配送方式也可能成为企业生存发展的关键因素，"越库直运"就是具有战略意义的决策。

（2）长期性经营战略。长期性经营战略往往着眼于未来相当长的一段时间，而不只是考虑短时间的发展。企业制定经营战略，就要协调眼前和局部的利益，考虑长期和全局的利益。当然，经营战略并不是一成不变的，在环境不断变化的情况下，尤其是技术环境的突变，会给企业发展带来机遇，某种创造性思维很可能成为企业在未来竞争中取胜的关键因素，这时企业应根据实际情况及时对经营战略加以调整。

仓储与配送企业的经营战略是一个庞大复杂的系统，可以分解为不同层次的子系统，如图1.6所示。一般对于大型仓储与配送企业来说，经营战略包括3个层次：第一层次企业总体战略；第二层次是经营单位战略（事业部与分公司战略）；第三层次是职能部门战略。对于经营单一的企业来说，企业总体战略与经营单位战略就没有必要加以区分，因为只有企业总体战略与职能部门战略两个层次。企业总体战略是决定企业今后的长期主营方向、规模及实现这些目标的措施等的总体筹划，是战略体系的主体和基础，起着统帅全局的作用。职能部门战略又称职能策略，是在企业总体战略或经营单位战略的指导下，按专业职能进行具体化和落实，一般包括人力资源策略，市场营销策略，财务管理策略，融、投资策略，仓储运营策略，配送运营策略，智能化策略，主要是确定在各自职能领域内如何形成特定的竞争优势，以支持和实施企业总体战略。

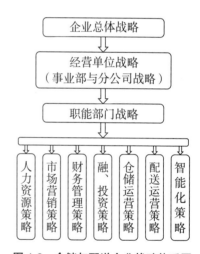

图1.6　仓储与配送企业战略体系图

仓储与配送企业在制定企业总体战略时要考虑下一层次的情况，而下一层次的战略应服从和体现上一层次的战略意图。为此，仓储与配送企业的战略管理必须坚持依托整体协调发展、长期规划分段实施、面向未来适度超前、管理创新服务制胜、一元统筹多元推进等原则，确保企业战略的研究制定、管理活动的组织开展、部门职能与其他职能部门的相互协调、企业总体战略目标的贯彻执行等顺利进行。

（三）仓储与配送企业战略管理的主要内容

1. 仓储与配送企业战略管理应考虑的因素

从仓储与配送企业制定战略目标的思路来看，战略目标受制于企业所处的外部环境

【仓储与配送企业战略管理的主要内容】

和自身条件,其中最不受控制的因素就是外部环境,其次是自身条件,而战略目标是最容易控制的因素。因此,仓储与配送企业战略制定首先要解决的一个关键问题就是要有明确的市场定位,然后决策层在专业人员进行市场调查的基础上制订战略方案,以确保战略的可行性和前瞻性。一个定位明确、具有可行性和前瞻性的企业战略,应考虑以下因素:

(1)拟提供服务对象的特点。

(2)服务范围的条件及要求。

(3)自身拥有的服务设施、设备条件及资源状况。

(4)服务的价格及成本。

(5)自身通过市场获得所缺乏的服务设施、设备、人才、资金、资源等能力。

2. 仓储与配送企业发展战略的主要内容

根据现代物流活动的特点和发展趋势,并考虑影响战略制定的相关因素,仓储与配送企业的战略主要包括以下内容:

(1)经营理念及发展总体目标,包括企业规模、市场定位、市场范围、服务对象、经营目标等。

(2)发展方针政策,包括确定企业是否拥有服务所需资金、设施设备、技术、人才来源等。

(3)经营组织机构与管理,包括制度的设计、组织机构的设置等。

(4)物流服务管理,包括物流服务种类、物流服务系统构成、物流业务组织运作、服务质量控制等。

(5)市场营销策略,包括服务产品策略、定价(运价)策略、分销和促销策略等。

(6)企业战略实施对策及措施。

仓储与配送企业在进行战略管理时,应该将物流系统、营销战略与企业总体战略有机地结合起来,从战略的高度去权衡物流运营成本与市场拓展需要、物流顾客服务的特殊要求之间的动态平衡,而不仅仅局限于解决流程再造、压低成本、加强培训等投入产出的管理问题和有限资源的合理配置问题。在进行战略管理的过程中,既要注重战略方案的制订过程,又要注重战略的实施过程。确定企业战略方案后,就要组织实施并对实施过程加以管理:一是调整企业组织系统,因为企业战略是通过企业组织系统来实施的,必须调整组织系统使之适应战略的要求,以保证战略目标的顺利实现;二是建立战略实施的保障系统,以激励全体员工团结一致,为实现战略目标作出贡献。

3. 仓储与配送企业运营战略的类型

(1)按仓储与配送企业的成长方向分为市场渗透战略、市场开发战略、产品开发战略、多元化经营战略。

① 市场渗透战略。市场渗透战略指的是在原有产品和市场的基础上进一步扩大、提高市场占有率的战略。这是一种进行纵向渗透的战略。仓储与配送企业首先必须尽可能稳定原有顾客,设法使其增加配送量;其次,通过提高配送质量、降低产品价格、改善服务、加强广告和促销等措施,占领竞争对手的市场;最后,深入进行市场调查,争取潜在的顾客。

② 市场开发战略。市场开发战略指的是用现有的产品开拓新的市场领域的战略。如果现有市场已经没有进一步扩大的余地时,就必须设法开拓新的市场,如将业务从城市推向农村、从本地区推向外地区、从本土推向国际等。

③ 产品开发战略。产品开发战略指的是通过改进现有产品或开发新产品来扩大企业

在现有市场销售量的战略。例如,增加仓储与配送物品的种类、规模、方式等,以满足不同客户的需要;而对于过时的仓储与配送方式,则必须果断地淘汰。

④ 多元化经营战略。多元化经营战略指的是在市场和产品两个方面从现有领域转向新的领域以求得发展,从而开拓多个产品、市场领域的战略。

(2) 按仓储与配送企业的竞争特点分为低成本战略、产品差异性战略、集中性战略。

① 低成本战略。低成本战略又称全面成本战略,指的是通过采取各种措施,全面降低成本,从而以比同类竞争对手更低的价格进入市场的战略。企业必须不断地进行技术设备更新,以提高劳动效率;同时,要采取措施,不断地降低配送、销售、科研开发及其他间接费用。

② 产品差异性战略。产品差异性战略指的是在同类产品市场中,突出自己的产品与竞争品种的差异和特点,以加强自己产品竞争力的战略。例如,航空快递、集装箱运输等企业通常采用这种战略。

③ 集中性战略,集中性战略指的是在市场整体中选定一个细分化市场,包括某类顾客、某种特定用途的产品、某特定地区等,集中投入资源,以取得成本或差异性方面优势的战略。例如,生鲜仓储与配送、图书仓储与配送等企业通常采用这种战略。

(3) 按仓储与配送企业的经营态势分为发展型战略、稳定型战略、紧缩型战略。

① 发展型战略。发展型战略又称进攻型战略,适用于需要发展市场和壮大自己的企业,其特点是投入大量资源、扩大产销规模、提高竞争地位、提高现有市场占有率或用新产品开拓新的市场。这种战略要求在现有的战略水平上向更高一级的目标发展,我国很多仓储与配送企业就普遍面临这种情况。

② 稳定型战略。稳定型战略又称防御型战略,强调的是投入少量或中等程度的资源,保持现有的产销规模和市场占有率,以稳定和巩固现有的竞争地位。这种战略适用于效益已相当不错,而暂时又没有进一步发展的机会,进入其他市场屏障又较大的企业。

③ 紧缩型战略。紧缩型战略又称退却型战略,指的是从现有的战略基础水平往后收缩和撤退,且偏离原有战略目标较大的战略。这种战略适用于企业外部环境与内部条件都十分不利,只有采取撤退措施才能避免更大的损失的情况。紧缩型战略主要采取缩小规模、转让、兼并及清理等措施。

> **知识拓展**
>
> 战略分析的工具有 PEST 分析[宏观环境的分析,分析政治(politics)、经济(economy)、社会(society)、技术(technology)4 种因素]、五力模型(5 种力量分别为进入壁垒、替代品威胁、买方议价能力、卖方议价能力、现存竞争者之间的竞争)、利益相关者分析、竞争者分析、价值链分析、雷达图、因果分析等;战略制定与选择的工具有 SWOT 分析[优势(strengths)、劣势(weaknesses)、机会(opportunities)、威胁(threats)]、战略地位和行动评价矩阵(Strategic Position and Action Evaluation Matrix,简称 SPACE 矩阵)、波士顿矩阵、通用矩阵、V 矩阵、EVA 管理(Economic Value Added,又称经济增加值)、定向政策矩阵等。

二、仓储与配送企业的组织架构

组织是企业管理的支撑体系,组织架构合理与否,决定了管理的效率。同样,企业物流组织的架构也影响物流的合理化和效率化。如何建立一个高效的物流组织机构,是企业物流管理首先考虑的问题之一。它包括两个方面内容:一是整个企业组织物流的模式问题;二是物流组织自身的架构设置问题。

【仓储与配送企业组织结构】

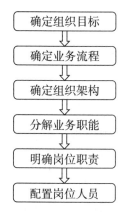

图 1.7　组织结构的设计步骤

（一）组织架构的设计步骤

企业设置一个合理、高效、能够满足企业经营现状和需要的物流本部，是实现高效物流运作、降低总成本、提高服务水平、保证企业其他经营活动顺利开展，为企业创造竞争优势的必不可少的条件。其重要性表现在几个方面：有利于从整体上优化物流运作，提高作业效率，建立起高效的物流系统；有利于资源的合理配置和利用，降低企业总成本；有利于提高服务水平，获取竞争优势。

仓储与配送企业是一个整体，是由许多元素按照一定形式排列组合而成的。组织架构设计的过程主要包括 6 个步骤，如图 1.7 所示。

（1）确定组织目标。仓储与配送企业组织目标设立是紧紧围绕企业面临的内外部环境，结合自身的资源，合理确定组织的总目标。

（2）确定业务流程。确定业务流程就是明确组织的具体工作内容和主导业务流程，并对流程中各节点的工作内容进行分工。

（3）确定组织架构。根据行业特点和组织环境等因素，确定采取何种组织形式、设置哪些部门，将相近和联系紧密的工作内容进行优化组合。

（4）分解业务职能。确立总体框架后，确定各部门职能并对各部门进行职能分解，明确每一部门具体职能和岗位，明确各岗位人员的素质要求。

（5）明确岗位职责。规定各职位的权利、责任和义务，同时明确各部门之间、上下级之间和同级之间的职权关系，以及相互之间的沟通原则。

（6）配备职位人员。根据仓储与配送企业部门的工作性质和对职务人员的素质要求，为各个部门配备人员，明确其职务和职责。

（二）主要组织架构的形式

物流组织的职能范围就是对企业所有有关的物流活动进行统一管理与运营，即对企业原材料、半成品、产成品的运输、储存、装卸搬运、包装、配送、流通加工及物流信息处理等活动进行统一管理与运营，包括物流活动的计划、组织、领导、协调、控制等。组织的职能决定了组织的架构，物流企业内部的组织架构设置要根据企业自身的规模、架构、新产品类型、营销及市场状况来灵活确定。

1. 职能型组织架构

职能型组织架构根据部门职能分工设置职务，按物流部门的业务职能进行专业分工，便于对口工作的展开，是物流企业最常见的组织架构形式，如图 1.8 所示。

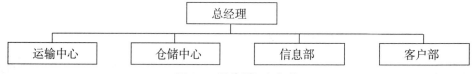

图 1.8　职能型组织架构

2. 区域型组织架构

区域型组织架构根据产品市场区域设置物流部门的组织架构，划分物流部门人员的职责，实行区域负责制，比较适用于多区域市场的企业或新拓展市场的企业，如图1.9所示。

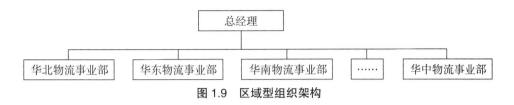

图1.9 区域型组织架构

3. 混合型组织架构

混合型组织架构根据职能型和区域型组织的设计要素，将职能型组织效率高及区域型组织适应环境的优点结合起来设置物流部门，特点是部门间及部门内的协调可以同时进行，如图1.10所示。

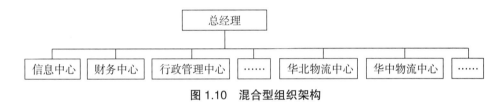

图1.10 混合型组织架构

4. 矩阵型组织架构

矩阵型组织架构是将职能型和区域型组织架构并存在每个部门中，每个单位里的人员同时接受职能型经理和区域型经理监督的物流组织形式，如图1.11所示。

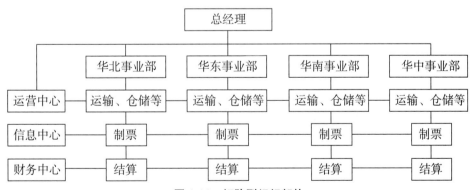

图1.11 矩阵型组织架构

课堂思考

根据所学知识，分析大型仓储与配送企业大多采用什么类型的组织架构。为什么？

三、仓储与配送企业的岗位设置

（一）岗位部门设置

（1）采购管理部。负责订货、采购、进货等作业环节的安排及相应的事务处理，同时负责对物品的验收工作。

（2）仓储管理部。负责物品的保管、拣选、养护等作业运作与管理。

（3）加工管理部。负责按照要求对物品进行包装、加工。

（4）配货管理部。负责对配送物品组配和出库物品的拣选（按客户要求或方便运输的要求）作业进行管理。

（5）运输管理部。负责按客户要求制订合理的运输方案，将物品送交客户，同时对完成配送进行确认。

（6）客户服务管理部。负责接收和传递客户的订货和送达物品信息管理，处理客户投诉，受理客户退换货请求等业务。

（7）财务管理部。负责核对配送完成表单、出货表单、进货表单和库存管理表单，协调控制监督整个配送中心的物品流动，同时负责管理各种收费发票和物流收费统计、配送费用结算及编制会计报表等工作。

（8）退货管理部。当营业管理组或客户服务组接收到退货信息后，先安排车辆回收退货商品，再集中到仓库的退货处理区重新清点整理。

在岗位部门设置中，不仅要明确各岗位的工作内容，而且要规定各岗位的工作标准，以及与其他岗位的协调关系等内容。以上是一般的仓储与配送企业设置的主要岗位，但由于企业的规模、设施设备、作业内容和服务对象不同，实际的岗位设置不尽相同。

（二）人员配备要求

人员配备指的是配备各级、各部门的主管人员，然后根据组织的实际情况进行授权。由于现代化的配送中心功能齐全、运作复杂，所以对管理人员、操作人员的素质要求较高。

（1）高级管理者。负责协调运转，对公司和顾客负责，进行危机处理，制定发展战略及规划。

（2）现场管理者。负责监督控制作业流程，对配送中心现场作业负责调度，并对应急故障负责排除。

（3）信息管理员。负责信息的接收、处理、传递及信息设备的维护。

（4）计划员。负责短期作业计划工作。

（5）操作员。负责验收、入库、保管、出库、分拣、理货、驾驶、加工与包装等工作。

除此之外，扩充机构还包括市场开发人员、财务管理人员及保安人员等。各机构人员应分工协调、权力有限、权责一致、统一指挥；所有管理人员及一般职员应精干高效、相对稳定；各部门的人员素质要有一定的均衡性。

（三）部分岗位职责

1. 物品验收人员的职责

（1）工作目标：负责商品的出入库验收与检验工作，对不符合验收要求的物品按有关规定进行处理。

（2）职责范围：协助主管制定物资验收作业规范，并严格参照执行；负责所有物资的出入库验收工作，并如实填写相应的出入库验收单据；识别和记录物资的质量问题，对客户的包装、运输及其他方面提出改进建议；拒收物资中的不合格产品，退回客户处；对包装有残损的，进行单独处理；做好物资验收记录，对物资的验收情况进行统计、分析、上报；完成上级领导交办的相关事宜。

2. 仓管员的职责

（1）工作目标：按照管理制度全面负责物品出入库管理工作，根据物品的特性合理安排储位。

（2）职责范围：

① 规章制定。协助仓储部经理制定物品验收、出入库、存储等规章制度，报主管领导审批后，严格执行。

② 物品的出入库管理。负责物品出入库的搬运设备与人员调配工作，办理入库手续，签发相关出入库单。

③ 库存统计与建立台账。建立相应的物品出入库台账，定期对出入库数据进行统计；对库存物品进行定期盘点，向信息管理部门及财务部门提交库存盘点数据。

④ 库房管理。负责辖区内各类库房的管理工作，做好库房的定额管理监督物品的装载，严格监督物品的装载与卸货，进行现场指挥。

3. 保管员的职责

（1）工作目标：确保在库物品的安全，商品质量完好和数量准确无误，定期巡查，发现异常及时处理并上报。

（2）职责范围：协助仓库管理员进行物品的出入库，协助相关部门对出入库物品进行检验；负责其保管区域内物资的保管工作；定期清扫保管区，保证保管区内清洁卫生、无虫害；定期检查仓库的温湿度，做好相关记录并控制和调节仓库温湿度；定期检查所保管的物品品种、数量、质量状况；负责保管物资的安全管理工作，协助进行安全消防管理；定期盘点库存物品，做到账实相符。

4. 理货员的职责

（1）工作目标：完成对出入仓库的物品进行验收、整理、核对和堆码等工作，在合理安排物品仓储的同时，对它们进行有序整理、拣选、配货、包装及复核作业。

（2）职责范围：根据每次入库理货的情况，制作理货清单；按照提货单提出物品，并核对物品品种、数量、规格、等级、型号；根据客户订单的要求，把出货商品分拣、组配、整理出来；对待出库、待运物品进行检验、核对，并包装、贴包装标志；物品分拣与发运；根据物品的运输方式、流向和收货地点，将出库物品分类集中在出货区，通知提货发运。

5. 库存控制员的职责

（1）工作目标：在仓储部经理领导下，具体执行各项库存管理制度和流程，搜集、统计、跟踪库存状况，提出合理库存管理的方法，降低库存费用。

（2）职责范围：分析跟踪每日库存状态，并根据分析的结果采取合理的库存控制方法；协助仓储部经理，不断优化库存控制系统，降低库存控制成本；具体负责对呆滞物品的处理工作；分析和改进库存控制系统，协助仓储部经理降低库存和提高库存周转率；负责库存数据录入和提交库存报表；完成上级交办的相关任务。

6. 运输调度员的职责

（1）工作目标：合理规划运输路线和调度运输车辆，监控物品及时、安全送达目的地。

（2）职责范围：协助运输主管，制定运输规章制度和安全管理制度，组织执行并监督；合理进行车辆和人员调度，确保运输效率；制订月度运输计划，并监督执行；审核运输、保险费用，并在相关单据上签字；处理运输事故，并负责善后工作；审核发运要求，合理选择运输线路和方式；监督、检查、评估运输方面的工作质量、及时性和运输费用等；负责组织实施专项运输方案制订与监督执行；完成领导交办的其他工作。

7. 送货与配送员的职责

（1）工作目标：在运输或配送过程中完成日常相关工作，将物品安全送达指定地点，把送货单交给货主或收货人签字后返回。

（2）职责范围：

① 运输与配送前工作。指导并协助装卸人员搬运、堆码、装载待运货品，查验办理运输与配送物品数量，办理相关手续。

② 运输与配送途中管理。在物品运输与配送途中，根据物品特性进行保管、护送等工作，保证货品安全到达目的地；如遇突发事件，及时向公司相关领导汇报，尽快予以解决；对于运输与配送途中出现的货品损坏，按照相关规定进行处理，如退换货、修理等。

③ 物品交付。按照客户要求将物品运送指定地点交货卸货，进行物品的检验，办理交付手续，与客户进行交流，做到周到、微笑服务。

8. 装卸员的职责

（1）工作目标：用装卸搬运工具，合理对物品进行装卸、堆码、拆垛、分拣、搬运等工作，实现物品按照物流业务流程进行转移，保证仓储、配送、包装等业务顺利完成。

（2）职责范围：做好装卸管理制度和装卸作业流程建设；负责组织装卸人员进行物品装卸作业，保证按时按量装卸；负责物品装卸后的加固防护工作；负责装卸人员的业务、劳动纪律、现场管理等日常的检查、督导、考核工作；完成领导交办的其他工作。

9. 业务员的职责

（1）工作目标：在业务主管领导下，根据企业的销售政策，建立、维护、扩大客户资源，完成企业下达的销售计划，实现企业的销售目标。

（2）职责范围：寻找潜在客户，积累客户资源；不断挖掘老客户需求，扩大合作领域；与客户日常接洽：预约、拜访客户；与客户签订合同；回访客户与客户关系维护，以及合作过程中各事项的有效沟通；客户资料存档管理，记录每一客户详细资料，并整理归档，方便公司查询、业务交接和售后服务；定期、不定期拜访重点客户，接受客户意见，整理客户信息反馈单，反馈到相关部门。

10. 客服专员的职责

（1）工作目标：组织、搜集、整理客户信息；建立和维护良好的客户关系，为客户提供周到、满意的服务。

（2）职责范围：建立客户档案数据库；按照企业和客户需求对客户档案进行分类和管理，建立客户档案数据库；对客户进行电话访问，调查客户服务满意度；根据企业客户档案，定期与新老客户联系，了解客户需求，及时向相关部门反馈客户信息；妥善处理客户提出的有关问题，维护与客户的良好关系；接听客户投诉电话，做好记录并及时处理；超出权限范围时，及时上报领导处理。

四、仓储与配送作业规程

（一）收货作业规程

1. 正常产品收货

（1）物品到达后，收货人员根据司机（送货人员）的送货单和产品订单清点收货。

（2）收货人员应与司机（送货人员）共同打开车门检查货品状况。如物品有严重受损状况，需要马上通知客户等候处理，必要时拍照留下凭证；如物品状况完好，则开始卸货工作。

（3）卸货时，收货人员必须严格监督物品的装卸状况（小心装卸），确认产品的数量、包装、保质期与箱单严格相符。如有任何破损、短缺，必须在收货单上严格注明，并保留一份由司机（送货人员）签字确认的文件，如事故记录单、运输质量跟踪表等。如产品有破损、短缺的情况，则必须进行拍照，并及时上报经理、主管或库存控制人员，以便及时通知客户。

（4）卸货时如遇到恶劣天气（雨、雪、冰雹等），必须采取各种办法确保产品不会受损。卸货人员需要监督产品码放托盘时全部向上，不可倒置，每排码放的数量严格按照产品码放示意图（产品码放按照托盘的尺寸及货位标准设计）执行操作。

（5）收货人员签收送货单，并填写相关所需单据，将有关的收货资料［如产品名称、数量、生产日期（保质期或批号）、物品状态等］交订单处理人员。

（6）订单处理人员接单后，必须在当天完成相关资料整理，通知客户并录入系统。

（7）破损产品须与正常产品分开单独存放，等候处理办法，并存入相关记录。

2. 退换货的收货

（1）各种退换货入库都须有相应单据，如运输公司不能提供相应单据，仓储管理人员有权拒收物品。

（2）退货产品有良品和不良品的区别。良品退货，物品必须保持完好状态，否则仓库拒绝收货；不良品退货，必须与相应单据相符，并且有配套的纸箱，配件齐全。

（3）换货必须与通知单上的型号、机号相符，否则仓库拒绝收货。

（4）收货人员依据单据验收物品后，将不同状态的物品分开单独存放，在退换货单据及收货入库单上记录产品名称、数量、状态等信息，交订单处理人员。

（5）订单处理人员依据单据录入系统。

（二）发货作业规程

1. 订单处理

（1）所有的出库必须有客户授权的单据（授权签字、印章）作为发货依据。

（2）接到客户订单或出库通知时，订单处理人员进行单据审核（检查单据的正确性，是否有充足的库存），审核完毕后，通知运输部门安排车辆。

（3）订单处理人员依据不同的单据处理办法录入系统，制作送货单及依据货品或客户要求制作拣货单。

（4）将拣货单交付仓储管理人员备货。

2. 备货

（1）备货人员严格依据备货单（出库单或临时出库单）拣货，如发现备货单上物品数量有任何差异，必须及时通知库存控制人员、主管、经理，并在备货单上清楚注明问题情况，以便及时解决。

（2）物品按备货单备好后，根据要求按车辆顺序进行二次分拣，根据装车顺序按单排列。

（3）每单备货必须注明送货地点、单号，以便发货。各单存货之间需要留出足够的操作空间。

（4）备货分拣完毕后，将拣货单交还，进行拣货确认，并通知运输部门。

3. 发货

（1）发货人员依据发货单核对备货数量，依据派车单核对提货车辆，并检查承运车辆的状况后方可将物品装车。

（2）发货人员按照派车单顺序将每单货品依次出库，并与司机共同核对出库产品型号、数量、状态等。

（3）装车后，司机应在出库单上写明车号、姓名，同时发货人员签字。发货人员将完整的出库单交接单员进行出库确认。

（三）库存管理作业规程

1. 货品存放

（1）入库产品需贴好标签后入位，物品的存放不能超过产品的堆码层数极限。

（2）所有物品不可以直接放置在地面上，必须按照货位标准整齐地码放在托盘上。箱物品应及时封箱，并粘贴提示说明。物品必须保持清洁，长期存放的物品须定期打扫。物品上不许放置任何与物品无关的物品，如废纸、胶带等。

（3）破损及不良品单独放置在搁置区，并保持清洁的状态，还要准确地记录。

（4）托盘放置必须整齐有序，上货架的物品要保证其安全性。

（5）货架上不允许有空托盘，空托盘必须整齐放置在托盘区。

（6）出入库产生的半拍产品应放置在补货区（一层），半拍产品码放应整齐有序，不以梯形码放。

2. 盘点

（1）所有的物品每个月必须大规模盘点一次。

（2）针对每天出库的产品进行盘点，并对其他产品的一部分进行循环盘点，以保证物品数量的准确性。

（3）进行盲盘。针对每次盘点，接单人员需要打印盘点表，交给盘点人员。至少两名盘点人员进行盘点，将盘点数量填写在空白处。盘点后由二人共同签字确认数量，将盘点表交给报表人员，报表人员将盘点数量输入盘点表，进行数量匹配。如有数量差异，则需要重新打印差异单，进行二次盘点。二次盘点后无差异存档。如有差异，需进行核查。如发现有收发货错误的，需及时联系客户，看是否能挽回损失。无法挽回的损失，按照事故处理程序办理。

（四）仓储日常管理作业规程

（1）定期检查库区和库内地面有无淤泥、尘土、杂物等。

（2）装卸作业工具（如叉车、小拖车等）在不用时，应停放在指定区域。

（3）门、窗、天窗及其他开口在不用时保持关闭，状况良好，能有效阻止鸟类及其他飞行类昆虫进入。

（4）仓库照明设备是否完好、安全（检查方法：将库内的灯全部打开，检查灯的亮度和是否有不亮的灯）。

（5）仓库办单处是否整洁（要求所有单据摆放整齐且分类清晰）。

（6）仓库地面是否清楚标明堆码区和理货区。

（7）手摸货架、物品、托盘看是否有灰尘。

（8）空托盘在指定区域堆放整齐。

（9）物品堆码无倒置和无超高现象。

（10）物品堆放整齐、无破损、开箱或变形物品（破损、搁置区存放的物品除外）。

（11）仓库的活动货位连贯，没有不必要的活动货位（用活动的标志表示的活动货位，根据需要，可以在仓库里灵活移动）。

（12）各类警示标志（包括安全线路的箭头指示、禁止吸烟等）保持有效、整洁、张贴规范。

（13）每次收货，正确、清晰填写并张贴"收货标签"。

（14）破损、搁置、禁发物品分开存放并张贴相应标签。

（15）破损、搁置物品在3个月内（食品类为1个月内）处理完毕。

（16）所有退货的处理必须在2天内完成，并且退货上必须贴有退货通知单。

（17）仓库无"四害"侵袭痕迹。

（18）定期进行"四害控制"处理，并记录每次处理的工序、时间、结果（查看记录）。

（19）同库、同品种的物品必须堆放于同区域或相近区域。同品种的物品应该存放于同一仓库。

（20）同一客户的产品，如果一个仓库能够容纳的，那么必须存放于同一仓库。

应用案例

科技正在逐渐改变零售企业的经营管理模式和顾客的购物体验，而零售企业对技术的期待也越来越高。譬如说，麦德龙"未来商店"的出现引起人们极大的关注，但我们看到的更多的是技术厂商借机推广其产品、展示其技术实力的模型。对大部分零售企业而言，"未来"到底还有多远，也许并没有真正成为他们考虑的重点，但麦德龙是个例外。

麦德龙通过与消费品、信息技术及服务业领域代表性厂商合作，创立了 Future Store Initiative（未来商场计划）。同时，麦德龙还与多家成员公司合作，共同致力于为零售业态的未来开发一套切实可行的新理念。譬如说，在德国的莱茵博格，麦德龙与其合作伙伴一起创建了基于 RFID（Radio Frequency Identification，射频识别）技术的首家"未来商店"，将当前可实现的技术在实际应用中进行测试和优化，目标是在全球推动商业现代化进程，并建立新的流通业科技标准。

莱茵博格的"未来商店"是麦德龙未来商场计划的一个重要组成部分，致力于在一个真正的零售环境下，将许多新开发的理念和技术试验性地应用于商店的仓库和销售流程管理上。在这个商店里，商品的种类和一般商场的种类是一样的，既有麦德龙合作伙伴的商品，也有不是麦德龙合作伙伴的商品。合作伙伴的商品都贴了 RFID 芯片，有一套专属的结账方法；而不是合作伙伴的商品没有贴 RFID 芯片，要通过另外一种方式结账。即使在进货的时候，每件包装上都贴有 RFID 芯片。

零售商从麦德龙的"未来商店"中嗅到了 RFID 的巨大潜力。从仓储、库房管理、上架、补货到盘点等环节，这些日常流程因 RFID 而变得高效和透明。当产品到保质期或存货不足时，管理系统会及时发出信号，工作人员就知道何时补货。大范围部署 RFID，不仅可以提高管理效率，而且可以提升供货能力，确保供货质量，并降低成本。

这样的"未来商店"已进驻中国。例如，上海世博会特许商品旗舰店团购中心就是中国首家正式投入商业运营的基于 RFID 技术的"未来商店"。对于这家高科技商店，它的独特魅力究竟体现在哪里呢？首先，进入"未来商店"给人的感觉就像进入一个科幻世界。整个商店没有传统的柜台，没有营业员，一进门就会看到天花板上波浪起伏的水晶球。水晶球波浪起伏的样子就像 RFID 芯片在向外发射信号，巧妙地将 RFID 的概念融入商店。水晶球下面是一排排玻璃展示柜，展示了各种高雅、珍贵的商品。当办理了 RFID 身份卡的顾客进入商店后，商店屏幕立即发出欢迎的声音并显示欢迎的词语。与此同时，顾客在进门时留下的个人信息已被电脑管家记住了，当顾客再次光顾时，系统会用清晰的语音对顾客的再次光临表达感谢。这让顾客有一种宾至如归的感觉。然后，顾客拿着服务人员发的身份卡和 PDA 选购商品。这台 PDA 就是随身"导购"。顾客购物时，不需要从柜台中拿出商品，只需要把 PDA 对准商品的 RFID 标签，商品的介绍、价格等信息就会以图文和声音的形式出现在屏幕上，同时配有多种语言介绍。更具"魅力"的是，商店还利用 RFID 技术来追溯商品的质量源头。

在"未来商店"中，RFID 系统应用了 UHF EPC Gen2 标签、RFID 识读器和天线。这样的配置使得"未来商店"实现了"智能冷藏"存储，保证商品在到达有效期后不会被售出。譬如说，将 RFID 标签贴在肉制品的包装盒上，标签中含有唯一的产品电子代码（Electronic Product Code，EPC）。这个代码关联着商品的数据，当顾客取出商品时，集成 RFID 识读器就会自动读取标签。这样就可以准确地计划店内的肉制品生产，优化质量保障方法。"未来商店"中的智能冰柜有 50 组，其中每组冰柜支持 3 排或 4 排肉制品摆放。这些冰柜中安装了 50 个识读器和 200 根天线,读取的信息可以通过网络发送到后端系统。当顾客从冰柜中取出商品后,系统会更新信息,以表示这件商品被取走。这样,当冰柜中的商品储存低于一定数值时,系统就会收到警报,提醒及时补货;而如果冰柜中的商品接近有效期,系统也会发出报警。

（资料来源：http://www.chinawuliu.com.cn/xsyj/201109/22/168639.shtml,有改动）

案例思考

麦德龙的"未来商店"属于什么战略？是怎样实施的？可使麦德龙向什么方向发展？

实训项目

实训目的

调研一家仓储与配送企业，了解该企业的组织结构，并熟悉该企业的岗位设置及不同岗位的职责与作业规程。

实训准备

（1）教师讲解实训的目的、任务与注意事项。
（2）对学生进行分组，每组 8 人左右，指派小组长负责小组内的实训管理工作。
（3）设计调查问卷的提纲。
（4）每人必须带上笔和笔记本。

实训实施

（1）教师联系当地一家企业（一家快速消费品物流企业或一家快递物流企业），并带领学生到企业调研。
（2）设计调研访谈的提纲，选择典型的调研对象。
（3）前往目标企业，调研该企业的组织结构及岗位设置。
（4）撰写调研报告，描绘该企业的组织结构图及岗位设置情况。
（5）回校后以小组为单位讨论调研的内容，并撰写调研报告。
（6）以小组为单位展示实训成果。

实训考核

实训考核表见表 1-6。

表 1-6　实训考核表

考核人				
考核地点				
考核内容	企业组织结构及岗位设置调研			
考核标准	具体内容	分值/分	实际得分	
	工作态度	20		
	沟通水平	20		
	调研报告文字	30		
	调研报告汇报	30		
	合　计	100		

PART 1 导读

能力自测

知识能力自测

（1）简述仓储与配送企业发展战略的内容。

（2）仓储与配送企业的组织结构有哪些？其适用范围是怎样的？

（3）假如要建造一家为日用品超市服务的仓储与配送中心，你认为配送中心的岗位该如何设置？主要岗位应该有哪些？

（4）试陈述一家生鲜食品仓储与配送中心的作业规程。

双创能力自测

第二次世界大战结束后，英国皇家空军统计了在战争中战斗机失事和飞行员牺牲的原因和地点，结果令人震惊——致使战斗机失事最主要的原因不是敌人猛烈的炮火，也不是大自然的急风暴雨，而是飞行员的操作失误；更令人费解的是，战斗机失事最频繁的时段，不是在激烈的交火中，也不是在紧急撤退时，而是在完成任务归来着陆前的几分钟。

心理学家对这个统计结果毫不惊讶，他们说这是典型的心理现象。在高度紧张过后，一旦外界刺激消失，人的心理会产生"几乎不可抑制的放松倾向"。在枪林弹雨中，飞行员的精神高度集中，虽然外界环境险恶，但大脑正处于极度兴奋中，反而不容易出纰漏；而在返航途中，飞行员的精神越来越放松，当看到战斗机离跑道越来越近时，顿时有了安全感。然而，恰恰是这一瞬间的放松，就酿成了大祸。

心理学家管这种状态叫"虚假安全"。在人生道路上，也有很多"虚假安全"。当你通过重重困难，成功近在咫尺的时候，千万别因放松警惕而放慢步伐。

思考： 在创新创业过程中如何规避"虚假安全"？

导读三
仓储布置与设备选用

> 【思维导图】

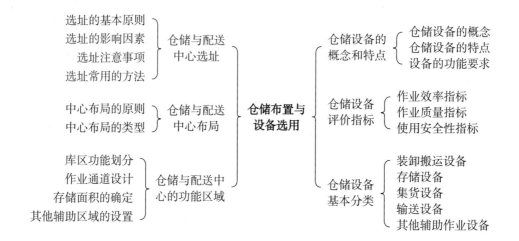

> 【学习目标】

（1）了解仓储与配送中心的基本布局和常用设备。
（2）熟悉仓储与配送中心的选址方法和注意事项。
（3）了解仓库总平面规划和仓库主要技术参数设置。
（4）掌握仓库设备选择方法和仓库面积计算方法。
（5）通过仓库布局调研，进一步提高仓库布局规划能力。

> 【学习导入】

X物流有限公司（下文简称"X公司"）是集码头作业、货运仓储、配送等为一体的综合性物流企业。X公司集聚了优秀的物流人才，提供系统的物流服务，在地理位置、装备设施、物流技术和服务质量等方面均占有显著优势，是典型的大型物流中心。

X公司位于珠江三角洲的中心地带、珠江出海口之畔、虎门大桥和广深珠高速公路的交汇点。在公司物流区60km半径范围内有7座机场，200多千米的高速公路，通往14个城市和420个乡镇，通往珠江三角洲各城市的平均陆运时间都在1h之内，且距香港特别行政区各个码头约70km，与澳门特别行政区相距约76km。在我国大力发展珠江三角洲经济区的同时，X公司以战略发展的眼光将业务中心聚焦于此，周边发达顺畅的交通网络为其海、陆运输提供了广阔的发展空间，为其拓展市场和提升企业竞争能力提供了得天独厚的条件。

X公司拥有码头、堆场、配套仓库、车队等设备先进的基础设施。码头拥有1个万吨级泊位和3个千吨级泊位，年吞吐能力为24万标准集装箱，并配有装卸桥1台。堆场总面积为45500m²，其中重箱堆场为38000m²，空箱堆场为6000m²，冷藏堆场为1500m²。堆场内配有2台41吨级龙门吊、2台41吨级正面吊和1台空箱堆高机。具有多功能的二层仓库面积为32900m²，其中室内仓储面积高达12600m²，一楼地面荷载为4t/m²，二楼地面荷载为3t/m²。仓库净高13m，恒温区面积1000m²，安装了高9m的可调托盘式货架和6层板式货架，可存放多标准规格的托盘，托盘货位3000多个。仓内配有液压电梯2部，卸货平台22个，并配备先进的装卸搬运设备，如传送带、叉车，以及自动称重机和各种打包机等配套设备。此外，X公司拥有十几台集装箱拖车和多种类型的吨车，拥有可承运海关监管物品的司机人员，以及深港直通的运输牌照。

X公司还基于互联网，集成融SAP、IBM、INTEL高端技术于一体的物流信息系统，完全实现了高效的信息化管理和自动化办公。

（资料来源：牛鱼龙，2003.世界物流经典案例[M].深圳：海天出版社，有改动）

思考

（1）X公司的仓储与配送中心选择考虑了哪些条件？
（2）X公司的仓储设备有哪些？

一、仓储与配送中心选址

（一）选址的基本原则

1. 适应性原则

仓储与配送中心的选址必须与国家、地区的经济发展方针、政策相适应，与我国物流的资源分布和需求分布相适应，与国民经济和社会发展相适应。

2. 协调性原则

仓储与配送中心的选址应将国家物流网络作为一个大系统来考虑，使中心的设施设备在地域分布、物流作业生产力、技术水平等方面互相协调。

3. 经济性原则

仓储与配送中心的选址的费用主要包括建设费用和物流费用（经营费用）两个部分。因为在市区、近郊区或远郊区选址，其未来物流活动辅助设施的建设规模、建设费用及运费等是不同的，所以选址时应以总费用最低为标准。

4. 战略性原则

仓储与配送中心的选址应具有战略眼光，既要考虑全局，又要考虑长远；局部要服从全局，短期利益要服从长远利益；既要考虑当前的实际需要，又要考虑日后发展的可能性。

（二）选址的影响因素

1. 自然环境因素

（1）气象条件。仓储与配送中心选址主要考虑的气象条件有温度、风力、降水量、无霜期、冻土深度、年平均蒸发量等指标，要避开风口，因为在风口会加速露天堆放的商品老化。

（2）地质条件。仓储与配送中心是大量商品的集结地，一些容重很大的物品堆码起来会对地面造成很大压力。如果仓储与配送中心地下存在淤泥层、流沙层、松土层等不良地质条件，会造成受压地段沉陷、翻浆等严重后果。

（3）水文条件。仓储与配送中心选址必须远离容易泛滥的河川流域和上溢的地下水区域。同时，要认真考察近些年的水文资料，地下水位不能过高，还要避开洪泛区、内涝区、古河道、干河滩等区域。

（4）地形条件。仓储与配送中心应地势高亢、地形平坦，且应具有适当的面积和外形。若选在完全平坦的地形上是最理想的，次之可选稍有坡度或起伏的地形，应该完全避开山区陡坡地区。在外形上可选长方形，不宜选择狭长或不规则外形的地形。

2．经营环境因素

（1）经营环境。仓储与配送中心所在地区的物流产业优惠政策对企业的经济效益将产生重要影响。数量充足和素质较高的劳动力条件也是选址需要考虑的因素。

（2）商品特性。经营不同类型商品的仓储与配送中心最好分别布局在不同地域，如生产型仓储与配送中心的选址应紧密结合产业结构、产品结构、工业布局进行考虑。

（3）物流费用。物流费用是仓储与配送中心选址需要考虑的重要因素之一。大多数仓储与配送中心选址接近物流服务需求地，如接近大型工业区、商业区，以便缩短运输距离、降低运费等。

（4）服务水平。能否实现准时运送是物流服务水平高低的重要指标之一，所以在仓储与配送中心选址时，应保证客户可在任何时候向中心提出的物流需求，且能得到满意的服务。

3．基础设施状况

（1）交通条件。仓储与配送中心必须具备方便的交通运输条件，最好靠近交通枢纽进行布局，如紧临港口、交通主干道枢纽、铁路编组站或机场，且有两种以上的运输方式相连接。

（2）公共设施状况。仓储与配送中心的所在地要求城市的道路、通信等公共设施齐备，有充足的电、水、热、燃气的供应能力，且周围要有污水、固体废物处理设施。

4．其他因素

（1）国土资源利用。仓储与配送中心的布局规划应贯彻节约用地、充分利用国土资源的原则，因为其受土地政策的影响很大，还要兼顾区域与城市规划用地的其他因素。

（2）环境保护要求。仓储与配送中心的选址需要考虑自然环境和人文环境保护等因素，尽可能降低对城市生活的干扰。尤其是大型的转运枢纽，应设置在远离中心城区的地方，避免影响城市交通，以维护城市的生态建设。

（3）周边状况。由于仓储与配送中心是火灾重点防护单位，所以不宜选在易散发火种的工业设施（如木材加工、冶金企业）附近，也不宜选在居民区附近。

课堂思考

举例说明在仓储与配送中心的选址过程中要考虑的因素。

（三）选址注意事项

在大中城市，仓储与配送中心选址应采用集中与分散相结合的方式；在中小城市（镇），仓储与配送中心的数量有限，不宜过于分散，仓储与配送中心选址宜在独立地段；在河（江）道较多的城市，商品集散大多利用水运的方式，仓储与配送中心选址宜在沿河（江）地段。应当注意的是，中小城市（镇）不宜将那些占地面积较大的综合性仓储与配送中心放在中心地带，会影响城市交通等。

1．不同类型的仓储与配送中心选址时的注意事项

（1）转运型仓储与配送中心选址时的注意事项。转运型仓储与配送中心大多经营倒装、转载或短期储存的周转类商品，多使用多式联运方式，一般应设在城市边缘地区的交通便利地段，以方便转运和减少短途运输。

（2）储备型仓储与配送中心选址时的注意事项。储备型仓储与配送中心主要经营国家或所在地区的中、长期储备物品，一般应设在城市边缘或郊区独立且具备直接、方便的水陆运输条件的地段。

（3）综合型仓储与配送中心选址时的注意事项。综合型仓储与配送中心经营的商品种类繁多，应根据商品类别和物流量设在不同的地段，如与居民生活关系密切的生活型仓储与配送中心，若物流量不大且没有环境污染问题，可设在接近服务对象且具备方便的交通运输条件的地段。

2. 经营不同商品的仓储与配送中心选址时的注意事项

下面以比较典型的果蔬食品、冷藏品、建筑材料、易燃材料等仓储与配送中心选址的特殊要求进行介绍。

（1）果蔬食品仓储与配送中心选址时的注意事项。果蔬食品仓储与配送中心应设在入城干道处，以免运输距离拉得过长、商品损耗过大。

（2）冷藏品仓储与配送中心选址时的注意事项。冷藏品仓储与配送中心往往设在屠宰加工场、毛皮处理场等附近，因为冷藏品会产生特殊气味、污水、污物，而且设备及运输噪声较大，会对所在地环境造成一定影响。

（3）建筑材料仓储与配送中心选址时的注意事项。建筑材料仓储与配送中心的物流量大、占地多，可能产生环境污染问题，而且有严格的防火等安全要求，应选择城市边缘对外交通运输干线附近。

（4）易燃材料仓储与配送中心选址时的注意事项。易燃材料仓储与配送中心应满足防火要求，选择城郊的独立地段。在气候干燥、风速较大的中小城市（镇），易燃材料仓储与配送中心还必须设在大风季节的下风位或侧风位。特别是油品类仓储与配送中心的选址，应远离居民区和其他重要设施，最好设在中小城市（镇）外围的地形低洼处。

> **课堂思考**
> 根据所学内容，请说出一个你熟悉的仓储与配送中心的选址理由。

（四）选址的方法

仓储与配送中心的选址应综合运用定性分析和定量分析相结合的方法，在全面考虑选址影响因素的基础上，粗选出若干可选的地点，进一步借助比较法、专家评价法、模糊综合评价等数学方法进行量化比较，最终得出优选方案。

> **课堂思考**
> 举例说明仓储与配送中心选址时需要设计的评价指标。

二、仓储布置

现代仓库总平面规划一般可划分为生产作业区、辅助作业区和行政生活区三大部分。为适应商品快速周转的需要，现代仓库在总体平面规划时应注意适当增大生产作业区中收发货作业区和检验区的面积。

（一）生产作业区

生产作业区是现代仓库的主体部分，是仓储的主要活动场所。生产作业区主要包括储存区、库区铁路专用线、库区道路、进货作业区、流通加工区和出货作业区等。

（1）储存区是储存保管、收发整理商品的场所，是生产作业区的主体区域，可划分为待检区、待处理区、不合格品隔离区、合格品储存区等。待检区用于暂存处于检验过程中的商品，这些商品一般采用黄色的标识以区别于其他状态的商品；待处理区用于暂存不具备验收条件或质量暂时不能确认的商品，这些商品一般采用白色的标识以区别于其他状态的商品；不合格品隔离区用于暂存质量不合格的商品，这些商品一般采用红色的标识以区别于其他状态的商品；合格品储存区用于储存合格的商品，这些商品一般采用绿色的标识以区别于其他状态的商品。为方便业务处理和库内物品的安全，待检区、待处理区和不合格品隔离区应设在仓库的入口处。

（2）库区铁路专用线应与国家铁路、码头、原料基地相连接，以便机车直接进入库区进行货运。库区铁路线最好是贯通式的，一般顺着库长方向铺设，并使岔线的直线长度达到最大限度。

（3）对库区道路的布局，要根据商品流向的要求，结合地形、面积、库房的建筑物、货场的位置来确定道路的走向和形式。仓库道路分为主干道、次干道和消防道：主干道应采用双车道，宽度在6～7m；次干道为3～3.5m宽的单车道；消防道的宽度不小于6m，布局在库区的外围。

（4）现代仓库已从传统的储备型仓库转变为以收发作业为主的流通型仓库，除了设置上述基本区域以外，还应根据仓储业务的需要，设置进货作业区、流通加工区和出货作业区等。

（二）辅助作业区

辅助作业区包括为仓储业务提供各项服务的设备维修车间、车库、工具设备库、油库、变电室等。需要注意的是，油库的设置应远离维修车间、宿舍等易出现明火的场所，周围必须设置相应的消防设施。

（三）行政生活区

行政生活区是行政管理机构办公和职工生活的区域，具体包括办公楼、警卫室、化验室、宿舍和食堂等。为便于业务接洽和管理，行政管理机构一般布置在仓库的主要出入口，并用墙与生产作业区隔开。这样既方便工作人员与作业区的联系，又避免非作业人员对仓库生产作业的影响和干扰。职工生活的区域一般与生产作业区保持一定的距离，以保证仓库的安全和生活区的安宁。

> **课堂思考**
>
> 举例说明仓库各个功能区的基本作用。

三、设备选用

（一）仓储设备的分类

仓储设备的配置是仓储系统规划的重要内容，关系到仓库建设成本和运营费用，更关系到仓库的生产效率和效益。仓储设备指的是仓储业务所需的所有技术装置与机具，即仓库进行生产作业和辅助生产作业、保证仓库作业安全所必需的各种机械设备的总称。根据设备的功能要求，仓储设备的分类见表1-7。

表 1-7　仓储设备的分类

功能要求	设备类型
存货、取货	货架、叉车、堆垛机械、起重运输机械等
分拣、配货	分拣机、托盘、搬运车、传输机械等
验货、养护	检验仪器、工具、养护设施等
防火、防盗	温度监视器、防火报警器、监视器、防盗报警设施等
流通加工	所需的作业机械、工具等
控制、管理	计算机及辅助设备等
配套设施	站台、轨道、道路、场地等

（二）仓储设备的特点

从仓储设备的作业过程来看，其具备起重、装卸、搬运、储存和堆码的功能。尽管仓储设备从外形到功能差别都很大，但因为它们是为了在特定的作业环境中完成特定的物料搬运作业而设计的，所以具有以下共性：

（1）搬运要求高。由于仓储设备主要用于物品的移动和起升，作业范围较小，所以对物品的搬运要求高，对速度要求较低。

（2）运动线路较固定。由于作业场所有限，所以仓储设备的运动线路比较固定。

（3）专业化程度高。仓储作业由一系列实现特定功能的作业环节或工序组成，各工序的功能比较单一且工序间的功能差别较大，所以为提高工作效率，仓储设备的专业化程度越来越高。

（4）标准化程度高。商品流通各环节对商品的外观和包装提出了标准化要求，而商品的外观和包装的标准化也促进了物流设备包括仓储设备的标准化。

（5）自动化程度高。随着各种信息技术、自动认证技术、自动称重和计数技术的广泛应用，现代仓储设备的自动化程度不断地提高。

（6）经济性要求高。仓储作为流通领域和企业物流必不可少的环节，对实现商品的价值起到了极其重要的作用，所以为了控制仓储成本，在选用仓储设备时，必须考虑其经济性。

（7）环保性要求高。由于作业环境的特殊性，仓储设备必须严格控制其对环境的污染程度。

（8）安全性要求高。在仓储作业过程中，要在复杂的环境和有限的空间中保证人员、设备和物品的安全，就必须对仓储设备的安全性提出高要求。

（三）仓储设备的选择

1. 与仓库的作业量、出入库作业频率相适应

仓储设备的型号和数量应与仓库的作业量相适应，而作业量与仓储设备的额定起重量、水平运行速度、起升和下降速度及设备的数量有关，应根据具体的情况进行选择。同时，仓储设备的型号应与仓库的出入库频率相适应。例如，对于吞吐量较小的综合性仓库来说，其收发作业频繁、作业量和作业时间很不均衡，这时应该考虑选用起重载荷相对较小、工作繁忙程度较高的设备；对于吞吐量较大的专用性仓库来说，其收发作业并不频繁、作业量和作业时间均衡，这时应该考虑选用起重载荷相对较大、工作繁忙程度较小的设备。

2. 计量和搬运作业同时完成

有些仓库需要大量的计量作业，如果计量作业和搬运作业不同步，势必会增加装卸搬运的次数，降低生产效率。所以，选用仓储设备时计量作业和搬运作业最好同时完成，如在皮带输送机上安装计量感应装置，可在输送的过程中完成计量工作。

3. 选用自动化程度高的设备

要提高仓库的作业效率，应从物品和设备两个方面着手。从物品的角度来考虑，要选择合适的货架和托盘；而从设备的角度来考虑，应提高仓储设备的自动化程度。

4. 注意仓储设备的经济性

选择仓储设备时，应该根据仓库作业的特点，在坚持技术先进、经济合理、操作方便的原则下，根据企业自身的条件和特点，对设备进行经济性评估，选择合适的设备。

（四）货架系统

根据《物流术语》，货架指的是由立柱、隔板或横梁等结构件组成的储物设施。货架在发货业务量大的仓库中起着很大的作用，既能有效保护物品、方便物品的存取与进出库作业，又能提高仓库空间的利用率，是仓储面积的扩大和延伸。

1. 货架的种类

【各种货架】

随着仓库自动化程度的不断提高，货架技术也在不断发展，尽管出现了许多新型货架，但传统的依然发挥着重要的作用。

（1）层架。层架由立柱、横梁和层板构成，层间用于存放物品。层架结构简单，适用范围非常广泛，还可以根据需要制作成层格架、抽屉式货架和橱柜式货架等形式，以便于存放规格复杂的小件物品或较贵重、怕尘土、怕潮湿的小件物品。

（2）悬臂式货架。悬臂式货架（图1.12）由三四个塔形悬臂和纵梁相连而成，在储存长形物品的仓库中被广泛运用。悬臂式货架悬臂的尺寸根据所存放物品的外形确定。

（3）托盘式货架。托盘式货架（图1.13）专门用于存放堆码在托盘上的物品，其基本形式与层架相似。

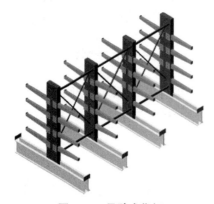

图1.12　悬臂式货架

图1.13　托盘式货架

（4）移动式货架。移动式货架（图1.14）的货架底部装有滑轮，开启控制装置后，滑轮可以沿轨道滑动。移动式货架平时可以密集相连排列，存取物品时通过手动或电动控制装置驱动货架沿轨道滑动，形成取货通道。移动式货架可大幅度减少通道面积，提高仓库面积利用率，但成本较高，主要用于档案等贵重物品的保管。

（5）驶入/驶出式货架。驶入/驶出式货架（图1.15）采用钢结构，立柱上有水平突出的构件，叉车将托盘物品送入，由货架两边的构件托住托盘。驶入式货架只有一端可供叉车进出，而驶入/驶出式货架可供叉车从中通过，非常便于作业。在一般的自动化仓库，有轨或无轨堆垛机的作业通道是专用的，在作业通道上不能储存物品。而在驶入/驶出式货架仓库，作为托盘单元物品的储存货位与叉车的作业通道是合一的、共同的，极大地提高了仓库的面积利用率。

图1.14 移动式货架

图1.15 驶入/驶出式货架

（6）旋转式货架。旋转式货架（图1.16）设有电力驱动装置，货架沿着由两个直线段和两个曲线段组成的环形轨道运行，由开关控制或用计算机操纵。存取物品时，将物品所在货格的编号通过控制盘或按钮输入，货格则以最短的途径自动旋转至拣货点停止。由于旋转式货架通过货架旋转来改变物品的位置，可代替拣选人员在仓库内的移动，所以能够大幅度降低拣选作业的劳动强度，从而提高拣货效率。

（7）自动货柜。自动货柜是集声、光、电及计算机管理于一体的高度自动化的全封闭储存设备。它充分利用垂直空间，最大限度地优化存储管理。在一些场所中，自动货柜就是一个高效、便捷的小型立体仓库。自动货柜通过计算机、条形码识别器等智能工具进行管理，使用非常方便，只需要按下按键，内存物品即送到进出平台，可自动统计、自动查找，所以特别适用于体积小、价值高的物品的储存管理。

图1.16 旋转式货架

2. 货架的选择依据

在现代仓库的管理中，为了改善仓库的功能，不仅要求货架数量多、功能全，而且要求货架适于仓库作业机械化和自动化。因此，仓库在选择和配置货架时，必须综合分析库存物品特点、库房管理，以及库房结构、装卸搬运设备等因素，如图1.17所示。

（五）装卸搬运设备

根据《物流术语》，装卸是指在运输工具间或运输工具与存放场地（仓库）间，以人力或机械方式对物品进行载上载入或卸下卸出的作业过程。

仓库的装卸搬运活动通常是指物品在仓库内部移动，以及在仓库与运输车辆之间的移动，是仓库内部不可缺少的物流环节。装卸搬运活动合理与否，不仅影响运输和仓库系统的运作效率，而且影响企业整个系统的运作效率。因此，在仓库建设规划时，选择高效、柔性的装卸搬运设备，对仓库进行装卸搬运组织、加快进出库速度、提高作业效率等是很有必要的。

【装卸搬运设备】

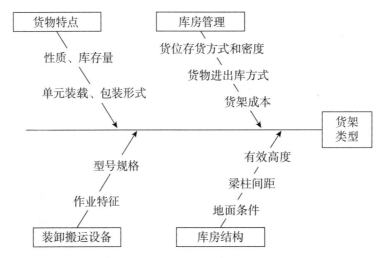

图1.17 选择货架应综合考虑的因素

1. 装卸搬运设备

（1）叉车。在仓储作业过程中，叉车是比较常用的装卸设备，有万能装卸机械之称。叉车是指具有各种叉具，能够对物品进行升降、移动及装卸作业的搬运车辆，具有灵活、机动性强、转弯半径小、结构紧凑、成本低廉等优点。叉车的类型很多，按照动力可分为电瓶叉车和内燃机叉车；按基本构造可分为平衡重式叉车（图1.18）、前移式叉车（图1.19）、侧叉式叉车（图1.20）等。

图1.18 平衡重式叉车

【各种装卸搬运设备】

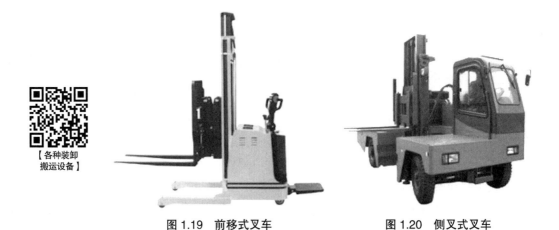

图1.19 前移式叉车　　　　图1.20 侧叉式叉车

课堂思考

在实训室找一台叉车，从铭牌上读取叉车的基本参数。

（2）堆垛机。堆垛机是专门用来堆码或提升物品的机械。普通仓库使用的堆垛机是一种构造简单、用于辅助人工堆垛、可移动的小型物品垂直提升设备。堆垛机的构造轻巧，人力推移方便，堆码或提升高度较高，能在很窄的通道内操作，可减轻堆垛工人的劳动强度，也可提高库容利用率，所以在中小型仓库内广泛使用。堆垛机分为桥式堆垛机、巷道式堆垛机等类型。

（3）输送机。输送机是一种连续搬运物品的机械，在工作时连续不断地沿同一方向输送散料或者重量不大的单件物品，而且装卸过程无须停车。输送机的优点是生产率高、设备简单、操作简便；缺点是一定类型的连续输送机只适合输送一定种类的物品，不适合搬运很热的物料或者形状不规则的单件物品，且只能沿一定线路定向输送，在使用上具有一定的局限性。根据用途和所处理物品形状的不同，输送机可分为带式输送机（图1.21）、辊子输送机（图1.22）、链式输送机、重力式辊子输送机、伸缩式辊子输送机、振动输送机、液体输送机等；根据其他划分方法，输送机还可以分为移动式输送机、固定式输送机、重力式输送机、电驱动式输送机等。

图1.21　带式输送机

图1.22　辊子输送机

（4）起重机。起重机是在采用输送机之前曾被广泛使用的一种具有代表性的搬运机械。起重机将物品吊起，在一定范围内做水平运动。按照机构、动作繁简程度、工作性质和用途的不同，起重机可以分为简单起重机、通用起重机和特种起重机。简单起重机一般只作升降运动或一个直线方向的运动，只有一个运动机构，而且大多数是手动的；通用起重机除了有一个使物品升降的起升机构外，还有使物品做水平方向的直线运动或旋转运动的机构，主要用电力驱动，如通用桥式起重机、门式起重机、固定旋转式起重机和行动旋转式起重机等；特种起重机指的是具有两个以上机构的多动作起重机械，专门用于专业性的工作，构造比较复杂，如冶金专用起重机、建筑专用起重机和港口专用起重机等。

2. 选择依据和选择方法

（1）选择依据。

① 明确是否确实需要进行搬运步骤。

② 制订设备选择计划时要考虑长远发展的需要。

③ 所选用的设备不仅仅局限于仓库作业的某一个环节，要在整个系统的总目标下发挥作用。

④ 遵循简单化原则，选择合适的规格型号。应尽可能采用标准设备，不采用价格昂贵的非标准化设备。在增加投资前，一定要保证现有设备得到充分利用。例如，为完成某种轻量级工作而购买价格昂贵的重量级设备，或者选用使用寿命不长的设备，都是不恰当的，在可能的条件下应尽可能发挥重力输送的长处。

⑤ 要进行多方案的比较，不要只盯着一家设备商去选择某项搬运工作的设备和搬运方法，要想到可能会有更廉价的设备和更经济的搬运方法。

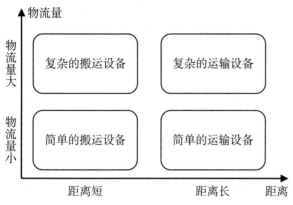

图 1.23 距离、物流量与选择搬运设备的关系

（2）选择方法。

① 根据距离和物流量指示图，确定搬运设备的类别，如图 1.23 所示。简单的搬运设备适合于距离短、物流量小的搬运需要，复杂的搬运设备适合于距离短、物流量大的搬运需要，简单的运输设备适合于距离长、物流量小的运输需要，复杂的运输设备适合于距离长、物流量大的运输需要。

② 根据设备的技术指标、物品特点、运行成本、使用方便等因素，选择设备系列型号，甚至品牌。在设备选型时要注意以下事项：

A. 设备的技术性能。能否胜任工作及设备的灵活性要求等。

B. 设备的可靠性。在规定的时间内能够工作而不出现故障，或出现一般性故障时易于立即修复且安全可靠。

C. 工作环境的配合适应性。工作场合是露天还是室内，是否有震动，是否有化学污染，以及其他特定环境要求等。

D. 经济因素。包括投资水平、投资回收期及性能价格比等。

E. 可操作性和使用性。操作是否易于掌握，培训程度是否复杂等。

F. 能耗因素。设备的能耗应符合燃烧与电力供应情况。

G. 设备条件及维修因素。设备条件和维修应方便、可行。

（六）计量和自动分拣设备

1. 计量设备

计量设备是物品进出库的计量、点数，以及在库盘点、检查中经常使用的度量衡设备。在现代仓库中，可以利用电子收货系统对到库的计件物品进行计量检验，也可以利用电子秤对计重物品进行计量检验。

（1）电子收货系统。当物品到达仓库时，管理员持扫描器扫描托盘或包装箱上的条码，系统自动取消接收订单，从而使物品信息进入仓库管理系统，与订单进行电子核对。该系统可以实现物品快速登记，缩短收货时间，而且信息无须人工输入，所以极大地提高了效率和准确率。

（2）电子秤。电子秤是一种由承重和传力机构、称重传感器、测量显示仪及电源等组成的现代化衡器。它具有操作简单、称重速度快的特点，可以数字显示并自动记录称重结果。

2. 自动分拣设备

分拣是指将物品按品种、出入库先后顺序进行分门别类堆放的作业。这项工作可以通过人工的方式进行，也可以用自动化设备进行处理。

（1）自动分拣系统的组成。自动化分拣系统通常由供件系统、分拣系统、下件系统、控制系统 4 个部分组成，在控制系统的协调作用下，实现物品从供件系统进入分拣系统进行分拣，最后由下件系统完成对物品位置的分类，从而达到物品分拣的目的。

① 供件系统。供件系统可实现分拣系统高效、准确的处理，保证等待分拣的物品在各种物理参数的自动测量过程中，通过信息的识别和处理，准确地送入高速移动的分拣主机中。由于供件系统的处理能力低于分拣主机，所以一般要配备一个特定数量的高速自动供件系统，以满足分拣的需要。

② 分拣系统。分拣系统是整个系统的核心，是实现分拣的主要执行系统，使具有各种不同附载信息的物品，在一定的逻辑关系的基础上实现分配与组合。

③ 下件系统。下件系统是分拣处理的末端设备，为分拣处理后的物件提供暂时的存放位置，并实现一定的管理功能。

④ 控制系统。控制系统是整个分拣系统的大脑，其作用不仅仅是将系统中的各个功能模块有机地结合在一起协调工作，更重要的是系统中的通信与上层管理系统进行数据交换，使得分拣系统成为整个物流系统不可分割的一部分。

（2）自动分拣系统的特点。

① 能连续、大批量地分拣物品。自动分拣系统不受气候、时间、人的体力等限制，可以连续运行，其分拣能力具有人力分拣系统无可比拟的优势。

② 分拣误差率极低。自动分拣系统的分拣误差率主要取决于所输入分拣信息的准确性，而这又取决于分拣信息的输入机制，如采用条形码扫描输入，除非条形码印刷本身有差错，否则不会出错。

③ 分拣作业基本实现无人化。自动分拣系统能够最大限度地减少人员的使用，减轻劳动强度，提高工作效率，基本可以做到无人化。

（七）自动立体仓库

自动仓库指的是由高层货架、巷道堆垛起重机（有轨堆垛机）、入出库输送机系统、自动化控制系统、计算机仓库管理系统及其周边设备组成，可对集装单元物品实现自动化存取和控制的仓库。立体仓库指的是采用高层货架立体存放物品的仓库，其存、取作业要借助机械设备来完成。综合上述两种作业形式的仓库就是自动立体仓库。

【自动立体仓库】

1. 自动立体仓库的分类

（1）按照储存物品的特性分类，自动立体仓库可分为常温自动立体仓库系统、低温自动立体仓库系统、防爆型自动立体仓库系统。

【自动立体仓库图片】

（2）按照自动立体仓库的建筑形式分类，自动立体仓库可分为自立式钢架立体仓库系统、一体式钢架立体仓库系统。

（3）按照自动立体仓库的设备形式分类，自动立体仓库可分为单位负载式自动立体仓库、开放式钢架、封闭式钢架、推回式钢架、重力式钢架、水平式钢架子母车系统等。

2. 自动立体仓库的优缺点

（1）自动立体仓库的优点。

① 仓库作业全部实现机械化和自动化，既能够节省人力、减少劳动费用支出，又能够提高作业效率。

② 采用高层货架进行立体储存，能有效地利用空间，减少占地面积，降低土地购置费用。

③ 采用托盘或货箱储存物品，物品的破损率显著降低。

④ 货位集中，便于控制与管理，特别是使用电子计算机控制，不仅能够实现作业过程的自动控制，而且能够进行信息处理。

（2）自动立体仓库的缺点。

① 结构复杂，配套设备多，需要的基建和设备投资高。

② 货架安装精度要求高，施工比较困难，而且施工周期长。

③ 储存物品的品种受到一定限制，对长大笨重物品及要求特殊保管的物品，必须单独设立储存系统。

④ 对仓库管理和技术人员要求较高，必须经过专门培训才能胜任工作。

⑤ 无论是建库前的工艺设计，还是投产使用中按工艺设计进行的作业，工艺要求都很高。

⑥ 弹性较小，难以应付储存高峰的需求。面对淡旺季、高低峰或顾客的紧急需求，自动立体仓库因自动化设备数目固定、运行速度可调整范围不大导致作业弹性不大，而传统仓库只要采用人海战术就可以应付这些需求。

⑦ 自动立体仓库中的设备，如高架吊车、自动控制系统等都是先进的技术性设备，维护要求较高，而且必须依赖供应商提供的技术支援。

⑧ 自动立体仓库要充分发挥其经济效益，就必须与采购管理系统、配送管理系统、销售管理系统等相结合，但是这些管理系统的建设需要大量技术和资金的支持。

因此，在建设自动立体仓库时，首先必须综合考虑自动立体仓库在整个企业运营中的战略地位和设置目的，其次详细分析建设自动立体仓库所带来的正面和负面影响，最后要考虑相应的补救措施。总之，在建设自动立体仓库时必须进行详细的规划，进行综合测评后确定建设方案。

3. 自动立体仓库的组成

自动立体仓库从建筑形式上来看，可分为整体式自动立体仓库和分离式自动立体仓库两种。整体式自动立体仓库是库房货架合一的仓库结构形式，仓库建筑物与高层货架相互连接，形成一个不可分开的整体。分离式自动立体仓库是库梁分离的仓库结构形式，货架单独安装在仓库建筑物内。但不管哪种形式，高层货架都是主体。

高层货架有很多类型。按照建筑材料的不同，高层货架可分为钢结构货架、钢筋混凝土结构货架等；按照货架结构特点的不同，高层货架可分为固定式货架和可根据实际需要组装、拆卸的组合式货架；等等。目前，国外自动立体仓库的发展趋势之一是从整体式向分离式发展，因为整体式自动立体仓库的建筑物与货架是固定的，一经建成便很难更改，应变能力差，而且投资大、施工周期长。

4. 巷道式堆垛机及自动立体仓库的周边设备

巷道式堆垛机又称为堆垛机，分为巷道式单立柱堆垛机和巷道式双立柱堆垛机。巷道式堆垛机是自动立体仓库的主要装卸搬运设备，主要由立柱、载货台、货叉、运行机构、卷扬（或升降）机构和控制机构等组成。目前，巷道式堆垛机有了很大的改进，其起升、运行、存取速度等都有明显的提高，而且调速技术、自动控制技术、停准精度、保护措施等也日趋完善。

自动立体仓库的周边设备主要有液压升降平台、辊式输送机、台车、叉车、托盘等。这些设备与巷道式堆垛机相互配合，构成完整的装卸搬运系统。

控制巷道式堆垛机及自动立体仓库的周边各种设备的运行，以及物品的存入与拣出，都是由控制系统来完成的。控制系统是自动立体仓库的"指挥部"和"神经中枢"。自动立体仓库的控制形式有手动控制、随机自动控制、远距离控制和计算机全自动控制4种形式。其中，计算机全自动控制又分为脱机、联机和实时联机3种形式。随着计算机技术的发展，计算机在仓库控制中发挥着越来越重要的作用。

四、仓库规划

(一) 仓库面积确定

现代仓库的种类和规模有所不同,其面积构成也不尽相同。因此,进行仓库规划时必须先明确仓库面积的有关概念,再确定仓库的相关面积。

(1) 仓库总面积。仓库总面积是指从仓库外墙线算起,整个围墙内所占的全部面积。若在墙外还有仓库的生活区、行政区或库外专用线,则也应算在总面积之内。

(2) 仓库建筑面积。仓库建筑面积是指仓库内所有建筑物所占平面的建筑面积之和。若有多层建筑,则还应加上多层面积的累计数。仓库建筑面积包括生产性建筑面积(包括库房、货场、货棚所占建筑面积之和)、辅助生产性建筑面积(包括机修车间、车库、变电所等所占的建筑面积之和)和行政生活建筑面积(包括办公室、食堂、宿舍等所占建筑面积之和)。

(3) 仓库使用面积。仓库使用面积是指仓库内可以用来存放商品的面积之和,即库房、货棚、货场的使用面积之和。其中,库房的使用面积为库房建筑面积减去外墙、内柱、间隔墙及固定设施等所占的面积。

(4) 仓库有效面积。仓库有效面积是指在库房、货棚、货场内计划用来存放商品的面积之和。

(5) 仓库实用面积。仓库实用面积是指在仓库使用面积中,实际用来堆放商品所占的面积,即库房使用面积减去必需的通道、垛距、墙距及进行收发、验收、备料等作业区后所剩余的面积。

仓库(货棚或货场)实用面积的计算公式为

$$S=Q/q$$

式中: S——仓库(货棚或货场)的实用面积,单位是"m^2";

Q——仓库(货棚或货场)最高储存量,单位是"t";

q——单位面积商品储存量,单位是"t/m^2"。

仓库总面积的计算公式为

$$F=\sum S/i$$

式中: F——仓库的总面积,单位是"m^2";

S——仓库实用面积之和,单位是"m^2";

i——仓库面积利用系数。

(二) 仓库规划的注意事项

1. 卡车通道

在仓库内部设有卡车车道,单线车道宽度为4m,双线车道宽度为8m,车道的地板荷载必须是能承担10吨/每轴的地板。

2. 卡车回转区

在仓库内部设有卡车回转区,可以使大卡车易于停靠月台,这是非常重要的环节但经常被忽视。卡车回转区的长度根据卡车长度的不同而设置不同,原则上是卡车车长的2倍,一般的对比数据是: 2t卡车回转区的长度为11m,4t卡车回转区的长度为13m,11t卡车回转区的长度为20m,货柜车、拖车回转区的长度为33m。

3. 月台高度

仓库的月台是进出货必经之路。月台高度必须配合卡车货台的高度，但是卡车的种类非常多，高度也不一样，而且空车的高度与载重车的高度也不一样。因此，往往导入油压升降平台来辅助装卸，一般进货的卡车较大，可能是11t卡车或者货柜车、拖车；而出货的卡车较小，大部分是3.5t卡车（总重）或者7.2t卡车。一般来说，2t卡车月台的高度约为0.7m，4t卡车月台的高度约为0.9m，11t卡车月台的高度约为1.2m，货柜车、拖车月台的高度为1.3m左右。在月台上必须设置防撞装置，避免月台遭卡车撞击。

4. 遮阳（雨）棚的高度和长度

仓库月台的遮阳（雨）棚也是物流进出货必要的设备，因为有的物品对湿度和太阳直射非常敏感，所以进出货的地方必须有足够遮阳（雨）棚的设备。遮阳（雨）棚与月台的高度至少需要3m，与地面的高度至少需要4m，遮阳（雨）棚的长度至少需要5m。而且，遮阳（雨）棚的斜度最好是往内部倾斜，避免雨水滴落到车厢后被风吹进月台，会淋湿物品。另外，有的卡车车厢是左右对开的，如果是这种车厢，则遮阳（雨）棚的高度从地面算起至少需要5.5m。

5. 仓库的内部通道

仓库内部的通道因搬运方式较多而大小完全不同。常见的搬运方式有人工方式、手推车及叉车等。一般来说，人工单行通道的尺寸为0.6m，若是双向通道则为1.2m；手推车单行通道的尺寸为1m，若是双向通道则为2m；叉车单行通道的尺寸约为1.5m，垂直作业时通道的尺寸则为2.5～4.0m，此外还必须参考叉车的机型及托盘的尺寸大小。

6. 库房实际作业高度和天花板高度

库房实际作业高度的计算公式是：托盘上物品的高度＋叉举高度20cm＋梁高10cm＝库房实际作业高度。天花板高度是包含库房实际作业高度还要加上电灯、冷气风管、消防水管等空间高度，计算公式是：天花板高度＝库房实际作业高度＋30cm。

7. 仓库柱子跨距和柱子构造

对于物流规划而言，柱子跨距越大越好；但从建筑成本来看，柱子跨距越大成本就越高。因此，必须根据货架的规划尺寸及恰当的通道尺寸为规划参考尺寸，确定恰当的柱子跨距，合理地控制成本。柱子构造的种类有轻型钢、H型钢、BOX型钢、钢筋混凝土、SRC结构等。其中，以SRC结构为最佳但价格最贵，而目前使用最多的是经济型的H型钢。

8. 地板荷重和地板材质

仓库内部的地板荷重应当加以注意，尤其是多层楼式仓库，经常可以发现地板承载荷重不足的情形，如地板龟裂或震动、结构体严重受损等。储放的商品不同，则仓库地板的荷重不同，一般来说，办公室每平方米荷重300kg，服饰商品每平方米荷重300～500kg，杂货商品每平方米荷重0.5～1t，饮料商品每平方米荷重2t以上，等等。另外，仓库地板表面起砂的情形时有发生，地板材质的选用也非常重要。仓库地板材质的种类很多，有水泥地板、金刚砂水泥地板、塑料地砖地板、无缝树脂地板等。仓库地板应针对储放商品的特性选择较耐用的材质，目前使用最多的是金刚砂水泥地板，其价格非常合理。

9. 屋顶、屋高和梁高

根据厂房类型的不同，仓库屋顶选材完全不同，常用的材料有彩色钢板、库体板、石棉瓦等，目前以彩色钢板最为普遍。由于建造方式的不同，仓库屋顶的样式也不同，有平屋顶、单面斜度、两面斜度等几种。必须注意仓库屋顶的斜度，因为斜度的大小会影响屋高和梁高,目前仓库屋顶斜度从5/100至20/100的都有(注意,"5/100"的斜度是指100m长的屋顶,屋顶高有5m)。

10. 墙壁和门窗

仓库的墙壁材料的种类有很多,视储存商品特性的不同选择不同的材料,一般有彩色钢板、彩色钢板+隔热材料、库体板、砖墙等。其中,彩色钢板的价格比较便宜,但隔热及防尘效果不佳;库体板、砖墙的价格比较高,但隔热及防尘效果较佳。仓库的门有手动卷门、电动卷门、手动快速门等几种。其中,手动卷门的价格比较便宜但费力,电动卷门、手动快速门的价格比较贵但省力。仓库的窗户尽量规划在较高的地方,开窗的主要目的在于采光和逃生。

11. 消防设备

仓库必须配备足够的消防设备。消防设备的种类很多,常见的有烟感报警器、消火栓、灭火器、自动洒水系统、自动二氧化碳灭火系统等。消火栓、灭火器的价格比较便宜但必须由人来操作,自动洒水系统、自动二氧化碳灭火系统的价格比较贵但效果比较好。

12. 仓库换气

在仓库规划时,必须注意仓库换气,尤其是在夏天要考虑如何使热空气排出。仓库的换气方法有很多,如天窗自然换气、门窗自然换气、强制性通风器(自动)换气、空调换气等。

应用案例

某乳制品公司自动立体仓库的后端与产品生产线相连接,与出库区相连接,库内主要存放成品鲜奶和成品酸奶。仓库采用联机自动方式,入库能力为150盘/小时,出库能力为300盘/小时。

一、库区布置

库区划分为常温和低温两个区域。常温区保存鲜奶成品,低温区配置制冷设备,存储酸奶。按照"生产—存储—配送"的工艺及奶制品的工艺要求,经方案模拟仿真优化,库区最终划分为入库、储存区、托盘(外调)回流区、出库区、维修区和计算机管理控制室6个区域。

(1) 入库区由66台链式输送机、3台双工位穿梭车组成,负责将生产线码垛区完成的整盘物品转入各入库口。其中,双工位穿梭车负责生产线端输送机输出的物品向各巷道入库口的分配、转动及空托盘回送工作。

(2) 储存区包括高层货架和17台巷道堆垛机。高层货架采用双托盘货位,进行物品存储。巷道堆垛机则按照指令完成从入库输送机到目标货位的取货、搬运、存货,以及从目标货位到出货输送机的取货、搬运、出货的任务。

(3) 托盘(外调)回流区分别设在常温区和低温区内部,由12台出库口输送机、14台入库口输送机、巷道堆垛机和货架组成,分别完成空托盘回收、存储、回送、外调物品入库、剩余产品及退库产品入库和回送等工作。

(4) 出库区设置在出库口外端,分为物品暂存区和装车区,由34台出库输送机、叉车和运输车辆组成。叉车司机通过电子看板、RF终端扫描来完成装车作业,并反馈信息。

(5) 维修区设在穿梭车轨道外侧,便于及时维修,这样可以保障在一台穿梭车更换配件或处理故障时,其他穿梭车仍可以正常工作。

(6) 计算机管理控制室设在二楼,用于入(出)库登记、入(出)高度、管理和联机控制。

二、设备配置

1. 货架

(1) 主要使用要求和条件。托盘单元载重能力:850/400kg(常温区/低温区);存储单元体积:1000mm(运行方向)×1200mm(沿货叉方向)×1470mm(货高含托盘);库区面积9884m^2,最高点高23m。

(2) 根据使用要求和条件,采用具有异形截面、自重轻、刚性好、材料利用率高、表面处理容易、安装和运输方便的双货位横梁式组合货架。其中，货架高度有 6 种。至于货架数量，常温区有 14964 个，低温区有 4668 个。

（3）货架主材。主柱、横梁因常温区和低温区而分别选用不同型号的型材。地轨选用 30kg/m 钢轨，而天轨选用 16 # 工字钢。

（4）消防空间。货架北部有 400mm 的空间，200mm 安装背拉杆，200mm 安装消防管道。

2. 有轨巷道堆垛机

（1）驱动装置。采用外国公司产品，性能优良、体积小、噪声低、维护保养方便。

（2）变频调整。驱动单元采用变频调速，可满足堆垛机入（出）库平衡操作和高速运行，具有起动性能好、调速范围宽、速度变化平衡的特点，运行稳定并有完善的过压、过流保护功能。

（3）堆垛机控制系统。采用分解式控制，控制单元采用模块式结构，当某个模块发生故障时，几分钟之内便可更换备用模块，使系统重新工作。

（4）保护装置。堆垛机起升松绳和过载、娄绳安全保护装置，载货台上、下极限位装置，货叉伸缩机械限位挡块，物品高度及歪斜控制，电器联锁装置，各运行端极限缓冲器，堆垛机作业报警电铃和警示灯等。

（5）控制方式。

① 手动控制。操作人员通过堆垛机操作板按钮直接操作机械运行的，机械运行包括水平运行、载货台升降、货叉伸缩 3 种动作。

② 单机自动。操作人员在入（出）库端通过堆垛机电控柜上的操作板，输入入（出）库指令后，堆垛机将自动完成入（出）库作业，并返回入（出）库端待令。

③ 在线全自动控制。操作人员在计算机中心控制室通过操作终端输入入（出）库任务或入（出）库指令，计算机与堆垛机通过远红外通信连接将入（出）库指令下达到堆垛机，再由堆垛机自动完成入（出）库作业。

3. 输送机

整个输送系统由两套 PLC 控制系统控制，与上位监控机相连，接收监控机发出的作业命令、返回命令的执行情况和子系统的状态等。

4. 双工位穿梭车

双工位穿梭车系统完成物品运送工作，其中一个工位完成成品物品的接送功能，另一个工位负责执行拆卸分配工作。

5. 计算机管理与控制系统

依据仓库招标的具体需求，考虑企业长远目标及业务发展需求，并针对仓库的业务实际和管理模式，定制了一套适合用户需求的仓储物流管理系统，主要包括仓储物流信息管理系统和仓储物流控制与监控系统两个部分。仓储物流信息管理系统实现上层战略信息流、中层管理信息流的管理；仓储物流控制与监控系统实现下层信息流与物流作业的管理。

（1）仓储物流信息管理系统。

① 入库管理。实现入库信息采集、入库信息维护、脱机入库、条形码管理、入库交接班管理、入库作业管理、入库单查询等。

② 出库管理。实现出库单据管理、出库货位分配、脱机出库、发货确认、出库交接班管理、出库作业管理。

③ 库存管理。对物品、库区、货位等进行管理，实现仓库调拨、仓库盘点、存货调价、库存变动、托盘管理、在库物品管理、库存物流断档分析、积压分析、质保期预警、库存报表、可出库报表等功能。

④ 系统管理。实现对系统基础资料的管理，主要包括系统初始设置、系统安全管理、基础资料管理、物料管理、业务资料管理等模块。

⑤ 配送管理。实现车辆管理、派车、装车、运费结算等功能。

⑥ 质量控制。实现出入库物品、库存物品的质量控制管理，包括抽检管理、复检管理、质量查询、质量控制等。

⑦ 批次管理。实现入库批次数字化、库存批次查询、出库发货批次追踪。

⑧ 配送装车辅助。通过电子看板、RF 终端提示来指导叉车进行物流作业。

⑨ RF 信息管理系统。通过 RF 实现入库信息采集、出库发货数据采集、盘点数据采集等。

（2）仓储物流控制与监控系统。

仓储物流控制与监控系统是实现仓储作业自动化、智能化的核心系统，负责管理仓储物流信息系统的作业队列,并将作业队列解析为自动化仓储设备的指令队列,根据设备的运行状况来指挥、协调设备的运行。同时,该系统通过动态仿真人机交互界面监控自动化仓储设备的运行状况,包括作业管理、作业高度、作业跟踪、自动联机入库、设备监控、设备组态、设备管理等几个功能模块。

(资料来源:郑克俊,2018.仓储与配送管理[M].4版.北京:科学出版社,有改动)

问题思考

(1)该自动立体仓库的构成有哪些?
(2)该自动立体仓库建设项目情况对其他大型物流企业有哪些借鉴意义?

实训项目

实训目的

通过调查,加深对仓库布局规划基本内容的理解,能够对调研企业的布局规划内容进行描述和分析。

实训准备

(1)了解调研目的。
(2)将学生分成不同的小组,每组四五个人。
(3)确定调研地点,每个小组选择不同的仓库进行现场考察。在考察过程中,具体记录以下信息:
① 交通地址。比较并说明所在现场环境的优缺点(必须画出地理位置图)。
② 前方设施。停车场位置、设施、出入口设计。
③ 仓库设施。内部各作业环节的分区与布局、通道设计、储存设施、搬运设施。
④ 辅助设施。员工福利设施、办公室。
以上内容必须附有照片或平面图说明。
(4)安排4课时。

实训实施

(1)选择当地一家企业的仓储与配送中心或仓库,进行现场调查,了解仓库的布局规划及仓库设备的配备情况。
(2)调研结束后,撰写调查报告。调查报告格式见表1-8。各小组指派一名同学在课堂上陈述调研结果。

表1-8 调查报告格式

封面内容	题目、组别(学号)、(组员)姓名、日期
正文内容	(1)调查背景与目的:说明仓库布局规划的重要性,对企业配送中心的布局进行目的性调查。 (2)调查方法与对象:说明在调查中所用的方法,介绍调查对象的基本情况,如仓库的背景、成立历史、重要大事记、组织状况、目前经营情况等,但篇幅不宜过长。 (3)调查结果分析:陈述调查的结果、数据分析等。 (4)意见和建议:针对调查中所发现的问题,对仓库布局不合理的方面提出改进的意见和建议。 (5)参考文献。 (6)附录:小组成员分工表、补充数据、图表等

实训考核

实训考核表见表1-9。

表1-9 实训考核表

考核人		被考核人	
考核地点			
考核内容	仓库布局规划调研		
考核标准	具体内容	分值/分	实际得分
	工作态度	20	
	沟通水平	20	
	调研报告文字	30	
	调研报告陈述	30	
合计		100	

能力自测

知识能力自测

（1）简述仓库选址的程序与内容。
（2）简述仓库选址的方法。
（3）自动立体仓库的作用有哪些？
（4）简述自动立体仓库的基本组成部分。

双创能力自测

有个渔人有着一流的捕鱼技术，被人们尊称为渔王。然而，渔王年老的时候非常苦恼，因为他的3个儿子的捕鱼技术都很平庸。

于是，他经常向别人诉说苦恼："我真不明白我捕鱼的技术那么好，我的儿子为什么这么差？我从他们懂事起，就给他们传授捕鱼技术，从最基本的东西教起，告诉他们怎样织网才容易捕到鱼，怎样划船才不会惊动鱼，怎样下网才容易聚鱼。等他们长大了，我又教他们怎样识潮汐、辨鱼汛……凡是我多年来总结出来的经验，都毫无保留地传授给了他们，可他们的捕鱼技术竟然赶不上捕鱼技术比我差的渔民的儿子！"

一位路人听了他的诉苦，问他："你一直手把手地教他们吗？"

"是的，为了让他们得到一流的捕鱼技术，我教得非常仔细、耐心。"渔王回答。

路人说："这样来说，你的错误就很明显了，你只传授给他们技术，却没有传授给他们教训。"

思考：面对新兴技术在仓储与配送行业上的大量应用，未来对物流人才的素质提出了更高的要求，传统的物流企业中简单、重复性的工作岗位将会被机械设备替代。你是否准备好了在学习仓储与配送业新兴技术的同时，做一个思考者，积极探索新型的仓储与配送中心的服务领域和服务形式？

PART 2

行动

任务一
仓储运作

行动一　入库作业

【思维导图】

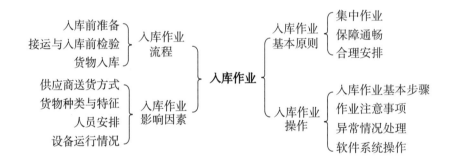

【学习目标】

（1）了解入库作业的概念。
（2）熟悉入库作业的工作任务及岗位分工的职责与要求。
（3）了解入库作业的各个环节操作及其注意事项。
（4）掌握入库作业环节中异常情况的处理方法。
（5）能够对入库作业环节进行简单的操作。

【学习导入】

一汽－大众汽车有限公司（下文简称"一汽－大众"）仅捷达品牌汽车就有七八十个品种、十七八种颜色，而每辆车有2000多种零部件需要外购，市场兑现率已高达97%。与这些数字形成鲜明对比的是，一汽－大众的零部件基本处于"零库存"状态，这是公司物流控制系统的杰作。一汽－大众的零部件送货形式有以下3种：

（1）电子看板。即一汽－大众每月将生产信息通过网络传到各供应商，对方根据收到的信息安排自己的生产，然后公司按照生产线需求的情况发出订货信息，对方则马上用自备车辆将零部件送到公司各车间的入口处，再从入口处分配到车间的工位上去。

（2）JIT。即一汽－大众按过车顺序把配货单传送到各供应商，对方也按顺序直接把零部件送到工位上，从而取消了中间仓库。

（3）批量进货。供应商每月对那些影响不大且需求波动较小的小零部件分批量地送一两次。

（资源来源：https://www.taodocs.com/p-133785283.html，有改动）

思考

(1) 一汽-大众的零部件入库过程有哪些方式?
(2) 一汽-大众的零部件是如何做到"零库存"的?

【入库作业】

一、入库作业流程

(一)入库作业及其基本流程

入库作业是仓库作业过程的第一个阶段,是指仓库从接运物品开始,经过数量核对、外观质量检验,到验收合格、办理入库手续,再到登账、立卡、建档为止的整个作业过程。入库做得好,各类物品才能按时、按量、及时入库,并对质量不符、数量短缺或在运输途中损坏的物品在规定的时间内进行妥善的处理,从而为入库物品的保管、保养、质量验收和物品出库创造良好的条件。

物品的入库作业的流程包括接运、验收和入库3个作业环节,如图2.1所示。

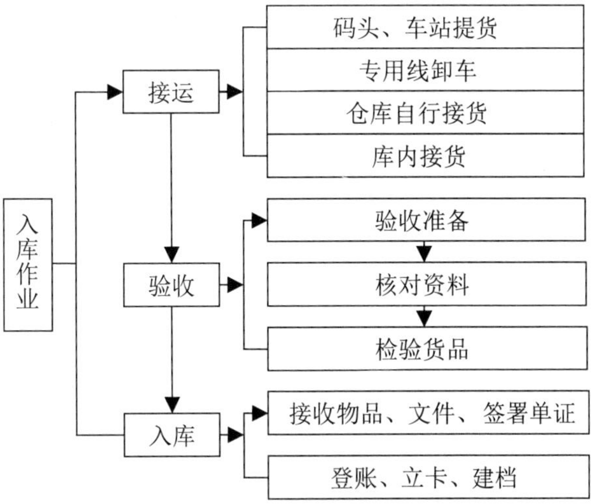

图2.1 入库作业的流程

(二)接运

1. 接运的任务及其要求

接运的主要任务是及时、准确地向交通运输部门提取入库物品,要求手续清楚,责任分明,为仓储验收工作创造有利条件。因为接运工作是仓储业务活动的开始,所以接运工作的好坏直接影响验收和入库后的保管。在接运由交通运输部门转运的物品时,必须认真检查,分清责任,取得必要的证件,避免将一些在运输过程中或运输前就已经损坏的物品带入仓库,造成在验收中责任难辨和在保管工作中的困难或损失。

另外,因为接运工作直接与交通运输部门接触,所以做好接运工作之前需要熟悉交通运输部门的要求和制度。例如,熟悉发货人与交通运输部门的交接关系和责任划分、交通运输部门在运输中承担的责任、收货人的责任、交通运输部门编制普通记录和商务记录的范围,以及需要向交通运输部门提交的手续和必要的证件等。

2. 接运的方式及其内容

(1)码头、车站提货。

① 提货人员应了解所提取的物品的品名、型号、特性和一般保养知识、装卸搬运注意事项等。在提货前,应做好接运物品的准备工作,如准备装卸搬运工具、腾出存放物品的场地等。提货人员在货到前,应主动了解到货时间和交货情况,根据到货数量组织装卸人员和车辆等按时前往提货。

② 在提货时,应根据提货单及有关资料详细核对品名、规格、数量,并注意物品外观,查看包装封印是否完好,有无沾污、水渍、油渍、受潮等异常,若有疑点或不符,应当场要求交通运输部门检查。对于短缺损坏的情况,凡属交通运输部门责任的,应做好记

录；属于其他方面责任且需要交通运输部门证明的，也应做好记录，由运输员签字，并注意记录内容与实际情况是否相符。

③ 在短途运输中，要做到不混不乱，避免碰损。需要注意的是，危险品应按照危险品运输的规定办理。

④ 物品到库后，提货员应与保管员密切配合，尽量做到提货、运输、验收、入库、堆码一条龙作业，缩短入库验收时间，并办理内部交接手续。

（2）专用线卸车。

① 卸车前的检查。卸车前的检查包括核对车号、检查车门、车窗、货封有无异样，以及物品名称、箱件数是否与物品运单相符。对该有篷布的敞车，应检查覆盖状况是否完好，尤其要检查有无雨水渗漏的痕迹、破损或散捆等情况。

② 卸车过程中注意事项。在卸车过程中，应注意按车号、品名、规格分别堆码，做到层次分明，便于清点，并标注车号和卸车日期；注意外包装的指示标志，妥善处理苫盖，防止受潮和污损；与保管人员一同监卸，争取卸车与物品件数一次清点，卸货后货垛间要留有通道，与消防、电力设施保持一定距离，与专用线铁轨外侧距离保持在1.5m以上；正确使用装卸机具和安全防护用具，确保人身和物品安全。

③ 卸车后的清理。卸车后要检查车内物品是否卸净，关好车门、车窗，通知车站取车，做好卸车记录，办理内部交接手续。办理内部交接手续主要指将卸车记录、运输记录和进货件数交付保管人员。

（3）仓库自行接货。

① 仓库接受货主委托直接到供货单位提货时，应将接货与验收工作结合起来同时进行。

② 仓库应根据提货通知，了解物品的性能、规格、数量，准备好接货所需的机械、工具、人员，配备验收员在供方当场检验质量、清点数量，并做好记录，而且接货与验收工作同时完成。

（4）库内接货。存货单位或供货单位将物品直接送到仓库存储时，应由保管人员或验收人员直接与送货人办理交接手续，当面验收并做好记录。若有差错，应填写记录，由送货人员签字证明，据此向有关单位提出索赔。

3. 物品接运注意事项

物品接运可在车站、码头、仓库或专用线进行。物品到达仓库后，仓库人员应首先进行验单，检查随物品同时到达的货单，按货单上开列的收货单位、物品名称、规格、数量、交货日期等内容与物品各项标志逐一进行核对。在验单过程中应注意，如发现错送，应拒收退回；对于一时无法退回的物品，必须在清点后另行存放，并且要及时做好记录待以后处理；如核对无误，方可进行卸载。

物品进入仓库后，卸载可分为人工卸载和机械卸载两种情况。在装卸过程中，必须注意轻搬轻放，保证物品安全无损。在条件允许的情况下，应尽可能按照物品的保管要求，将不同收货单位或不同品种的物品分别堆放，为物品入库做准备。

> **课堂思考**
>
> 举例说明在接运过程中要面对的当事人及接运注意事项。

（三）验收

1. 验收的作用与要求

验收是指仓库在物品正式入库之前，按照一定的程序和手续，对到库物品进行数量和外观的质量检查，以检查它是否符合订货合同规定的一项工作。

由于到货的来源复杂、渠道较多、产地和厂家不同，而且都经过了不同的运输方式和运输环节的装卸搬运，到货的质量和数量有可能发生变化，所以对到货进行验收是十分有必要的。

（1）验收的作用。通过验收，不仅可以防止仓库和货主遭受不必要的经济损失，而且可以对供货单位的产品质量和承运部门的服务质量进行监督。

① 入库验收可以为物品保管和使用提供可靠依据。
② 验收记录是货主退货、换货和索赔的依据。
③ 验收是避免物品积压、减少经济损失的重要手段。
④ 验收有利于维护各方利益。

（2）验收的要求。验收工作是一项技术要求高、组织严密的工作，关系整个仓储业务能否顺利进行，必须做到及时、准确、严格、经济。

① 及时。到库物品必须在规定的期限内完成验收工作，只有及时验收，才能保证物品尽快入库，满足用料单位的需要，加快物品和资金周转，缩短物流流程时间；同时，即使验收，也有利于保证在规定的期限内对不合格物品提出退货、换货或赔偿等要求。

② 准确。验收时各项数据和验收报告必须准确无误，否则会形成错误的判断，引起保管工作的混乱，甚至可能危及营运安全。

③ 严格。验收工作的好坏直接关系各方的利益，也关系以后各项仓储作业的顺利开展，所以有关方面在验收时必须严格把关。

④ 经济。物品在验收时，多数情况下不仅需要检验设备和验收人员，而且需要装卸搬运机械和设备，以及相应工种的工人配合，这就要求各工种密切协作、合理组织、协调人员和设备，以节省作业成本。

2. 验收的标准

物品要达到企业的验收标准才允许入库，验收即要求物品符合预定的标准。验收物品时，可按照以下几项标准进行检验：

（1）采购合约或订购单上所规定的条件。
（2）采购合约中所规定的规格或图解。
（3）以比价或议价时的合格样品为依据。
（4）各种产品的国家品质标准。

（四）入库

物品经过点数、查验之后，即可安排卸货、入库堆码。在装卸、搬运、堆垛作业完毕后，应与送货人办理交接手续，并建立仓库台账。

1. 交接手续

交接手续是指仓库对收到的物品与送货人进行确认，表示已接收物品。办理交接手续意味着划清运输、送货部门和仓库的责任。完整的交接手续包括以下几个方面：

（1）接收物品。仓库通过查验物品，将不良物品剔出、退回或者编制残损单证等，确定收到物品的确切数量、物品的表面状态是否良好。

（2）接收文件。接收送货人送交的物品资料、运输货运记录、普通记录等，以及在随货运输单证上注明的相应文件，如图纸、准运证等。

（3）签署单证。仓库与送货人或承运人共同在送货人交来的送货单、交接清单上签字并留存相应单证。提供相应的入库、查验、理货、残损单证、事故报告，由送货人或承运人签字。

2. 登账

物品入库应建立详细的明细账。入库物品登记的内容有物品名称、规格、型号、生产厂家、数量、件数、批次、金额、货位号或运输工具及入库经办人等。

3. 立卡

物品入库或上架后,将物品名称、规格、数量等内容填在料卡上成为立卡。料卡插放在物品下方的货架支架上或货垛正面的明显位置。

4. 建档

仓库应对所接收仓储的物品或者委托人建立存货档案,以便物品管理和与客户保持联系,同时有助于总结和积累仓库保管经验,研究仓库管理规律。

存货档案应按一货一档设置,将物品入库、保管、交付的相应单证、报表、记录、作业安排等资料原件或者复印件存档。存货档案应统一编号,妥善保管,长期保存。

> **课堂思考**
> 存货档案涉及的资料有哪些?货卡上包括什么内容?

(五)影响入库作业的因素

1. 供应商的送货方式

供应商的送货方式直接影响入库作业的组织和计划,在进行接货作业时要考虑以下影响因素:

(1)每天平均或最多送货的供应商数量。
(2)送货的车型或车辆数。
(3)每台车的平均卸货时间。
(4)物品到达的高峰时间。
(5)物品的装车方式。
(6)中转运输的转运方式。

2. 物品的种类、特性与数量

物品的种类、特性与数量是影响入库作业的重要因素,主要包括以下内容:

(1)平均每天送达的物品品种数。
(2)物品的尺寸及重量。
(3)物品的包装形态。
(4)物品的保质期。
(5)装卸的搬运方式。

3. 人力资源

入库作业要考虑如何合理地利用仓库的人力资源,包括员工的技术素质、工作时间的合理调配、高峰期的作业组织等。

4. 设备与存货方式

仓库设备也是组织入库作业的影响因素,叉车、传送带、货架储位等的可用性要加以综合考虑;同时,要考虑商品在仓库期间的作业状态。

（六）入库作业的原则

1. 集中作业

在入库作业过程中，尽可能将装卸、分类等作业环节集中在一个场所完成。这样既可减少空间的占用，又可以减少搬运所消耗的人力物力。

2. 保持顺畅

依据各作业环节的相关性安排活动，避免倒装、倒流，特别是货台有直接转换作业发生时，更应重视作业的顺畅性。

3. 合理安排

平衡安排装卸货台的使用，物品在站台至储区之间的流动应尽量保持直线。优先安排入库高峰作业时间，合理配备人力资源，以保证入库作业的顺利进行。

二、入库作业操作

现有100台型号为X、规格为60cm×58cm×80cm的海尔洗衣机装载在福建盛辉物流公司的车辆上，从芜湖仓库运到福州仓库。预计于2019年8月1号上午9:00到达。发货人是安徽海尔公司，收货人是福州国美电器××店。作为一名仓管员，应如何操作？

（一）入库前准备工作

（1）入库指令的收集传递。根据发货人安徽海尔公司的入库指令，通过电话或计算机系统及时将信息传递给收货人福州国美电器××店及福州仓库。

（2）编制入库计划。仓库业务部门根据货主预入库的信息、仓库情况、设备资源来制订入库计划，并将任务下达到相应的作业单位、管理部门。根据以上信息，仓库业务部门编制入库计划，见表2-1。

表2-1 入库计划

NO.

送货单位：安徽海尔公司　　　　预入库日期：2019年8月1日　　　　仓库：福州仓库

品　名	型　号	数　量	时　间	所需资源	备　注
海尔洗衣机	X	100台	上午9:00	搬运人员5名	
				手动叉车5台	
				货位27m^3	

（3）资源准备。仓管员根据仓库业务部门制订的入库计划，及时做好货位准备、验收准备、装卸搬运、搬运人员等资源的准备工作。

（二）到货时的验收

物品入库的第一项工作是验收，是仓储工作的起点，也是分清仓库与客户责任的界线，并为保管养护打下基础。凡是物品入库必须经过验收，只有验收后的物品方可入库保管。物品验收的项目有品名、规格、型号、数量或重量、包装及质量等。物品入库必须有

《送货单》（表2-2），没有《送货单》的物品不能入库。

表2-2 送货单

NO. 2019072850

送货单位：安徽海尔公司　　　　　　　　　　　　　　　日期：2019年7月28日

品　名	规格/cm	单　位	数　量	单价/元	金额/元	备　注
海尔洗衣机	60×58×80	台	100	1988	198800	

送货单位：福建盛辉物流公司　　　　司机：×××

1. 送货单信息与物品实际情况核对

初步核对送货单所列的物品的品名、规格、数量等信息与实际到货的物品情况，如果信息有误差，应与送货单位及时沟通，查明原因，进行相应的处理；如果没有误差，则进行外观质量验收。

2. 外观质量验收

（1）包装检验。检验包装有无撬开、开缝、挖洞、污染、破损、水渍和沾湿等不良情况。撬开、开缝和挖洞有可能是被盗的痕迹；污染为配装、堆存不当所造成；破损有可能因装卸、搬运作业不当和装载不当造成；水渍和沾湿是由于雨淋、渗透、落水和潮解造成。包装的含水量是影响物品保管质量的重要指标，一些包装物含水量高表明物品已经受到损坏，需要进一步检验。

（2）物品外观检验。对无包装的物品，直接查看物品的表面，检查是否有脏污、生锈、开裂、脱落、撞击、刮痕等损害。

（3）重量、尺度检验。对入库物品的单件重量、物品尺度进行衡量和测量，确定物品的质量。

（4）标签、标志检验。检查物品标签、标志是否齐备、完整和清晰。标签、标志与物品内容是否一致。

（5）气味、颜色、手感检验。通过物品的气味、颜色判定是否新鲜，有无变质。用手触摸、捏试，判定有无凝结、干涸、融化和含水量太高等情况。

（6）打开外包装检验。对于外包装检验中有判定内容受损可能的依据时，或者检验标准要求开包检验并点算包内细数时，应该打开包装进行检验。开包检验时，必须有两人以上同时在现场，检验后在箱件上印贴已验收的标志。需要封装的应及时进行封装，对于包装已破损的应更换新包装。

3. 签署单证

库管员在和送货人交接完物品，进行验收后，共同在送货人交来的送货单上签字。

（三）入库交接和登记

经过验收后，库管员就收到的物品向送货人进行确认，表示物品已接收，办理完交接手续，就意味着划清送货部门和仓库的责任。

1. 接收物品

库管员以送货单为依据,通过验收,将不良物品剔出、退回或编制残损单证等,确定收到物品的数量确切、物品表面状态良好。

2. 接收文件

送货人将物品资料、送货单、采购清单等相应的文件送交仓库的库管员。

3. 签署单证

库管员在和送货人员交接物品,进行验收后,共同在送货人交来的送货单、到货交接清单(表2-3)上签署和批注,并留存相应单证。之后,提供相应的入库、验收、残损单证、事故报告,由送货人签署。

表2-3 到货交接清单

收货人	发站	发货人	品名	标志	单位	数量	重量	物品存放处	车 号	运单号
福州国美电器××店	安徽芜湖	安徽海尔公司	海尔洗衣机		台	100	50		皖A88888	2019072850
备注										

提货人:××× 经办人:××× 接收人:×××

4. 登账

物品交接完毕,仓库根据验收的实际情况制作入库单(表2-4),详细记录入库物品的实际情况,对短少、破损等在备注栏填写和说明。物品入库后,根据送货单信息,建立物资仓储的明细账,登记物品进库、出库、结存的详细情况,用以记录库存物品的动态和出入过程。登账的主要内容有物资名称、规格、数量、结存数、存货人或提货人、批次、金额,注明货位号或运输工具、接(发)货经办人等。

表2-4 入库单

NO. 2019080106
货主单位:福州国美电器××店　　　　　入库日期:2019年8月1日

物资编号	品 名	规格/cm	单位	数量	检验	实收数量	备 注
X	海尔洗衣机	60×58×80	台	100	合格	100	

会计:××× 库管员:××× 制单:×××
本单一式三联:第一联为送货人联;第二联为财务联;第三联留仓库存查。

5. 立卡

物品入库上货架后，将物品名称、规格、数量或出入库状态等内容填写在货卡（表 2-5）上。

表 2-5 货卡

货主单位：　　　　　　　　日期：

年		品 名	规 格	单 位	入库数量	出库数量	结 存	经手人
月	日							

6. 建档

仓库给接收的物品或委托人建立存货档案或客户档案并装订成册（即单据装订清单，见表 2-6），以便于物品管理和保持客户联系，为将来可能发生的争议保留凭证。

表 2-6 单据装订清单

客户：　　　　　　网点：　　　　　　单据日期：

序 号	订单日期	订单号	通知单号	仓 库	红冲单号	核销单号	核销类型

课堂思考

自行设计入库作业过程中的各种单据，分组扮演角色，模拟完成入库作业。

应用案例

某汽车零配件公司对原材料需求很大，所以，如何对库存进行管理和对其存货成本进行控制至关重要。该公司在总结多年实践经验的基础上，制定出一套入库管理制度，取得了较好的效果。零配件的出、入库是仓库业务管理的重要阶段。入库是物资储存活动的开始，这一阶段主要包括验货接运、验收入库和办理入库手续等环节。

（1）验货接运。验货接运是配件入库的第一步，其主要任务是及时、准确地接收入库配件。在接运时，要对照物品运单认真检查，做到交接手续清楚，证件资料齐全，为验收工作创造有利条件。避免将已发生损失或差错的配件带入仓库，造成仓库的验收或管理出现问题。

（2）验收入库。凡是入库的配件，都必须经过严格的验收。物品验收时按照一定的程序和手续，对物资的数量和质量进行检查，以验证是否符合订货合同。验收为配件的保管和使用提供可靠依据，验收记录是仓库对外提出换货、退货、索赔的重要凭证。要求验收工作做到及时、准确，在规定期限内完成，并严格按照验收程序进行。

① 验收准备。收集和熟悉验收凭证及有关订货资料，准备并校验相应的验收工具，准备装卸搬运设备、工具及材料；配备相应的人力，根据配件及保管要求，确定存放地点和保管方法。

② 核对资料。凡要入库的零配件，应具备入库通知单、供货单位提供的质量证明书、发货明细表、装箱单、承运部门提供的运单及必要的证件等资料。仓库需要对上述各种资料进行整理和核对，待无误后即可进行实物验收。

③ 检验货品。检验货品主要是对零配件的数量和质量两个方面进行检验。数量验收时，查对所到配件的名称、规格、型号、件数等是否与入库通知单、运单、发货明细表一致。需要进行技术检验来确定质量的，则应通知技术检验部门检验。

（3）办理入库手续。经验收无误即可办理入库手续，进行登账、立卡、建档，妥善保管配件的各种证件、账单等资料。

（资料来源：http://www.doc88.com/p-050298399049.html，有改动）

案例思考

（1）结合所学知识分析该公司的配件入库管理有何优点？
（2）该公司的配件入库管理还有哪些地方需要改进？

实训项目

实训目的

通过模拟仓库入库作业任务，熟悉仓库入库作业的流程，掌握仓库入库作业操作的技巧，能正确填制入库单证、完成入库物品审核。

实训准备

（1）了解仓库入库作业的相关知识。
（2）准备相关的入库单证，如送货单、入库单、货卡等。
（3）将全班学生分成若干组，每组按照岗位设5名角色（货主企业代表1名、运输企业代表1名、库管员1名、制单员1名、检验员1名）。
（4）实训安排4学时。
（5）模拟真实的工作环境，需要征用学校的仓库实训室、机房等场所。

实训实施

假设国内某手机制造企业A在天津设有加工厂B，其成品仓库外包给深圳一家物流公司C。现在要模拟C公司为B工厂设计合理的入库流程，学生扮演C公司的职员对智能手机产品的入库过程进行模拟操作。2019年8月15日，货主A企业发来一份送货单（见表2-7），验收时发现少了2个包装，要求入库人员完成以下工作任务。

表2-7 送货单

NO.012567
送货单位：　　　　　　　　　　　　　　　　　　　　　　　　　　日期：2019年8月15日

品　名	规　格/cm	单　位	数　量	单　价/元	金　额/元	备　注
智能手机	20×12×6	个	100	1500	150000	

经手人：

（1）针对智能手机的产品特点，制定合理的入库流程。
（2）入库前准备工作，做好入库指令收集传递工作，编制好入库计划表，以及做好资源准备工作。
（3）入库验收与检查。
（4）入库交接与登记，要求制作入库单、货卡及物资库存日报表。
（5）入库信息化操作。

实训考核

实训考核表见表 2-8。

表 2-8　实训考核表

考核人		被考核人	
考核地点			
考核内容	入库作业实训		
考核标准	具体内容	分值 / 分	实际得分
	工作态度	10	
	沟通水平	15	
	入库流程合理性	15	
	入库操作熟练程度	40	
	入库单证	20	
	合　　计	100	

能力自测

知识能力自测

（1）物品入库作业的主要程序有哪些？
（2）物品验收有哪些基本要求？
（3）简述物品接运的基本方式及注意事项。
（4）简述物品验收的基本程序。
（5）影响物品入库作业的因素有哪些？

双创能力自测

一棵树上的枝叶生长是有方向的，它们都会向着阳光，不断生长。从短期来看，草的生长速度比树明显。但是，几年过后，草换了几拨，而树依旧是树。所以，这个世界上只有古树、大树，却没有古草、大草。

思考： 个人职业生涯的发展过程是漫长的，但一定要找准方向，并竭尽所能调动各种能力，向着既定目标不断进取，才能成长为"参天大树"。你的规划目标是什么？你准备如何实现你的人生目标？

行动二　补货与拣货作业

【思维导图】

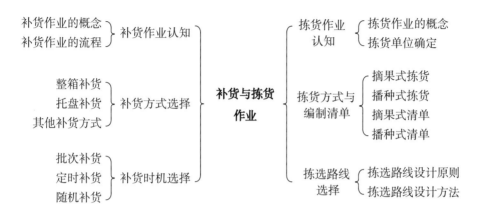

【学习目标】

（1）了解补货与拣货的概念。
（2）熟悉补货作业、拣货作业的工作任务及岗位分工的职责与要求。
（3）掌握各个环节的操作步骤与操作规范。
（4）了解各操作环节的注意事项。
（5）能够根据企业任务要求完成相应的操作。

【行动案例】

20世纪90年代，UPS德国公司在法兰克福地面分拣中心首先开发了一种分拣技术，将不同的包裹和盒子一起送进一栋布满传送带、传感器及容器的建筑。在那里，不管包裹的外形、大小和规格如何，只要它们进入系统的第一道传送带，红外线扫描仪就可以扫描条形码、UPS 商标上独特的圆点和螺纹图案。当分拣员将包裹放到传送带上后，分拣环节就正式开始了。

几秒钟之内，机动橡胶皮带就将包裹分流到其他上升传送带和下降传送带上，而计算机则精确地控制着传送带。所有包裹都需要在世界港内平均滑行约 3.2km，大约 13min 后到达输出端口，并准备登机，连夜被送往肯塔基州。

在世界港的任何地方，任何没有眩晕症的访客都会发现，包裹犹如高速公路上繁忙的汽车一样在 4 个方向上来回穿梭。为了保证世界港正常运营，中央数据库每小时需要监控 5900 万份交易，并为包裹递送选择最佳路线。

世界港的建成是 UPS 实现"全球商业同步协调"这一既定使命的重要一步，这样的目标甚至还体现在送货车上。UPS 每天需要处理 5000 多万份来自世界各地的包裹，而每件包裹都需要扫描并进入 UPS 的全球网络。只有充分利用地理要素才能实现这样的壮举，UPS 精心挑选出来的路易斯维尔中心位于东海岸时区的最西端，这就使得世界港尽可能地靠近西海岸。由于存在 3h 的时差，所以 UPS 有充足的时间将航空包裹运往西海岸。

如果没有路易斯维尔市、地区航管局、肯塔基州和联邦航空局的帮助，那么世界港根本不可能建在路易斯维尔。为了更好地满足UPS世界港的发展蓝图,联邦航空局特地迁移了原先的空中交通控制塔。

(资料来源:迈克·布鲁斯特,弗雷德里克·达尔泽尔,2008.变中求胜:UPS百年成功之道[M].钱睿,吴婷婷,译.北京:机械工业出版社,有改动)

思考

(1)UPS世界港分拣线上的设备有哪些?

(2)UPS的分拣作业用到了哪些新技术?

一、补货与拣货作业流程

(一)补货作业概述

1.补货作业的概念

补货作业是指在拣货区的存货低于设定标准的情况下,将物品从仓库保管区域搬运到拣货区的工作,其目的是将正确的产品在正确的时间和正确的地点,以正确的数量和最有效的方式送到指定的拣货区。

补货作业的筹划必须满足两个前提,即"确保有货可配"和"将待配物品放置在存取都方便的位置"。补货作业通常以托盘为单位,从物品保管区将物品移到另一个作为按订单拣取用的动管拣货区,然后对移库作业进行库存信息处理。

2.补货作业的流程

补货作业的流程如图2.2所示。

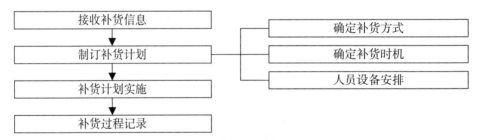

图2.2 补货作业的流程

(二)拣货作业概述

1.拣货作业的概念

拣货作业是仓储作业中十分重要的一环,其动力来自客户的订单,每个客户的订单都包含1件以上物品,而将这些不同的物品从仓库中取出集中在一起,就是拣货作业。拣货的目的在于正确而迅速地集中客户所需的物品。

从成本分析的角度来看,拣货成本是堆垛、装卸等成本的数倍,占物流搬运成本的绝大部分,若要降低物流搬运成本,控制拣货成本是非常重要的;从人力需求的角度来看,当前大多数物流中心仍属于劳动力密集型产业,所谓作业的自动化、省力化,通常都是以拣货作业为重点实施环节。此外,拣货策略的应用也往往是影响接单出货时间长短的最主要的因素,而拣货的准确性和精确度更是影响出货品质的重要环节。

储位规划对拣货的作业影响很大,在拣货效率的提高方面,利用辅助机具固然可以大幅度提升拣货的效率,但作业方式的改变可以使辅助机具的功效得到极大发挥。所以,要达到良好的拣货效率,提高拣货的正确性,就必须有良好的储位规划。拣货效率的提升,会使仓储与配送中心整体的客户服务水平和效率得到提升。

  2. 拣货单位

  拣货单位一般可以分为单品、箱、托盘3种。其中,以单品为拣货单位的体积和重量最小,其次为箱,最大为托盘。

  (1)单品。单品是拣货的最小单位,单品可以从箱中直接取出,也可以人工直接拣取。

  (2)箱。箱由单品组成,可从托盘上取出,需要人工拣取。

  (3)托盘。托盘由箱堆叠而成,无法人工直接搬运,必须使用堆垛机、拖车、叉车等机械设备。

  此外,还有体积特别大、形状特殊、无法按托盘或箱归类的商品,以及必须在特殊条件下作业的商品,如大型家具、桶状油料、长杆形物品、冷冻品等,需要采用特殊的拣取方法。

  拣货单位根据订单分析出来的结果做出决定,如果订货的最小单位是箱,则不需要以单品为拣货单位。库存的每一单位商品都需要做以上分析,同时要考虑商品的特性分组情况,用来判断拣货的单位。商品的特性分组是指依据必须分别储存处理的商品的特性来对其进行分组,如商品有互斥性或体积、重量、外形差异较大者。

> **课堂思考**
>
> 举例说明补货作业和拣货作业对仓储与配送中心运作效率的影响体现在哪些方面。

二、补货与拣货作业操作

(一)补货作业操作

  1. 补货方式

  (1)整箱补货。整箱补货是指由货架保管区补货到流动货架的拣货区。这种补货方式的保管区为料架储放区,动管拣货区为两面开放式的流动分拣区。拣货员拣货之后把物品放入输送机并运到发货区,当动管区的存货低于设定标准时,则进行补货作业。这种补货方式由作业员到货架保管区取货箱,用手推车载箱至拣货区。整箱补货方式比较适合于体积小、数量少但品种多的物品。

  (2)托盘补货。托盘补货是以托盘为单位进行补货的。托盘由地板堆放保管区运到地板堆放动管区,分拣时把托盘上的货箱置于中央输送机送到发货区。当存货量低于设定标准时,立即补货;使用叉车把托盘由保管区运到拣货动管区,也可把托盘运到货架动管区进行补货。这种补货方式适合于体积大或出货量多的物品。

  (3)货架上层与货架下层的补货方式。采用这种补货方式时,保管区与动管区属于同一货架,也就是将同一货架上的中下层作为动管区、上层作为保管区,而进货时则将动管区放不下的多余货箱放到上层保管区。当动管区的存货低于设定标准时,利用叉车(或堆垛机)将上层保管区的物品搬至下层动管区。这种补货方式适合于体积不大、存货量不高且多为中小量出货的物品。

  2. 补货时机选择

  补货作业发生与否要视动管拣货区的货量是否符合要求,究竟何时补货视动管区存量而定。对于补货时机的选择有以下3种方式:

  (1)批次补货。批次补货指的是在每天或每一批次拣取前,先由计算机算出所需物品的总拣取量，再查看动管拣货区的物品量，在拣取前的特定时点补足物品。这是"一次补足"的补货原则，比较适合单日内作业量变化不大、紧急插单不多或者每批次拣取量可事先掌握的情况。

（2）定时补货。定时补货指的是将每天划分为数个时段，补货人员于时段内检视动管拣货区货架上的物品存量，若发现不足则马上将货架补满。这是"定时补足"的补货原则，比较适合分批拣货时间固定且处理紧急时间也固定的情况。

（3）随机补货。随机补货指的是指定专门的补货人员，随时巡视动管拣货区的物品存量，发现不足随时补货的方式。这是"不定时补足"的补货原则，比较适合每批次拣取量不大、紧急插单且单日内作业量不易事前掌握的情况。

3. 补货方式的应用

（1）由自动仓库将商品送至旋转货架的补充入库。这种方式可以准确地进行高效的补充作业，而不必来回地搜寻。

（2）入库至补充线。这种方式指的是物品一入库，即将必要补货的物品直接送入动管拣货区，而不经由保管区再转送。

（3）复仓制拣取区的补货方式。这种方式指的是动管拣取区采用相同品项的两个相邻托盘进行储放，而保管区则分两处进行两个阶段的补货：第一保管区为高层货架仓库，第二保管区为动管区旁的临时保管处所；进行第一阶段补货时，先由第一保管区的高层货架提取一托盘量物品放置于动管区旁的第二保管区，等动管拣货区内某一品项的其中一个托盘拣取完毕后，将空托盘移出，将后面托盘往前推进，再由第二保管区将补货托盘移进动管拣货区。

> **课堂思考**
>
> 补货作业中补货时机选择的依据有哪些？补货数量的设置标准是什么？

【自动分拣】

（二）拣货作业操作

1. 拣货作业的步骤

（1）选择拣货方式。拣货作业方式通常有摘果式、播种式两种，每种拣货方式都有自己的优缺点，在选择的时候，要综合评价，根据出库商品的性质选择合适的拣货方式。

① 摘果式拣货。摘果式拣货指的是拣货作业员在储存场所巡回，按订货单位的订单挑选出每一种商品，巡回完毕也就完成了一次拣货作业，先将配齐的商品放置在发货场所指定的货位，再进行下一个订货单位的配货。

一般采用摘果式拣货的情形如下：

A. 订单大小差异较大，订货数量变化频繁，尤其是在排选季节性较强的商品时，一般采用摘果式拣货作业方式。

B. 商品外形体积变化较大，商品差异较大的情况，如化妆品、家具、百货、电器、高级服饰等。

摘果式拣货的优点：作业方法简单；订单处理前置时间短；导入容易且弹性大；作业人员责任明确，派工容易、公平；拣货后不必再进行分拣作业，适用于大量、少品种订单的处理。

摘果式拣货的缺点：商品品种数多时，拣货行走路线过长，拣取效率降低；拣取区域较大时，搬运系统设计困难；少量、多批次拣取时，会造成拣货路径重复费时，效率降低。

② 播种式拣货。播种式拣货指的是将每批订货单上的同种商品各自累计起来，从储

位上取出，集中搬运到理货场，然后将每个订货单位所需的数量取出，分放到该订货单位商品暂储待运货位处，直至配货完毕。

一般采用播种式拣货的情形如下：

A. 自动化、系统化程度较高的库房。

B. 订单变化较小、订单数量稳定的配送中心。

C. 商品外形较规则、固定的商品出库。

播种式拣货的优点：适合订单数量庞大的系统；可以缩短拣取时的行走搬运距离，增加单位时间的拣取量；越要求少量、多批次的配送，批量拣取就越有效。

播种式拣货的缺点：对订单的到来无法做出及时反应，必须等订单达到一定数量时才做一次处理，因此会有停滞情况发生。

为了提高拣选效率，应充分分析上述两种方式的优缺点，甚至可根据两种方式各自的适用范围，有机地混合运用。如果适当分工，按商品的分区储存，每个拣选人员各拣选订货单中的一部分，如一层库房、一个仓库或几行货架，这样既能减少拣选人员的往返劳累，又事半功倍，几个拣选人员所费工时之和往往低于一个拣选人员的总工时。

课堂思考

举例说明仓储与配送中心在处理不同订单业务时如何选择适当的拣选方式。

（2）制定拣货清单。拣货信息是拣货作业的原动力，主要目的在于指示拣货的进行，其资料源头产生于客户的订单。为了使拣货人员在既定的拣货方式下，正确而迅速地完成拣货任务，那么要将拣货信息作为重要一环在拣货作业规划进行设计。一般可以依据所选择的拣货方式来制定不同的拣货清单，如采用摘果式拣货方式时，根据每一份订单形成一份拣货清单；采用播种式拣货方式时，将多张订单集合成一批，按照商品品类把多张订单上的商品进行加总形成拣货清单。

随着信息技术在拣货系统中的普及，除了单据外，计算机手持终端、电子标签、条形码及一些自动传输的无纸化系统都已被使用。下面介绍一些利用信息或控制系统来辅助拣货的方式。

① 电子标签。这种方式最初是在物品货架上安装指示灯来显示拣货位置，而后发展成在货架上装设液晶显示器（电子标签），显示应拣取的数量的一种拣货方式。这种方式也叫数位拣取系统，用在人工拣货的场合时，可以有效地防止拣货错误，提高人工效率。

② 条形码（条码）。条形码是利用黑白两色条纹的粗细而构成不同的平行线条符号，代替商品货箱的号码数字，贴在商品或货箱的表面，通过扫描器进行阅读，然后经过计算机解码，将线条符号转化成数字符号进行运算。

③ 资料传递器。资料传递器又叫无线电辨识器，运作方式为：将资料传递器安装在移动设备上，将能接收并发射电波的 ID 卡或标签等的信息反应器安装在物品或储位上，当移动设备接近传递器时，传递器即读取反应器上的信息，通过天线由控制器辨识读出，再传至计算机进行控制管理。在必要时，也可以利用这种方法将反应器上的信息进行改写，如把 ID 卡安装在托盘上，把资料传递器安装在堆垛机上，当堆垛机一接近该托盘，托盘上的信息就能被堆垛机上的传递器迅速地传给计算机。

④ 无线通信。在叉车上装置无线通信设备，通过该设备，把应从哪个货架位置、哪个托盘拣货的信息发给叉车司机，并能答复从叉车上发出的询问。

⑤ 计算机随行指示。在叉车上装置辅助拣货的计算机终端机，在拣取前先将拣货资料输入计算机，拣货人员即可以依据计算机屏幕上的指示到达正确位置进行拣货。

⑥ 自动拣货机。采用自动拣货机，拣取的动作由机械自动完成，机械在信息输入后自动

完成拣货作业，无须人工介入。这种方式也是目前国内外在拣货设备研究上发展的方向。

课堂思考

举例说明你所熟悉的仓储与配送中心拣货作业的基本步骤及应用的技术手段。

（3）安排拣货路线。根据拣货单上的商品储位来安排拣货路线，基本原则为使拣货人员行走的路线最短。

（4）分派拣货人员进行拣货作业。拣货人员根据拣货清单，按照事先规划好的拣货路线巡回于仓库中，按照拣货单所列的商品品种和数量，把商品逐一从仓库储位上或其他作业区中取出来置于托盘或其他容器上，然后集中在一起与出货单放在指定的位置，由出货验收人员检查。

2. 拣货作业的要点

除了一些自动化设备逐渐被开发利用之外，在很多情况下，拣货作业还主要是劳动力密集型作业，为了有效提高作业效率，在进行拣货系统构筑时，可以从以下几个方面着手改进：

（1）不要等待——零闲置时间。
（2）不要拿去——零搬运（多利用运送带、无人搬运车等）。
（3）不要走动——动线尽量短。
（4）不要思考——零判断作业（尽可能依靠规程而不是依靠经验）。
（5）不要寻找——储位管理。
（6）不要书写——无纸化作业。
（7）不要检查——条形码由计算机检查。

课堂演练

利用物流实训中心设备，分组扮演角色，模拟完成补货和拣选操作。

应用案例

【分拣作业与车辆装配】

邮政行业实行信件分拣自动化以来，引进自动分拣机代替人工分拣信件。但从纯经济学的角度来看，即从兼顾技术效率和经济效率来看，这究竟是一件好事还是坏事呢？假设某邮局引进1台自动分拣机，只需要1人管理，每日可以处理10万封信件；如果用人工分拣，处理10万封信件需要50个工人。这两种情况都实现了技术效率，但是否实现了经济效率呢？其中还涉及价格。处理10万封信件，无论用什么方法，收益是相同的，但成本如何则取决于机器与人工的价格。假设1台分拣机为400万元，使用寿命10年，每年折旧为40万元，又假设利率为每年10%，每年利息为40万元，再加分拣机每年维修费与人工费为5万元，这样计算使用分拣机的成本为85万元。假设每个工人工资3.6万元，50个工人工资共180万元，则使用人工分拣成本为180万元。那么，在这种情况下，到底使用哪种方式既实现了技术效率，又实现了经济效率呢？

案例思考

（1）从企业利润最大化的角度来看，自动分拣机分拣和人工分拣哪种方式更合理？
（2）如果其他条件不变而自动分拣机每日可以处理20万封信件，那么你的结论是什么？
（3）从社会学的角度来看，引进自动分拣机还需要考虑哪些问题？

实训项目

实训目的

通过模拟真实的仓库拣选作业环境，理解拣选作业的概念、作用和目的，并掌握拣选的方法。

实训准备

（1）了解仓库拣选作业的相关知识。
（2）准备相关的拣选单。
（3）将全班学生分成若干组，每组按照岗位设 5 名角色（货主企业代表 1 名、部门经理 1 人、信息操作员 1 名、拣货员 2 名）。
（4）实训安排 4 学时。
（5）模拟工作环境，需要学校的仓库实训室、机房等场地配合。

实训实施

A 企业是多家连锁超市的日常生活用品和水果加工配送中心，假定其所经营的商品涉及 18 种，其主要工作任务是要为这几家连锁超市配送若干种和一定数量的商品。现在，A 企业同时接到来自 3 家连锁超市发来的配送请求单，分别是：

超市 1 要求发送 2 个蓝色清洁球
　　　　　　　3 个红色清洁球
　　　　　　　1 个黄色健身球
超市 2 要求发送 2 个苹果
　　　　　　　3 个橘子
　　　　　　　4 个蓝色杯子
超市 3 要求发送 5 个红色杯托
　　　　　　　2 个绿色杯托
　　　　　　　3 个紫色健身球
　　　　　　　2 个梨子

假设你是 A 企业的部门经理，请综合利用你所学过的知识，组织完成相关物品拣选的任务，要求有详细的作业计划，并说明设计作业流程的理由。

实训考核

实训考核表见表 2-9。

表 2-9　实训考核表

考核人		被考核人	
考核地点			
考核内容	仓库拣选作业		
考核标准	具体内容	分值/分	实际得分
	工作态度	15	
	沟通水平	15	
	拣选流程合理性	15	
	拣选操作熟练程度	40	
	拣选单证	15	
	合　　计	100	

能力自测

知识能力自测

（1）补货的目的及作业流程是什么？

（2）补货作业的方式有哪些？
（3）拣货作业的概念及意义是什么？
（4）简述拣货作业的基本步骤。
（5）简述拣货作业中用到的信息技术。

双创能力自测

　　有家新建的酒店打出招聘广告，因为待遇优厚，有几百人报名。经过初试、面试后，筛选出30人。可是酒店只要20名员工，而下个星期就要开业，因此酒店主管需要尽快确定人选，尽快培训上岗。酒店主管将这30人召集起来，一一谈话，发现这些人条件都差不多，没什么差别，多出的10人不知道应该去掉谁。

　　酒店主管想了想，灵机一动，就宣布说："为了庆祝开业，今天我代表酒店请大家吃顿饭。"30人围坐在一起，第一道菜是红烧鲤鱼。鱼很大，一条鱼铺满了整个盘子。开始，大家都很拘谨，不好意思吃，酒店主管就带头在鱼背上夹了一块肉，说："大家随便点，以后我们就是一家人了，每天都要在一起工作、一起吃饭，不要客气！"酒店主管一发话，气氛立马活跃起来，大家拿起筷子开始吃鱼。有的人夹鱼背，有的人夹鱼头，有的人夹鱼尾，有的人一次夹一大块，有的人一次只轻轻一点，一条鲤鱼的正面很快就被吃完了。

　　第二道菜是清炖黄鱼。鱼很小，十几条才装满盘子。有的人上来就夹条大的，吃得很快，没吃干净就连肉带刺吐出来；有的人只夹小的，吃得慢而仔细，把鱼肉吃干净再吐出鱼刺。

　　接下来的菜有炒菜、凉拌菜、三鲜汤，大家各取所好。有的人规规矩矩，只吃自己眼前的菜；有的人毫不客气，伸手夹别人眼前的菜；有的人兼顾全席，桌上的菜每样都吃一点；有的人挑挑拣拣，只夹自己喜欢的菜吃；有的人吃饭静悄悄；有的人喝汤"滋滋滋"；有的人把碗里的饭吃得一粒不剩；有的人把饭粒掉在饭桌上……真可谓众生百态，被酒店主管尽收眼底。

　　第二天，酒店公布了用人名单。有一位落选者不服，就质问酒店主管："大家条件差不多，你又没有加试，凭什么选人？"酒店主管说："怎么没有加试？昨晚我请大家吃饭时，我对你们每个人都一一测试了。我选人的原则很简单：那些在餐桌上吃鱼头鱼尾、吃小鱼，不挑挑拣拣、不掉饭粒，知道兼顾别人的人，我相信他们会成为酒店的好员工。"

　　这位落选者想起自己昨晚在饭桌上的表现，有些发窘，但马上为自己辩解道："这都是些生活细节，怎么能用它来检验一个人呢？"酒店主管看着他，反问道："生活的细节，加起来不就是人生吗？我想一个在饭桌上只顾自己的人，在工作中是不会首先想到别人的。"

　　思考： 这些落选者在晚餐上的行为会对工作产生哪些影响？

行动三　仓库保管作业

【思维导图】

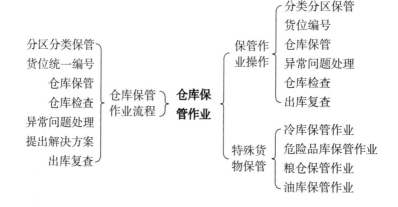

【学习目标】

（1）熟悉仓库保管员岗位职责与工作流程。
（2）掌握货物仓库保管作业的内容与方法。
（3）掌握特种货物仓库保管作业的内容与方法。

【学习导入】

某仓库存储了一批货物，货物要求湿度范围在70%~80%。小王第一天到仓库上班，主管安排他负责仓库温湿度管理。小王在查看温湿度表时发现，干球温度是30℃，湿球温度为28℃，便如实将观测到的信息填写在温湿度记录表中。主管巡查时问小王工作情况，小王回答说一直在监控温湿度，并进行了记录。主管看了小王的记录，问小王："有没有采取什么行动？"小王一脸迷茫，回答没有。于是，主管对小王进行了批评。

思考
（1）主管为什么批评小王？
（2）如果你是小王，你会做得比他更好吗？
（3）进行仓库保管作业，应该具备哪些知识和技能？

一、仓库保管作业流程

仓库保管作业流程如图2.3所示。

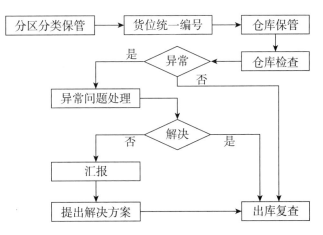

图2.3　仓库保管作业流程

仓库保管作业流程具体内容如下：

（1）分区分类保管。仓库分区分类保管是根据"四一致"的原则（性能一致、养护措施一致、作业手段一致、消防方法一致），将仓库划分为若干保管区域，把储存商品划分为若干类别，以便统一规划储存和保管。

课堂思考
根据"四一致"的原则，你能分别举例说明哪些货物应该分区分类保管吗？

（2）货位统一编号。根据商品的编码原则和方法，将入库货物进行统一编号。储存商品的储位根据一定的要求进行合理的编号。

（3）仓库保管。仓库保管员对物资进行仓库保管，包括控制仓库温湿度、防霉防腐、防锈、防虫害、安全、卫生等内容。

（4）仓库检查。仓库保管员定期或不定期做好物资的仓库检查工作。

（5）异常问题处理。仓库保管员在货物保管期间发现异常情况，在权限范围内能解决的问题应及时处理。

（6）提出解决方案。对于异常情况，如未能及时解决，则需要报请仓库主管提出解决方案并进行处理。

（7）出库复查。保管员在物资出库时应仔细进行复查，确保出库物资的质量完好。

二、仓库保管作业操作

【货物保管与安全管理】

货物经过入库验收，理货员将货物堆放到指定位置后，货物的入库业务就此结束，仓库的保管作业便开始了。仓库在保管阶段的工作主要是确保货物安全、商品质量完好和数量准确无误。仓库保管员通过充分利用仓储物质技术设备，熟悉商品性能，实行在库商品分区分类保管，货位统一编号，建立健全在库商品保管养护制度，对异常问题实施及时处理，采取出库复查等措施，以达到商品在库保管养护的目的。

（一）仓库分区分类保管作业

仓库分区分类保管是仓库对储存商品进行科学管理的一种方法。仓库分区是指根据仓库的建筑、设备等条件，将库房、货架、垛场划分为若干保管商品的区域，以适应商品储存的需要。商品分类是指按商品大类、性质及其连带性划分为若干类，分类集中存放，以便收发货和保管业务的进行，如根据商品储存温度划分普通室温区、冷藏区（$-5 \sim 10℃$）、冷冻区（$-25 \sim -5℃$）。

仓储商品实行分区分类，要以安全、优质、挖潜、多储、低耗为原则，在"四一致"原则的前提下进行管理。在规划分区分类之前，要对入库商品的情况有所了解，主要包括：一是经营的品种、数量与每年各季度的大致流向和周转期；二是商品性能及所需的储存条件；三是商品收、发所需的设备条件；四是商品收、发的方式；五是各类商品所需的仓容和储存、吞吐条件。

1. 按商品的种类和性质来分区分类

一般的仓库普遍采用这种方式来分区分类。这种方式分为两种情况：一种是按照业务部门商品经营的分类来分区分类，如某企业经营冰箱、洗衣机、空调、彩电等产品，考虑到这些商品的保管条件是一样的，再结合各部门经营产品所需的仓容、周转期、收发所需的设备条件，于是对仓库进行分区分类——仓库共4层，一层是收发区和临时存放区，二层存放冰箱和洗衣机，三层存放空调，四层存放彩电；另一种是按照商品的自然属性来分区分类，如将怕热、怕潮、怕光、怕通风等多种不同性质的商品集中起来，安排在合适的储存场所。

2. 按照商品发往的地区来分区分类

这种方式主要适用于中转流通型仓库或待运仓库，具体做法是：先按照运输方式划分，如公路、铁路、航空、水路等，再按照到达站、港的路线划分。这种分区分类方式虽然不区分商品种类，但要注意对危险品、相互影响及运价不同的商品进行分别堆放。

3. 按商品的危险性质来分区分类

这种方式主要适用于化学危险品仓库，根据危险品本身的易燃易爆、有毒等性质，以及不同的灭火方法等情况来分区分类。

> **课堂思考**
>
> 你能举例说明一些不能存放在一起的商品吗？

4. 按照不同客户储存的商品来分区分类

这种方式比较适用于仓库客户数量较少，而且储存商品比较单一的情形下。

5. 按照方便作业和安全作业来分区分类

这种方式考虑了商品周转率，将商品周转率高的商品放置在离通道较近的区域，方便进出货作业；将商品周转率低的商品放置在离通道较远的区域；而从商品安全性的角度来考虑，将安全级别高的商品（如贵重物品）放置在封闭的安全性能高的区域。

此外，仓库分区分类还要及时摸清商品的出库规律，及时调整货区和货位；做好日常空仓统计和商品进出中货位平衡工作，腾出空仓，备足仓位；在仓库划分区域时，要预留一定面积作为机动保管区。

（二）货位编号作业

货位编号是商品保管业务不可缺少的管理措施之一，指的是在商品分区分类储存的基础上，将库房、料棚、货场、货架、货垛按地点、通道等位置顺序统一编列号码，并做上明显标志。

1. 货位编号的要求

（1）标志设置要适宜。货位编号的标志设置要因地制宜，采取适当方法，选择适当位置。例如，仓库标志可在库门外挂牌，库房标志可写在外墙或库门上；货场货位标志可设在竖立标牌上或写在场地上。

（2）标志制作要规范。货位的标志制作要统一规范。货位在地面的标线保持直线，标线的宽度一般以3cm为宜；货位画线应刷置在走支道或墙壁上，并要求货垛不压货位的画线。

（3）编号顺序要一致。编号顺序一致即对货位编号的朝向、间隔，以及编号、标志的制作做出统一的要求。仓库范围的房、棚、场，以及房内的仓间、走支道、段位，基本上都按主正门方向、左单右双或自前向后的顺序编号。段号间隔的宽窄，主要取决于储存商品批量的大小。编排段号时，可沿着货位划线，通常保持间距1～2m。标志制作最好统一使用阿拉伯字数字作为货位编号，避免货物错收、错发等事故。

2. 货位编号的方法

（1）多层库房的编号。对多层库房的编号，需要区别库房的楼层。在同一楼层有两间以上仓间时，楼层仓间的编号一般以正楼上楼梯的方向，采取左单右双或自左而右的顺序编号的方法。楼房仓库货位编号采用"三号定位"法，即个位数指仓间编号，十位数指楼层编号，百位数指库房编号。例如，某多层仓库库房的编号是"141"，表示"1号库房4层楼左边的第1号仓间"。

（2）平房仓库货位编号。平房仓库利用货架储存货物的货位编号，一般按照仓库进门的方向顺序编号，采用"四号定位"法，即库号、货架号、层号、位号。例如，某平房仓库货位编号是"02-13-2-10"，表示"02仓库，13号货架，第2层，第10号位"。

课堂思考

如果仓库中有多种货架，如何采用"四号定位"对货位进行编号？

（三）仓库保管作业

1. 温湿度控制

要做好仓库温湿度管理工作，需要学习和掌握空气温湿度的基本概念及相关知识。

（1）空气温度。空气温度是指空气的冷热程度。一般来说，距地面越近气温越高，距地面越远气温越低。在仓库日常温度管理中，多用"摄氏度（℃）"表示。

（2）空气湿度。空气湿度是指空气中水汽含量的多少或空气干湿的程度，主要有以下几种表示方法：

① 绝对湿度。绝对湿度是指单位容积的空气里实际所含的水气量，一般以"g/m^3"为单位。温度对绝对湿度有直接影响。一般情况下，温度越高，水汽蒸发得越多，绝对湿度就越大；相反，绝对湿度就小。绝对湿度的计算公式为

$$绝对湿度 = 饱和湿度 \times 相对湿度$$

② 饱和湿度。饱和湿度表示的是在一定温度下，单位容积空气中所能容纳的水气量的最大限度。如果超过这个限度，多余的水蒸气就会凝结，变成水滴，此时的空气湿度便称为饱和湿度。空气的饱和湿度不是固定不变的，是随着温度的变化而变化的。温度越高，单位容积空气中能容纳的水蒸气就越多，饱和湿度也就越大。

③ 相对湿度。相对湿度是指空气中实际含有的水蒸气量（绝对湿度）与距离饱和状态（饱和湿度）程度的百分比，即在一定温度下，绝对湿度占饱和湿度的百分比。相对湿度用百分率来表示，计算公式为

$$相对湿度 = （绝对湿度 / 饱和湿度）\times 100\%$$

注意： 相对湿度越大，表示空气越潮湿；相对湿度越小，表示空气越干燥。空气的绝对湿度、饱和湿度、相对湿度与温度之间有着对应的关系。温度如果发生变化，则各种湿度也随之发生变化。

④ 露点。含有一定量水蒸气（绝对湿度）的空气，当温度下降到一定程度时所含的水蒸气就会达到饱和状态（饱和湿度）并开始液化成水，这种现象叫结露。水蒸气开始液化成水时的温度叫露点温度，简称露点。如果温度继续下降到露点以下，空气中超饱和的水蒸气，就会在商品或其他物料的表面上凝结成水滴，俗称商品"出汗"。

此外，风与空气中的温湿度有密切关系，也是影响空气温湿度变化的重要因素之一。

仓管员要做好在库货物温湿度控制工作，先要测定空气温湿度，通常使用干湿球温度表来测定。干球温度表直接测量空气温度，湿球温度表可测量得到湿球温度。结合湿度、露点查算表（表2-10），可在库外设置干湿表进行测量，而为避免阳光、雨水、灰尘的侵袭，应将干湿表放在百叶箱内。百叶箱中温度表的球部离地面高度为2m，百叶箱的门应朝北安放，以防观察时受阳光直接照射。百叶箱内应保持清洁，不放杂物，以免造成空气不流通。

表 2-10 湿度、露点查算表

气温/℃	干球温度/℃ − 湿球温度/℃																
	0		1		2		3		4		5		6		7		8
	td	r	td	r	td	r	td	r	td	r	td	r	td	r	td	r	td	r
−5	−5	100	−9	74	−14	48		23										
−4	−3	100	−8	75	−13	51	−20	27										
−3	−3	100	−6	77	−11	53	−18	31		9								
−2	−2	100	−5	78	−9	56	−16	35		14								
−1	−1	100	−4	79	−8	58	−13	38	−19	18								
0	0	100	−3	80	−7	60	−12	41	−16	22		4						
1	1	100	−2	81	−5	62	−10	44	−14	26		9						
2	2	100	−1	82	−4	64	−8	47	−12	30		13						
3	3	100	1	83	−3	66	−7	49	−10	33	−20	17						
4	4	100	2	84	−1	67	−5	51	−8	36	−16	21		6				
5	5	100	3	84	0	68	−4	54	−6	39	−14	25		10				
6	6	100	4	85	1	70	−2	56	−4	41	−11	28	−20	14				
7	7	100	5	85	2	71	−1	57	−3	44	−9	31	−16	18		5		
8	8	100	6	86	3	72	0	59	−1	46	−7	34	−13	21		9		
9	9	100	7	87	4	73	2	61	0	48	−5	35	−10	24	−18	13		
10	10	100	8	87	6	74	3	62	2	50	−3	39	−8	27	−14	16		6
11	11	100	9	88	7	75	4	64	3	52	−2	41	−6	30	−11	20		9
12	12	100	10	88	8	76	6	65	4	54	0	42	−4	33	−9	23	−16	13
13	13	100	11	88	9	77	7	66	6	55	2	45	−2	35	−6	25	−12	16
14	14	100	12	89	10	78	8	67	7	57	3	47	0	37	−4	28	−9	19
15	15	100	13	89	11	78	9	68	8	58	4	49	1	39	−2	30	−7	21
16	16	100	14	89	12	79	10	69	9	60	6	50	3	41	0	33	−4	24
17	17	100	15	90	14	80	12	70	11	61	7	52	4	43	1	35	−2	26
18	18	100	16	90	15	80	13	71	12	62	8	53	6	45	3	37	0	29
19	19	100	17	90	16	81	14	72	13	63	10	55	7	46	5	39	2	31
20	20	100	18	91	17	81	15	73	14	64	11	56	9	48	6	40	3	33
21	21	100	19	91	18	82	16	73	15	65	12	57	10	50	8	42	5	35
22	22	100	20	91	19	82	17	74	17	66	13	58	11	51	9	43	6	36

续表

气温/℃	干球温度/℃ – 湿球温度/℃																	
	0		1		2		3		4		5		6		7		8	
	td	r	td	r	td	r	td	r	td	r	td	r	td	r	td	r	td	r
23	23	100	22	91	20	83	18	75	18	67	15	59	13	52	10	45	8	38
24	24	100	23	91	21	83	19	75	19	68	16	60	13	53	12	46	9	40
25	25	100	24	92	22	84	20	76	20	68	17	61	15	54	13	48	11	41
26	26	100	25	92	23	84	22	76	22	69	18	62	16	55	14	49	12	42
27	27	100	26	92	24	84	23	77	23	70	19	63	18	56	16	50	14	44
28	28	100	27	92	25	84	24	77	24	71	20	64	19	57	17	51	15	45
29		100	28	92	26	85	25	77	25	71	22	65	20	58	18	52	16	46
30		100		93	27	85	26	78	26	72	23	65	21	59	19	53	16	47
31		100		93	28	86	27	79	27	72	24	66	22	60	21	54	19	48
32		100		93		86	28	79	28	73	25	67	23	61	22	55	20	49
33		100		93		87		80		73	26	67	25	61	23	56	21	50
34		100		93		87		80		74	27	68	26	62	24	57	23	51
35		100		93		87		81		75	28	68	27	63	25	57	24	52
36		100		93		87		81		75		70	28	63	26	58	25	53

注：表中 td 为露点温度（℃），r 为相对湿度（%）。

在库内，干湿表应安置在空气流通、不受阳光照射的地方，不要挂在墙上，挂置高度与人眼高度持平，在 1.5m 左右。每日必须定时对库内的温湿度进行观测记录（表 2-11），一般在上午 8～10 时、下午 2～4 时各观测一次。记录资料要妥善保存，定期分析，摸清规律，以便掌握商品保管的主动权。

表 2-11 温湿度观测记录表

库号：　　　　　放置位置：　　　　　储存商品：

日期	上午							下午							备注
	天气	干球/℃	湿球/℃	相对湿度/(%)	绝对湿度/(g/m³)		调节措施	记录时间	天气	干球/℃	湿球/℃	相对湿度/(%)	绝对湿度/(g/m³)		调节措施	记录时间	
					库内	库外							库外	库内			
1																	
2																	
3																	

续表

日期	上午							下午							备注
	天气	干球/℃	湿球/℃	相对湿度/(%)	绝对湿度/(g/m³)		调节措施	记录时间	天气	干球/℃	湿球/℃	相对湿度/(%)	绝对湿度/(g/m³)		调节措施	记录时间	
					库内	库外							库外	库内			
4																	
5																	
6																	
7																	
8																	
9																	
10																	

安全温度： 安全相对湿度：

课堂思考

试计算一下"学习导入"中仓库的相对湿度是多少？

2．控制和调节仓库温湿度

为了维护仓储商品的质量完好，创造适宜于商品储存的环境，当库内温湿度适宜商品储存时，就要设法防止库外气候对库内的不利影响；当库内温湿度不适宜商品储存时，就及时采取有效措施调节库内的温湿度。实践证明，采用密封、通风与吸潮相结合的办法，是控制和调节库内温湿度行之有效的办法。

（1）密封。密封就是把商品尽可能严密封闭起来，减少外界不良气候条件的影响，以达到安全保管的目的。采用密封方法，要和通风、吸潮结合运用，如运用得法，可以收到防潮、防霉、防溶化、防干裂、防冻、防锈蚀、防虫等多方面的效果。密封保管应注意的事项如下：

① 在密封前要检查商品质量、温度和含水量是否正常，如发现生霉、生虫、发热等现象，就不能进行密封。发现商品含水量超过安全范围或包装材料过潮，也不宜进行密封。

② 要根据商品的性能和气候情况来决定密封的时间。怕潮、怕溶化、怕霉的商品，选择在相对湿度较低的时节进行密封。

③ 密封材料，常用的有塑料薄膜、防潮纸、油毡、芦席等。这些密封材料必须干燥清洁，无异味。

④ 密封常用的方法有整库密封、小室密封、按垛密封，以及按货架、按件密封等。

（2）通风。通风是利用库内外空气温度不同而形成的气压差，使库内外空气形成对流，来达到调节库内温湿度的目的。当库内外温度差距越大时，空气流动就越快；当库外有风时，借风力更能加速库内外空气的对流，但风力也不能过大（风力超过5级时灰尘较多）。正确地通风，不仅可以调节与改善库内的温湿度，还可以及时散发商品及包装物的多余水分。通风的目的不同，可分为利用通风降温（或增温）和利用通风散潮两种。

（3）吸潮。在梅雨季节或阴雨天，当库内湿度过高，不适宜商品保管，而库外湿度也过大，不宜进行通风散潮时，可以在密封库内用吸潮的办法降低库内湿度。当前，仓库普遍使用机械吸潮方法，即使用吸湿机将库内的湿空气通过抽风机吸入吸湿机器内，凝结为水而排出。吸湿机一般适宜于储存纺织品、贵重物品、仪器、电工器材和烟糖类仓库的吸潮。

3. 防腐与防霉

在仓库中由于保管不当，商品容易出现霉变、腐烂的现象，为了妥善保管好库存物品，仓库保管员需要做如下工作：

（1）熟悉影响微生物霉腐的外界条件。当空气相对湿度达到 75% 以上时，多数商品达到一定的汗水量才有可能引起霉腐微生物的生长。一般把 75% 这个相对湿度叫商品霉腐临界湿度，如烟叶的相对湿度就要控制在 75% 下；水果、蔬菜等本身汗水量多的水果，对湿度要求比一般商品高，储存适宜湿度为 85%～90%，但温度不宜过高。在霉变微生物中，大多是中温性微生物，最适合生长温度为 25～37℃，因此阴暗的仓库是滋生微生物的有利环境。

（2）控制管理好常见易霉腐商品（表2-12）。

表2-12 常见易霉腐商品

分　类	商　品
食品	糖果、饼干、糕点、饮料、罐头、肉类和鲜蛋等
日用品	化妆品
药品	以淀粉为载体的片剂、粉剂、丸剂，以糖液为主的各种糖浆，以蜂蜜为主的蜜丸，以动物胶为主的膏药，以葡萄糖等溶液为主的针剂等
皮革及其制品	皮鞋、皮包、皮箱和皮衣等
纺织品	棉、毛、麻、丝等天然纤维及其制品
工艺品	竹木制品、草制品、麻织品、绢花、面塑、绒绣等

（3）预防商品霉腐。仓库保管员加强入库环节验收工作，易霉腐商品入库，应先检查包装是否潮湿，含水量是否超过安全范围。加强仓库温湿度管理，根据不同性能的商品，准确地运用密封、吸潮和通风相结合的方法，管好库内温湿度监测工作。选择合理的储存场所，易霉腐的商品应尽量安排在空气流通、光线较强、比较干燥的库房，并尽量避免与含水量大的商品一起储存，还要合理堆码，货垛下垫托盘隔潮，堆垛不靠墙。

（4）救治霉腐商品措施。对已经发生霉腐但可以挽救的商品，应立即采取措施，以免霉腐继续发展，造成严重损失。救治霉腐商品一般有去湿、灭菌和刷霉3个阶段。常见的去湿方法是暴晒、摊晾和烘烤3种。还可以从灭菌入手，常用的灭菌方法主要有药剂熏蒸、紫外线和加热灭菌。凡发生霉变的商品，经过上述方法处理后，商品自身水分已降低，霉菌也被杀死，可以用毛刷将商品上的霉迹刷除，使商品恢复原有的本色。

4. 防虫害作业

仓库保管员需要掌握仓库内害虫的来源、特性、种类与危害方式。常见害虫感染途径及预防方法见表2-13。

表 2-13 常见害虫感染途径及预防方法

感染途径	途径说明	预防方法	防治方法
货物内潜伏	货物入库前，已有害虫潜伏其中	做好入库前的检疫工作，确保入库货物不携带害虫及虫卵	可以使用驱避剂、杀虫剂、熏蒸剂等药物对货物直接进行杀灭害虫；不能直接在货物上使用药剂的，采用高温或低温杀虫、缺氧及辐射防治等
包装内隐藏	仓库包装内藏有害虫	对重复利用的包装物进行定期消毒	使用驱避剂、杀虫剂、熏蒸剂等药物对包装进行消毒
运输工具感染	运输工具装运过带有害虫的货物，害虫潜伏在运输工具中，感染其他商品	注意运输工具的消毒	使用驱避剂、杀虫剂、熏蒸剂等药物将车厢进行消毒
仓库内隐藏	害虫潜伏在仓库建筑的缝隙及各种器具中	做好库房内、外环境的清洁工作	对库房定期进行消毒
邻垛之间相互感染	当某一货垛感染了害虫，害虫可能爬到邻近的货垛内	对已经感染了害虫的货垛及时隔离	对感染害虫的货垛使用驱避剂、杀虫剂、熏蒸剂等药物进行杀灭害虫

5. 防锈作业

金属制品在仓库保管过程中由于自身金属材料和大气的因素容易发生腐蚀。防锈作业应做好以下工作：

（1）控制储存环境。控制金属商品的储存环境，消除促使金属锈蚀的环境因素是防止金属锈蚀经济有效的方法。金属商品避开酸、碱、盐等环境储存。

（2）入库时，进行严格检查，对金属表面进行清理，清除水渍、油污、泥灰等脏物。已经有锈迹的，要立即除锈。

（3）合理堆码及苫垫，可以有效地减少金属锈蚀的概率。

（4）控制好仓库的湿度。相对湿度在60%以下，就可以防止金属制品遭受锈蚀；但相对湿度在60%以下很难达到，一般仓库可以将湿度控制在65%以下。

（5）对于仓库内已经发生锈蚀的金属，主要采用手工除锈、机械除锈、化学除锈等方法。

6. 卫生管理

仓库保管员应遵守有关卫生的制度，做到以下要求：

（1）仓库保管员保持良好的个人卫生，穿着统一工作服，定期进行工作服、鞋帽的清洁。对于电子类产品仓库，仓库保管员最好要穿鞋套、戴帽。

（2）仓库保管员要坚持每天清理仓库，清洁地面，保持卫生，做到无粉尘、无蜘蛛网。

（3）库房四周实行"三无"，由专人负责，做到无杂草、无拆下的包装物、无垃圾。

（4）库内库外物资要码放整齐、料卡齐全。收发货物后要及时清理。保持货架及器具无尘土，定期进行仓库大清扫清洁整理工作。

（5）仓库办公室要做到窗明几净，办公用具及台账要码放整齐，无与办公用品无关的物品。

7. 安全管理

仓库安全保卫工作主要内容是严防破坏盗窃事故，预防灾害性事故的发生，维护仓库内部的治安秩序，保证仓库及仓库内货物的安全。仓库保管员的主要职责是负责保管物资的安全管理工作，协助仓库安全保卫部门做好仓库安全保卫工作。仓库保管员进行安全管理的工作内容主要如下：

（1）严格执行仓库安全保卫的各项制度，预防火灾、盗窃、台风、雨汛给仓库货物带来的安全隐患。

（2）库区内配备各种消防器材和工具，不得私自挪用。

（3）非仓库管理相关人员未经允许一律不得进入库房。

（4）各种生活用危险用品，以及车辆、油料、易燃品严禁进入库区。

（5）库区内严禁烟火和明火作业，确因工作需要使用明火的，应按安全保卫的有关规定执行。

（6）仓库保管员下班前要关闭水、暖、电源的开关，锁好门窗，消除一切隐患。

（四）异常问题处理

仓库管理员碰到异常问题，如仓库入库验收过程发现货物质量异常、仓库内由于相对湿度过高、库内货物出现"汗水"现象、库内货物出现霉变现象、库内货物超过保质期等异常情况，在权限范围内，能够处理的要及时处理，填写仓库异常情况报告表（表2-14），并及时向有关部门及主管领导汇报处理的结果；对于出现的异常不能解决的，如上班后发现仓库内货物被盗窃、巡查过程发现消防安全隐患等问题，应及时汇报有关领导，请有关领导组织力量、提出解决方案，以便尽快解决异常问题。仓库保管员在巡查中发现仓库安全管理存在异常情况需要及时处理，如不能解决要及时向仓储部主管汇报，由仓储部主管提出处理方案，必要时可寻求公安消防等部门协助解决。

表2-14　仓库异常情况报告表

编号：

报告日期	
异常情况	
原因分析	
处理结果	

经办人：　　　　　主管：

（五）在库检查作业

仓库保管员每天对仓库各项工作进行巡查，填写巡查记录表（表2-15）。

表2-15　巡查记录表

检查项目	月　日 星期一	月　日 星期二	月　日 星期三	月　日 星期四	月　日 星期五	月　日 星期六	月　日 星期日
货物状态							
库房清洁							

续表

检查项目	月 日 星期一	月 日 星期二	月 日 星期三	月 日 星期四	月 日 星期五	月 日 星期六	月 日 星期日
作业通道							
用具归位							
库房温度							
相对湿度							
照明设备							
消防设备							
消防通道							
防盗							
托盘维护							
检查人							

注：消防设备每月进行一次全面检查；将破损的托盘每月集中进行维护处理。

（六）出库复查作业

保管员对待出库的物资应仔细进行复查，填写出库复查表（表2-16），确保出库物资的质量。

表2-16 出库复查表

出库物资品名编号	规 格	数 量	批 次	保质期	货物质量	备 注

三、特种货物保管作业

（一）冷藏仓库保管作业

1. 冷藏保管的原理

冷藏是指在保持低温的条件下储存物品的方法。由于在低温环境中，细菌等微生物大大降低繁殖速度，生物体的新陈代谢速度降低，能够延长有机体的保鲜时间，所以对鱼肉食品、水果、蔬菜及其他易腐烂物品都采用冷藏的方式仓储。对于低温能凝固成固态的液体流质品，通常也采用冷藏的方式，以便于运输、作业和销售。

冷藏保管根据控制温度的不同，可以分为冷藏和冷冻两种方式。冷藏是指将温度控制在0～5℃进行保存，在该温度下水分不致冻结，食品组织不会破坏。冷藏虽然具有保鲜的作用，但微生物仍有一定的繁殖能力，因而保存时间较短。冷冻则是将温度控制在0℃以下，使水分冻结，微生物停止繁殖，新陈代谢基本停止，从而实现防腐。冷冻保管又分为一般冷冻和速冻，一般冷冻是采取逐步降温的方式降低温度，达到控制温度后停止降温；速冻则是在很短时间内将温度降到控制温度以下，使水分在短时间内完全冻结，然后逐步恢复到控制温度（不低于−20℃）。速冻一般不会破坏细胞组织，有较好的保鲜作用。冷冻储藏能使货物保存较长时间而不腐烂。

2. 冷藏仓库的构成

（1）冷冻间。冷冻间是对进入冷藏仓库的商品进行冷冻加工的场所。货物在进入冷藏仓库前应先在冷冻间进行冷冻处理，使货物均匀降温至预定温度，否则当货物温度过高、湿度过大时，直接进入冷藏仓库会产生雾气，影响库房作业。对于冷藏货物，一般降至2～4℃；对于冷冻货物，应迅速降至−20℃使货物冻结。在冷藏期间，货物应分散存放，以便于均匀降温。由于预冷只是短期作业，所以货物不堆垛，而且应处于高搬运活性状态。

（2）冷藏间。冷藏间是温度保持在0℃左右的冷藏仓库，用于储存冷却保存的商品。货物经预冷后，达到均匀的保藏温度时进入冷藏仓库堆码存放；少量货物可直接送入冷藏间冷藏。因为冷藏商品，特别是果蔬类商品对温度不允许有较大的波动，所以冷藏间还需要持续进行冷藏处理。冷藏间一般采用风冷式制冷。为防止货垛内升温，应保持货物间空气的流通，冷藏间一般采用列垛的方式堆码。另外，冷藏间需要安装换气装置，以满足某些货物呼吸的要求。

（3）冷冻仓库。冷冻仓库是温度控制在−18℃左右、相对湿度在95%～98%的冷藏仓库，能较长时间保存经过预冷的货物。货物预冷后，转入冷冻仓库堆码存放，货堆一般较小，以降低内部温度。货垛底部采用货板或托盘垫高，一般不与地面接触。冷冻仓库用于存储冻结货物，储存时间较长，在冷冻仓库内部需要保持微风循环，以减少含水货物干缩损耗。

（4）分发间。冷藏仓库由于低温不便于货物分拣、成组、计量、检验等人工作业，而且为了控制冷冻库和冷藏库的温度和湿度，减少冷量耗损，需要尽量减少开门时间和次数，以免造成库内温度和湿度波动太大，所以货物出库时应迅速地将货物从冷藏库或冷冻库移到分发间，在分发间进行作业，然后装运。分发间尽管温度低，但直接向库外作业，温度和湿度波动较大，因而不能存放货物。

（5）传输设备。传输设备用于货物在冷藏仓库内的位移，垂直位移主要用电梯，水平位移主要用皮带输送机。传输设备的数量应根据冷藏仓库的货物吞吐量及货物周转频率来确定。

（6）其他设施。压缩机房是冷藏仓库的制冷动力中心，一般为单层建筑，由于机房内温度较高，所以应选在自然通风较好的位置，以确保压缩机运行安全。配电间应有较好的通风条件，以保证变压器产生的热量及时扩散。制冰间的设施一般有制冰池、融冰池、提冰设备等，如果需要快速制冰，则可采用专门的成套设备。

3. 冷藏仓库仓储管理

作为一种专业性的仓库，冷藏仓库具有较为特殊的布局和结构，用具、货物也较为特殊。冷藏仓库存放的物品大多为生鲜食品，如果管理不善，不仅会造成货物损失，而且会发生食品安全事故，影响消费者的人身安全。因此，一般对冷藏仓库管理的技术、专业水平要求较高。

（1）冷藏仓库的使用。冷藏仓库分为冷冻库、冷藏库，使用时应按库房的设计用途合理选择，两者不能混用。当库房改变用途时，必须按照所改变的用途进行制冷能力、保温材料、设施设备等改造，确保其完全满足新的需求。

为保证冷藏仓库能力的充分发挥，确保货物安全和库房维护，应设立专门的库房管理小组，责任到人。冷藏仓库要有防水、防潮、防热、防漏措施并经常保持清洁。库内不得出现积水，严禁库内带水作业，对库内的冰、霜、水应及时清除，没有冷冻处理的货物不准直接进入冷藏仓库。另外，冷藏仓库投入使用后，要经常进行维修，必须保持制冷状态，即使没有存货，冷冻库也要保持在 –5℃ 左右；而对于保温要求较高的冷藏库，温度应控制在 0℃以下，以防受潮滴水。

要按照货物的类别和保管温度的不同分类使用冷藏仓库，如食品库房不能存放其他货品，食品不能存放在非食品库房，不同控制温度的货物不能存放在同一库房内。

（2）货物出入库。货物在入库时除了需要进行查验、点数之外，还要对送达货物的温度进行测量，查验货物内部状态，并进行详细记录。货物入库前必须进行预冷，保证货物均匀达到需要的温度；未经预冷的货物不得直接进入冷藏仓库，以免高温货物吸冷致使库内升温，影响库内其他货物。

货物出库时应认真核对，要对出库货物的标志、编号、数量、质量、所有人、批次等项目认真核对，防止错取、错发。对出库时需升温处理的货物，应按照作业程序进行加热处理，不得采用自然升温方式。

为了减少冷耗，货物出入库作业应选择在气温较低的时间段进行，如早晨、傍晚、夜间。出入库作业时应集中仓库内的作业力量，尽可能缩短作业时间，要使装运车辆离库门距离最近，缩短货物露天搬运距离，防止隔车搬运。若货物出入库时库温升高，应停止作业，封库降温。出入库搬运应用推车、叉车、输送带等机械搬运，用托盘等进行成组作业，以提高作业速度。作业中不得将货物散放在地坪上，避免货物和货盘接触地坪、内墙、冷管等。

（3）货物的储存。冷藏仓库要特别注意保证库内存物的质量，对含水货物应减少干耗，对食品应加强卫生检疫。冷藏仓库应设专职的卫生检疫人员，对出入库货物进行检查，应做到无污染、无霉菌、无异味、无鼠害、无冰霜。

经常性定时测量库内温度，严格按照货物保存所需要的温度控制库内温度。尽可能减少库内的温度波动，防止货物变质或者解冻发生倒垛。

将货物从冷冻间转入冷藏间时，货物温度不应高于冷藏间温度 3℃。要严格控制库内温度变化，如冷冻间昼夜温差不大于 1℃，冷藏间的温差不超过 0.5℃。

对于腐烂的、受污染的货物及其他不符合卫生要求包装的食品，在入库前需经过挑选、除污、整理和包装后方可储藏。

库内堆码要严格按照仓库要求进行，选择合适货位，将存期长的货物存放在库端，存期短的货物存放在库门附近，易升温的货物存放在冷风口或排管附近。根据货物或包装形状合理采用垂直堆垛或交叉堆垛，堆垛要整齐、稳固、间距合适，堆垛不能堵塞或者影响冷风的流动，避免出现冷风短路。堆垛完毕后在垛头上悬挂垛牌。拆垛作业应从上往下取货，禁止从垛中取货，取货时要注意防止因货物冻结粘连而强行取货扯破包装的现象。

要注意库内工作人员个人卫生，应定期对工作人员进行身体检查，对患传染病者需要及时调离与冷藏货物发生接触的岗位。

（二）化学危险品保管作业

1. 化学危险品的种类及特点

化学危险品是指在流通中由于本身具有的燃烧、爆炸、腐蚀、毒害及放射等性能，或者受摩擦、震动、撞击、暴晒、温湿度等外界因素的影响，能够发生燃烧、爆炸或使人畜中毒、表皮灼伤，甚至造成财产损失、危及生命等危险性的商品，主要有化工原料、化学试剂，以及部分医药、农业杀虫剂、杀菌剂等。

化学危险商品按危险属性不同分为以下10类：

（1）爆炸性商品。这类商品在外界作用下（如受热、撞击、摩擦、震动或其他因素激发），能发生剧烈的化学反应，瞬间产生大量的气体和热量，使周围压力急剧上升，发生爆炸，对周围环境造成破坏。其特点是爆炸性、吸湿性、条件性。

（2）氧化剂。这类商品具有强烈的氧化性，在不同条件下，遇酸、遇碱、受热、受潮或接触有机物、还原剂即能分解放氧，发生氧化还原反应，引起燃烧。其特点是氧化性、遇热分解性、吸水性、化学敏感性和遇酸分解性。

（3）压缩气体和液化气体。这类商品经过压缩、液化或加压储存于耐压容器中，在具备一定的受热、撞击或剧烈震动的条件下，容器内的压力容易膨胀引起介质泄漏，甚至使容器破裂爆炸，从而导致燃烧、爆炸、中毒、窒息等事故。其特点是剧毒性、易燃性、助燃性、爆破性。

（4）自燃商品。这类商品因燃烧点较低，容易发生自燃。燃烧点越低的商品危险性越大。其特点是燃烧自发性、物品不需要明火接触而自燃的特性、条件性。

（5）遇水燃烧商品。遇水或潮湿空气能分解产生可燃气体，并放出热量而引起燃烧或爆炸的商品叫遇水燃烧商品。这类商品在储存时，绝对不能接触水蒸气、水等。其特点是遇水后能发生剧烈的化学反应，放出可燃性气体，当达到燃点时立即燃烧，甚至发生爆炸。

（6）易燃液体。凡在常温下以液体状态存在，遇火容易引起燃烧，闪点在一定温度以下的物质叫易燃液体，如植物油、乙醚、汽油、酒精等。其特点是易燃性、挥发性、高度的流动扩散性、爆炸性、易与氧化性强酸及氧化剂作用。多数易燃液体都有不同程度的毒性。

（7）易燃固体。物质以固体形态存在，本身燃烧点较低，遇明火、受热、撞击、摩擦、接触氧化剂或强酸后，发生剧烈的氧化反应并产生热量，当达到燃烧点时，便迅速发生猛烈的燃烧，这类物质叫易燃固体，如赤磷及含磷的化合物、硝基化合物等。其特点是易燃、不稳定性等。

（8）毒害性商品。这类商品被误服、吸入或接触后，积累到一定程度，能与体液或组织发生化学作用，扰乱或破坏肌体的正常生理功能，引起暂时性或持久性的病理状态，甚至危及生命。其特点是毒害性、阵发性、燃烧性、溶解性等。

（9）腐蚀品。这类商品能灼伤人体组织，并对金属等商品造成损坏，散发的粉尘、烟雾、蒸汽强烈刺激眼睛和呼吸道，人吸入会中毒。其特点是腐蚀性、毒害性、易燃性、氧化性、遇水分解性等。

（10）放射性商品。这类商品能自发不断地放出人体感觉器官不能察觉到的射线，能杀伤细胞，破坏人体组织，长时间或大剂量照射，会引起伤残甚至死亡。其特点是具有不同程度的穿透能力。

> **课堂思考**
>
> 举例说明日常生活中常见的危险品，它们的包装和其他商品的包装有什么不同。

2. 化学危险品仓储的基本要求

（1）设备管理。化学危险品的仓库实行专用仓库的使用制度，各种设施设备不能用作其他用途，要按照国家相应标准和有关规定进行维护、保养，并进行定期检测，保证其符合安全运行要求。对储存剧毒化学品的设施设备要每年进行一次安全评价，对储存其他危险品的储存装置每两年进行一次安全评价，对评价不符合要求的设施设备应停止使用并立即更换或维修。

（2）库场使用。化学危险品必须储藏在专用仓库、专用场地或者专用储藏室内。对危险品专用仓库的要求是设置专区专用，不能存放普通货物，不同种类的危险品应分类存放在不同的专用仓库，各仓库确定好存放危险品的种类。危险品仓库改变用途或改存放其他危险品，需要相应的管理部门审批。危险品的危害程度还与其存放数量有关，仓库需要根据危险品的特性和仓库的条件，确定仓库的存量。

（3）从业人员要求。从事化学危险品生产、经营、储存、运输、使用或者处置废弃化学危险品活动的人员，必须接受有关法规、安全知识、专业技术、职业卫生防护和应急救援知识的培训，考核合格方可上岗作业。

3. 化学危险品仓库的管理

化学危险品仓库管理的一般要求与其他货物仓储管理相同，但其特殊要求如下：

（1）货物出入库要求。仓库业务员应对货物按交通运输部颁布的《危险货物道路运输规则》（JT/T 617—2018）的规定进行抽查，做好相应的记录，并在货物入库后两天内对其验收完毕。入库验收方法主要以感官验收为主，以仪器和理化验收为辅。货物存放应按其性质分区、分类、分库储存，对不符合要求的货物应与货主及时联系拒收。

化学危险品入库时，仓库管理人员要严格把关，认真检查品名、标志、包装，清点数量，做好核查登记。对于品名、性质不明或者包装、标志不符，以及包装不良的危险品，仓库保管员有权拒收，或者依据残损处理程序进行处理；未经处理的包装破损危险品不得进入仓库。剧毒化学品实行双人收发制度，送提货车辆不得进入存货区。

化学危险品出库时，仓库保管员需认真核对货物的品名、标志和数量，协同提货人、承运司机查验货物，确保按单发货，并做好出库登记，详细记录危险货物的流向和流量。当一次提货量超过 0.5t 时，要发出场证，并交给运输员。仓库保管员应按"先进先出"的原则组织货物出库，并认真做好出库清点工作。车辆运送时，应严格按危险品分类要求分别装运，对怕热、怕冻的货物需要按有关规定办理。

（2）货物保管要求。危险品的储存方式、方法与储存数量必须符合国家标准。仓库管理人员要根据国家标准、危险特性、包装及管理制度，合理选择存放位置，根据危险货物的保管要求，妥善安排相应的通风、遮阳、防水、控湿、控温条件的仓库或堆场货位。

对危险品应实行分类分堆存放，堆垛不宜过高，垛间应留有一定的间距，货堆与库壁间距应大于 0.7m，对怕热、怕潮、怕冻货物应按天气变化及时采取密封、通风、降温和吸潮等措施。

危险货物堆叠时要整齐，堆垛稳固，标志朝上，不得倒置，垛头应悬挂危险品的标志、编号、品名、性质、类别、级别等相关信息。

应对危险品仓库实行定期检查制度，检查间隔不宜超过 5 天。在检查中若发现问题，应及时填写问题商品通知单，并上报仓库领导。仓库保管员需要保持库内的整洁，特别是对残余化学物品，应随时清扫。对残损、质次、储存过久的货物，应及时向有关单位联系催调。

危险品仓库实行专人管理，剧毒化学药品实行双人保管制度，仓库存放剧毒化学药品时必须向当地公安机关备案。对于废弃的危险品、容器等，仓库要采取妥善的处理措施，如随货进行移交、封存、掩埋等无害化处理，不得留有隐患。剧毒危险品发生被盗、丢失、误用等，应立即向当地公安机关报案。

（3）货物装卸要求。在进行危险品装卸作业前，应先了解所装卸危险品的危险程度、安全措施和医疗急救措施，并严格按照有关程序和工艺方案作业，再根据货物性质选择合适的装卸机械。装卸易爆货物时，装卸机械应安装熄火装置，禁止使用非防爆型电器设备。作业前，应对装卸机械进行检查。装卸搬运爆炸品、有机过氧化物、一级毒害品和放射性物质时，装卸搬运机都应按额定负荷降低25%使用，作业人员应穿戴相应的防护用品，夜间装卸作业应有良好的照明设备，作业现场需准备必要的安全和应急设备。

4. 化学危险品事故应急处理

化学危险品仓储必须根据库存危险品的特性、仓库的条件及相关的法规，制定仓储危险品应急措施。应急措施包括发生危害时的措施安排和人员的应急职责，具体包括危险判定、危险事故信号汇报、现场紧急处理、人员撤离、封锁现场、人员分工等。

应急措施要作为仓库工作人员的专业知识，务必使每一个员工熟练掌握所在岗位的职责行为和操作技能。仓库应该定期组织员工开展应急措施演习。

（三）粮食保管作业

1. 粮食的仓储特性

（1）呼吸性和自热性。粮食具有植物的新陈代谢功能，能够吸收氧气并释放二氧化碳，通过呼吸作用，能产生和散发热量。当大量的粮食堆积时，释放的二氧化碳就会使空气中的氧气含量减少。大量堆积的粮食所产生的热量若不能散发，就会使粮堆内部温度升高。另外，粮食中含有的微生物也具有呼吸和发热的能力，如果粮食的自热不能散发，在大量积聚后，则会引起自燃。粮食的呼吸性和自热性与含水量有关，含水量越高，自热能力就越强。

（2）吸湿性和散湿性。粮食本身含有一定的水分，当空气干燥时，水分会向外散发；而当外界湿度大时，粮食又会吸收水分，在水分充足时还会发芽，引起粮食发霉。由于具有吸湿性，粮食在吸收水分后不容易干燥，而储存在干燥环境中的粮食也会因散湿形成水分的局部集结而发霉。

（3）吸附性。粮食具有吸收水分、呼吸的性能，能将外界环境中的气味、有害气体、液体等吸附在内部，不能去除。一旦受到异味沾污，粮食就会因无法去除异味而损毁。

（4）易受虫害。粮食本身就是众多害虫幼虫和老鼠的食物。未经杀虫处理的粮食中含有大量的害虫虫卵和细菌，当温湿度适宜时害虫就会大量繁殖，形成虫害。即使是经过杀虫处理的粮食，也会因为吸引虫鼠而造成二次危害。

（5）散落流动性。散装粮食因为颗粒小，颗粒之间不会粘连，在外力（重力）作用下，具有自动松散流动的散落特性，当倾斜角足够大时就会出现流动性。根据粮食的这种散落流动性，可以采用流动方式进行作业。

（6）扬尘爆炸性。干燥粮食的麸壳、粉碎的粮食粉末等在流动作业时会产生扬尘，伤害人的呼吸系统。当能燃烧的扬尘达到一定浓度时，遇火源会发生爆炸。

2. 粮食的质量指标

粮食的质量一般通过感官鉴定和经验分析的方法确定，可以通过感官鉴定粮食的颜色、气味来判定质量，还可以通过容重、湿度、感染度等来确定质量。

（1）颜色。各种粮食都有自身的颜色特点，如玉米的金黄色、大米的透明白色等。当粮食变质、陈旧时，颜色会变得灰暗、混浊。确定颜色的方法是将粮食样品铺在一层黑色的纸上，在太阳的散射光线下，加以观察确定。

（2）气味。新鲜的粮食具有特有的清香，一般储粮的气味清淡或具有一定的熏蒸气味。变质的粮食则具有臭味或其他特殊气味，鉴别气味的方法除了直接嗅闻粮仓气味外，可以用手捧一把粮食，通过气息温热，感受其气味；也可以将粮食在双手之间翻转几次，翻转的时候对着粮食吹风，如果气味很快减轻或消失，则表明粮食品质接近标准；还可以采取样品加热嗅味的方法，也能判定粮食质量。

(3)容重。容重是一项综合指标,是通过一定容积的粮食判定粮食质量的方法。由于水分、细度、形状、表面、温度、杂质含量、颗粒完好程度都会影响容重,所以测定的容重要与标准容重进行比较以确定优劣。

(4)湿度。根据标准取样程序测定所取得粮食的样品水分含量确定质量。水分含量是粮食仓储保管的最重要的指标之一,包括粮食、杂质和其他水分在内。要防止粮食霉变、自热、干燥粉碎,都需要对湿度进行控制。

(5)感染度。感染度表示粮食被害虫、霉菌感染的程度,其中虫害感染度根据1kg粮食中含有的害虫(壁虱目和象鼻虫)的个数来确定。1kg粮食中壁虱目或象鼻虫分别在1~20个或1~5个为一等感染;分别在20个以上或6~10个为二等感染;壁虱目显现毡状或象鼻虫在10个以上为三等感染。如果出现一等以上害虫感染,就需要采用熏蒸的方式灭虫。

3. 粮仓安全管理

(1)保持粮仓的清洁。粮仓必须保持清洁的卫生条件,尽可能采用专用的粮仓。一般的粮仓应是封闭的,仓内地面、墙面进行过硬化处理,不起灰扬尘,不脱落剥离,必要时使用木板、防火合成板固定铺垫和镶衬,而且作业通道进行防尘铺垫。金属粮仓应进行除锈、防锈处理,如采用电镀、喷漆、喷塑、内层衬垫等,确保无污染物、无异味时方可使用。在粮食入库前,应对粮仓进行彻底清洁,清除异物、异味,待仓库内干燥、无异味时才能入库。粮仓地面条件不满足要求的,应采用合适的衬垫,如用帆布、胶合板严密铺垫。兼用仓库储存粮食时,同仓内不能储存非粮食的其他货物。

(2)控制粮仓温度。在气温较高时,需要控制粮仓温度,采取降温措施。每日要测试粮食温度,特别是内层温度,及时发现自热升温。当发现粮食自热升温时,应及时降温,采取加大通风、进行货堆内层通风降温、内层释放干冰等措施,必要时进行翻仓、倒垛散热。粮食具有易燃特性,飞扬的粉尘遇火源还会爆炸燃烧,所以应加强吸尘措施,排除扬尘。粮仓的防火工作有较高的要求,在粮食出入库、翻仓作业时,更应避免一切火源出现,特别要注意对作业设备运转的静电,粮食与仓壁、输送带的摩擦静电的消除。

(3)控制粮仓湿度。保持干燥是粮食仓储的基本要求,粮仓内不得安装日用水源。消防水源应妥善关闭,洗仓水源应离仓库有一定的距离,并在排水下方。仓库旁的排水沟应保持畅通无堵塞,特别是在粮仓作业后,要彻底清除哪怕是极少量撒漏入沟的粮食。对粮仓内随时监控湿度,将湿度严格控制在合适的范围之内。粮仓内湿度升高时,要检查粮食的含水量,含水量超过要求时,要及时采取除湿措施。粮仓通风时,要采取措施避免将空气中的水分带入仓内。

(4)防霉变。粮食霉变除了因为细菌、酵母菌、霉菌等微生物的污染分解之外,还会因为自身的呼吸作用、自热而霉烂。粮仓防霉变以防为主,首先应严把入口关,防止已霉变的粮食入库;其次要避开潮湿货位,通风口、排水口、窗户和门口应远离会被雨淋湿的外墙,地面应妥善衬垫隔离;再次加强仓库温湿度控制和管理,保持低温和干燥;最后要经常清洁仓库,特别是潮湿的地角,清除随空气飞扬入库的霉菌,以及清洁仓库外环境,消除霉菌源。经常检查粮食和粮仓,如发现霉变,应立即清出霉变部分粮食,进行除霉和单独存放或另行处理,并针对性地在仓库内采取防止霉变扩大的措施。另外,应充分使用现代防霉技术和设备,如使用过滤空气通风法、紫外线灯照射、释放食用防霉药物等,但要注意使用药物时需避免使用对人体有毒害的药物。

(5)防虫鼠害。粮仓的虫鼠害主要表现在直接对粮食的耗损、虫鼠排泄物和尸体对粮食的污染、携带外界污染物入仓、破坏粮仓设备降低保管条件,以及破坏包装物造成泄漏、昆虫活动对粮食的损害等。粮仓防虫鼠害的方法如下:

① 保持良好的仓库状态，及时用水泥等高强度填料堵塞建筑破损、孔洞、裂痕，防止虫鼠在仓内隐藏。库房各种开口隔栅完好，保持门窗密封。

② 防止虫鼠随货入仓。对入库粮食进行检查，确定无害时方可入仓。

③ 使用药物灭杀。使用高效低毒的药物，不直接释放在粮食中进行驱避、诱食杀灭，或者使用无毒药物直接喷洒、熏蒸除杀。

④ 使用诱杀灯、高压电灭杀，或合理利用高温、低温、缺氧等手段灭杀。

（四）油库管理

1. 油库的类型

（1）地下油库。地下油库是指油罐内最高液面低于附近地面最低标高 0.2m 的油库。这种油库始于军事需要，隐蔽性较好且可以防止敌人的攻击。在民用时，这种油库以其安全性好、占用面积少而越来越受到欢迎。地下油库的一种特殊形式是水下油库，比较典型的是在船舶基地或港口处利用废旧的大型油轮作为油库，这是一种投资较少、不占用陆地的方法。也有将油罐沉在水底，并在水面设置作业平台的水下油库方式。

（2）地面油库。地面油库是指油罐底面等于或高于附近地面最低标高，且油罐的埋入深度小于其高度的一半的油库。当前多数油库属于地面油库，这是分配和供应油的主要形式，但因其目标太大而不适宜作为储备性油库。

（3）半地下油库。半地下油库是指油罐底部埋入地下且深度不小于罐高一半，罐内液面不高于附近地面最低标高 0.2m 的油库。

2. 油库的结构

油库的结构应根据防火和工艺要求设置，以保证油库安全，便于油库管理并进行分区布局。按作业要求，油库可分为收发区、储油区、油罐车作业区、辅助作业区等几个部分。另外，生活区一般设在库区以外，以利于油库的安全管理。

（1）收发区。收发区有铁路收发区和水路收发区。铁路收发区主要进行铁路油罐车的油品装卸作业，区内设施有铁路专用线、油品拆卸栈桥、装卸油罐管、相应的输油管道及装卸油泵房等。铁路收发区应布置在油库的边缘地带，不可与库内道路交叉，并应与其他建筑物保持一定的距离。水路收发区是向油船进行油品装卸作业的区域，其主要设施有码头、运输船、装卸油管等。对于油桶的装卸，水路收发区还需要配备专用的机械设备。

（2）储油区。储油区为油品安全储存的区域，主要设施为油罐，用于防火、防静电和安全监视的装备，以及降低油品损耗的设备。区内油罐的排列原则是：与装卸房较近处安排重质油罐，较远则布置轻质油罐，各种油罐之间必须留有足够的安全距离。

（3）油罐车作业区。油罐车作业区是油罐车停靠卸油作业的场所，分为油罐车灌油间、灌桶间、桶装站台、桶装油库、油品调配间等，一般设在油库出入口附近及交通便利之处。

（4）辅助作业区。辅助作业区内设置有油库生产配套的辅助设施，如锅炉房、机修间、化验室等。

3. 油库管理

由于油品具有易爆易燃、易蒸发、易产生静电等特性，并且具有一定的毒性，需要采用特殊的仓储方式，故一般进行严格管理。在日常管理中，油库应强调"以防为主"的方针，任何作业均应在安全的情况下进行。

（1）出入库管理。在油品入库时，要对油品进行计量化验，以证明其质量的合格和数量相符。油品接卸时，要派专人巡视管线，谨防混、溢、跑、漏油情况的出现，严禁从车上摔下。若需沿滑板滑下时，应避免前后两桶的相撞。在油品从油桶向油罐倒装时，应注意防止桶罐间的撞击。

对于出库的油品要严格执行"四不发"规定，即油品变质不发，无合格证不发，对经调配加工的油品无技术证明和使用说明的不发，车罐、船舱或其他容器内不清洁不发。在站台、码头上待装油品应用遮布遮盖，以防渗入雨水。

（2）保管过程中的管理。在油品保管期间，对油品接卸、转运时，应按其性质不同分组进行，实行按组专泵专管。在输油完毕后，应及时用真空泵进行管道清扫。油品储藏时，根据牌号和规格分开存放。对储油罐应尽可能地保持较高的装满率，并且少倒罐，以防止氧化，减少蒸发。在夏季还需采取降温措施。桶装油品在露天存放时，如采用卧放，应桶底相对；桶口置于上方，双行并列，一般堆放两层；立放时，桶口朝上。油品库存应按照"先进先出"的原则进行，对于性质不稳定的油品尽可能缩短储存期。

（3）降低油品损耗的管理。由于自然蒸发，各环节洒油及容器内黏附等原因，均会造成油品数量上的损失，这在油品储存中被看作"自然损耗"。但是，油品仓储管理的主要任务之一就是尽可能减少这类损耗。降低油品损耗的主要措施如下：

① 加强对储油、输油设备的定期检查、维修和保养，做到不渗、不漏、不跑油，如发现渗漏容器应立即将其倒空。

② 严格按照操作规程进行，控制安全容量，不溢油，不洒漏。

③ 合理安排油罐的使用，尽量减少倒罐，以减少蒸发损失。

④ 发展直达运输的散装业务，尽量减少中间的装卸、搬运环节。

⑤ 对地面油罐可采取在油罐表面涂刷强反光涂料，向罐顶洒水等措施来降低热辐射造成的蒸发。

⑥ 油库建立损耗指标计划和统计制度，制定鼓励降低损耗的措施，以保证降低损耗的指标的落实。

应用案例

仓储管理工作的基本环节就是商品的入库验收、在库管理、出库复核。一般把这3个环节叫"三关"，做好这3个环节的工作就叫"把好三关"。

1. 入库验收

商品入库验收是仓储工作的起点，是分清仓库与货主或运输部门责任的界线，可为保管养护打下基础。

商品入库必须有存货单位的正式入库凭证（入库单或通知书），没有凭证的商品不能入库。存货单位应提前将凭证送交仓库，以便安排仓位和必要的准备工作。

商品交接时，要按入库凭证，验收商品的品名、规格、数量、包装、质量等方面。品名、规格、数量、包装验收容易，但质量验收比较麻烦。一般规定，商品的内在质量和包装内的数量验收由存货单位负责，仓库要给予积极协助。如果仓库有条件进行质量验收，经存货单位正式委托后，要认真负责地搞好质量验收，并做好验收记录。保管方的正常验收项目为货物的品名、规格数量、外包装状况，以及无须开箱拆捆直观可见的质量情况，包装内的货物品名、规格、数量以外包装或货物上的标记为准；外包装或货物上无标记的，以供货方提供的验收资料为准。散装货物按有关规定或合同规定验收。质量验收涉及责任和赔偿的，由存货单位负责验收，仓库没有多大责任，不负责赔偿；如由保管方负责，保管方未按合同或规定的项目、方法和期限验收，或验收不准确，由此造成的经济损失由保管方负责。合同规定按比例抽验的货物，保管方仅对抽验的那一部分货物的验收准确性及由此造成所代表的那一批货物的实际经济损失负责，合同另有规定者除外。因此，仓库在与存货单位签订合同时，一定要明确质量验收问题。

在货物、商品验收过程中，如果发现品种、规格不符、件数或重量溢短、包装破损、潮霉、污染和其他问题时，要详细做好书面记录，由仓库收货人员和承运单位有关人员共同签字，并及时报告主管领导和存货单位，以便研究处理。交接中发现问题，供货方在同一城镇的，保管方可以拒收；外埠或本埠港、站、机场或邮局到货，保管方应予接货，妥善暂存，并在有效的验收期内通知存货方和供货方处理；运输等有关方面应提供证明。暂存期间所发生的一切损失和费用由责任方负责。

2. 在库管理

在库管理是仓储工作的中间环节。商品验收入库以后，仓库就要对库存的商品承担起保管养护的责任。如果短少丢失，或者在合理储存期内由于保管不善，导致商品霉烂变质，仓库应负责赔偿。在库管理，要做好以下几项工作：

（1）必须记账登卡，做到账、货、卡相符。商品验收无误后，要及时记账、登卡、填写储存凭证，详细记明商品名称、等级、规格、批次、包装、件数、重量、运输工具及号码、单证号码、验收情况、存放地点、入库日期、存货单位等，做到账、卡齐全，账、货、卡相符。

（2）合理安排货位，商品分类存放。入库商品验收以后，仓库要根据商品的性能、特点和保管要求，安排适宜的储存场所，做到分区、分库、分类存放和管理。在同一仓间内存放的商品，性能必须互不抵触，养护措施一致，灭火方法相同。严禁互相抵触、污染、串味的商品、养护措施和灭火方法不同的商品存放在一起。贵重商品，要指定专人保管，专库存放。普通仓库不能存放危险品、毒品和放射性商品。

（3）商品堆码要科学、标准，符合安全第一、进出方便、节约仓容的原则。仓间面积的利用要合理规划，干道、支道要画线，垛位标志要明显，要编顺序号。

关于商品在库保管期间的责任问题：第一，保管方履行了合同规定的保管要求，由于不可抗力的原因，自然因素或货物（含包装）本身的性质所发生的损失，由存货方负责。第二，货物在储存保管和运输过程中的损耗、磅差标准，有国家或专业标准的，按国家或专业标准规定执行。无国家或专业标准规定的，按合同规定执行。货物发生盘盈盘亏均由保管方负责。

3. 出库复核

商品出库是仓储工作的最后环节。把好商品出库关，就可以杜绝差错事故的发生。

库品出库，第一，要根据存货单位的备货通知，及时认真地搞好备货工作，如发现一票入库商品没有全部到齐的，入库商品验收时发现有问题尚未处理的，商品质量有异状的，要立即与存货单位联系，双方取得一致意见以后才能出库，如发现包装破损，要及时修补或更换。第二，认真做好出库凭证和商品复核工作。做到手续完备，交接清楚，不错发、错运。第三，要分清仓库和承运单位的责任，办清交接手续，仓库要开出库商品清单或出门证，写明承运单位的名称，商品名称、数量、运输工具和编号，并会同承运人或司机签字。第四，商品出库以后，保管人员要在当日根据正式出库凭证销卡、销账，清点货垛结余数，与账、卡核对，做到账、货、卡相符，并将有关的凭证、单证交账务人员登账复核。

商品出库，必须先进先出，易坏先出，否则由此产生的实际损失，要由保管方负责。另外，出库商品，严禁口头提货、电话提货、白条提货。如果遇到紧急装车、装船情况，必须出库时，需经仓库领导批准才能发货，但要第二天补办正式手续。

案例思考

（1）根据案例阐述仓储业务的基本流程。
（2）商品出库的业务流程是怎样的？
（3）商品在库管理应注意些什么？

实训项目

实训目标

通过模拟仓库企业真实环境，扮演仓库保管员角色进行实训，学会仓库保管作业流程，掌握仓库保管作业操作及相关单证的填制。

实训准备

（1）了解仓库保管作业流程的相关知识。

（2）准备1间空教室作为仓库库房；粉笔若干，纸和彩笔；仓库的器具货架、规格为1200cm×1000cm的托盘10个、规格为50cm×40cm×30cm的货物50箱；温湿度计1台；制作气相防锈纸和塑料袋包装若干；相关的保管单证，如温湿度检测记录表、在库巡查记录表、出库复查表等。

（3）将全班学生分成若干组，每组设仓库保管员5名（分区分类、储位管理、温湿度控制、防锈防虫害、出库复查5个环节）。

（4）实训安排4学时。
（5）模拟工作环境，需要学校的仓库实训教室、仓储器具等配合。

实训实施

现有一批包装规格为 50cm×40cm×30cm 的货物50箱，分别堆码在10个托盘上。将10个托盘分两种方式存放：一种存放在货架上；另一种堆码在画好的地面保管区域。

（1）模拟仓库储存环境，将空教室按照仓库的特点分区、分类划分保管区域，用粉笔画出仓库保管区域并进行编号，要求编号的标志悬挂明显。
（2）将货架上的储位和地面堆码的空间进行编号，要求编号的标志悬挂明显。
（3）准确读出仓库内的温湿度计，填写温湿度记录表，并针对仓库内的温湿度再结合储存货物的温湿度要求进行相应的温湿度控制。
（4）制作仓库平面布局图、温湿度检测记录表、在库巡查记录表、出库复查表等相关单证。
（5）入库物资采用气相防锈纸包装后，外层使用塑料袋进行保管。
（6）做好仓库防虫害、防霉腐、防锈、安全、卫生等工作。

实训考核

实训考核表见表2-17。

表2-17　实训考核表

考核人			
考核地点			
考核内容	仓库保管作业		
考核标准	具体内容	分值/分	实际得分
	工作态度	10	
	沟通水平	10	
	仓库分区分类作业	10	
	货架及地垛编号作业	10	
	相关单证缮制	20	
	入库防锈包装	10	
	仓库防虫害、防霉腐、安全、卫生	10	
	特种货物保管作业	10	
	实训结束前的工作	10	
合　　计		100	

能力自测

知识能力自测

（1）简述仓库保管作业的流程。
（2）简述储存作业的基本技术与方法。
（3）简述商品养护的主要内容与方法。
（4）如何进行仓库温湿度的管理？
（5）简述危险品仓库的管理方法。

（6）危险品仓储的基本要求有哪些？
（7）冷藏库商品的储存应注意哪些问题？
（8）粮食储存有哪些特性？针对这些特性应采取哪些措施？

双创能力自测

在一座城堡里曾经关着一群人，传说他们是因为受到了诅咒而被关到这个与世隔绝的地方。他们找不到任何方式求救，既没有粮食也没有水，于是越来越绝望。他们没有想到这是神对他们的考验。这群人中，A 第一个得到神的托梦。神告诉他在这个城堡里除了他们待的那间阴暗的房间以外，其他的 25 个房间里，有一个房间里有一些蜂蜜和水，而另外的 24 个房间里有石头，其中有 240 块玫瑰灵石。如果收集到这 240 块灵石，并把它们排成一个圆圈，就能解除咒语，他们就能逃离城堡。第二天，A 迫不及待地把这个梦告诉了其他 6 个伙伴，但其中 4 个人都不相信，只有 B 和 C 愿意和他一起努力尝试。开始的几天，A 想先找灵石，尽快解除咒语；B 想先去找些木材生火，这样既能取暖又能让房间有光；C 想先找蜂蜜和水，这样能解决饥渴问题。3 个人无法统一意见，于是各行其是，但几天下来大家都没有收获，而且都筋疲力尽，更被其他 4 个人嘲笑。但是，3 个人没有放弃，他们意识到应该团结起来，决定先找火种再找吃的，最后一起找灵石。这个办法很灵验，3 个人很快在第 2 个房间找到了大量的蜂蜜和水……

思考：面对不同的意见，你能否学会妥协，并团结伙伴完成任务？

行动四　仓库盘点作业

【思维导图】

【盘点作业流程】

仓库盘点作业流程：盘点准备、确定盘点程序与方法、确定盘点人员、清理盘点现场、实施盘点、盘点异常分析与处理

仓库盘点作业操作：盘点准备（盘点人员编组、盘点工具准备）、方法选择（定期盘点、循环盘点）、盘点作业、盘点总结与异常处理

【学习目标】

（1）熟悉仓库盘点员的工作流程及储存商品的基础知识。
（2）通过盘点准备工作、盘点程序和方法、盘点人员培训、清理盘点现场、盘点作业、盘点后工作等掌握盘点作业操作。
（3）掌握相关盘点单据的缮制。

【学习导入】

1. 存货盘点作业流程

（1）门市重点工作：盘点编组分为盘点人、填表人、核对人→确定门市货架编号、整理盘存装置→在空白表上填写门市库存和仓库库存商品编号→盘点人、填表人、核对人、检查人的盘存训练→盘点实际作业→人工计算盘点金额→盘点结果核对。

（2）计算机中心重点工作：输入门市、仓库、库存商品编号→打印盘存表（内含商品名称及商品编号）→输入盘存资料→核计盘存金额及核算盘存损益。

2. 盘点的组织及工作分配

盘点的组织工作由人事科配合各部门的需求来进行，分为填表人、盘点人、核对人、抽查员。在编组时，要衡量工作的分量，尽量让每一组的盘存数量相当，也就是工作尽量安排平均，这样才可以控制盘点存货时间。

盘点工作分配完毕后，企业内部应进行短期的盘存训练，由人力资源部选派有盘点经验的同事或管理人员做训练的工作，最好让填表人、盘点人、核对人、抽查员有模拟工作的机会。

3. 填表人、盘点人的工作职责

（1）填表人拿起盘存表后，应注意是否有重叠。

（2）填表人和盘点人分别在盘存表上签名。

（3）填表人盘点时，必须先核对货架编号。

（4）填表人应复诵盘点人所念的各项名称及数量。

（5）填表人预先填写的内容的顺序为：商品编号→商品名称→单位→金额→数量。

（6）填表人对于某些内容已预先填写的盘存表，应获得货号、品名、单位、金额等核对无误后，再将盘点人所获得的数量填入盘存表。

（7）填表人应按照季节代号的数量，分别填入各季节代号栏内。

（8）如果预先填写的商品盘点时已无存货，则在本季栏内填"0"。

（9）盘存表只可填写到指定的行数，空余行数以留作更正用。

（10）盘存表的填写未超过指定行数时，如当中某一行有错应划去，重新写于最后一行的次一行。

（11）填表人填写的数字必须正确清楚，绝对不可涂改。

（12）填表人对于写错须更正的行次，必须用直尺划去，并在审核栏写"更正第 × 行"。

 思考

（1）你认为盘点人员应该具备哪些素质？

（2）如果你是管理者，盘点前你会做哪些准备？

一、盘点准备工作

（一）编组盘点人员

进行盘点作业之前，根据盘点类别、盘点范围来编组盘点人员。至于盘点的类型，从时间上可分为定期盘点和临时盘点，从工作需要上可分为全面盘点和部分盘点。仓库盘点的对象主要是存货，包括原材料、半成品、在制品、产成品、包装物、低值易耗品等。仓库盘点人员的确定是指选定总盘人、主盘人、会点人、协点人和监点人。总盘人负责盘点工作的总指挥，督导盘点工作的进行，以及异常事项的裁决。主盘人负责实际盘点工作的实施。会点人由财务部门指派专人担任，负责数量点计。协点人由经营部门人员担任，负责盘点材料物品的搬运及整理工作。监点人由单位负责人派人担任，负责盘点过程的抽查监督。选定人员后，编制盘点人员编组表，报领导审批后实施。

（二）准备盘点工具

盘点时如果采用盘点机盘点，需检查盘点机是否正常运行；如果采用人工方式盘点，需要准备盘存单（表2-18）、盘点表（表2-19）、红色和蓝色圆珠笔等工具。

表2-18 盘存单

货物编号	货物名称	货物规格	单　位	账面数量	盘点数量	盘点人	复盘数量	复盘人

表 2-19　盘点表

盘点范围：　　　　盘点时间：　　　　年　　月　　日

责任人签字	盘点项目			数　　　量					
	品种	入库	出库	账面数量	实际盘点数	差量	批次	票号	出库率
备注说明									

主盘人：　　　　　　　盘点人：　　　　　　　会点人：

备注：第一联仓管联，第二联财务联。

二、选择盘点方法

盘点程序主要有仓库盘点的准备、仓库物资的清理、仓库盘点作业实施、盘点差异分析及盘点事后处理等工作程序。一般由盘点负责人确定盘点程序，并选择盘点方法。

（一）账面盘点法

账面盘点法又叫永续盘点法，把每天出入库货物数量及单价记录在计算机或账簿的存货账卡上，并连续地计算汇总出账面上的库存结余数量及库存金额，这样随时可以从计算机或账册上查悉货物的出入库信息及库存结余量。

（二）实物盘点法

实物盘点法是实地去库内清点数量，再依货物单价计算出实际库存金额的方法。实物盘点法又分为定期盘点法和循环盘点法两种。

1. 定期盘点法

定期盘点法选择固定时间，对所有物资加以全面盘点。定期盘点根据企业的情况不同来确定，一般是每半年或一年进行一次。定期盘点因采用的盘点工具不同而有 3 种类型：盘点单盘点法、盘点签盘点法、货架签盘点法。盘点单盘点法是以货物盘点单汇总记录盘点结果的方法；盘点签盘点法是将一种特别设计的盘点签，盘点后贴在实物上，经复盘人复核后撕下的方法；货架签盘点法是以原有货架的货架作为盘点记录工具，不必设计专门盘点标签，盘点计数人员盘点完毕后将盘点数量写在货卡上的方法。

2. 循环盘点法

循环盘点法将物资逐区、逐类、分批、分期、分库连续盘点。一般来说，对价值高或重要的货物盘点的次数较多，监督也更严密，对价值低或不重要的货物盘点的次数较少。循环盘点法可细分为 3 种类型：分区轮盘法、分批分堆盘点法、最低存量盘点法。分区轮盘法是由盘点专业人员将仓库分为若干区，依序盘点货物存量，在一定周期后周而复始的方法；分批分堆盘点法是准备一张发料记录放置于透明塑料胶带内，拴在某批收料包装上，一旦发料，立即在记录签上记录并将领料单副本存在透明塑料袋内，盘点时对未动用的包装件不做盘点并承认其存量毫无误差，对动用的存量进行盘点的方法；最低存量盘点法是当库存货物达到最低存量或订购点，即通知盘点专业人员清点仓库，盘点后开出对账单，以便核查误差的方法。

> **课堂讨论**
>
> 定期盘点法和循环盘点法有哪些不同？

三、盘点工作内容

（一）月度盘点的工作内容

月度盘点是指每月工作结束时进行的账务检查和确认，其目的是对当月的工作结果进行一次全面检查，以便及时发现并纠正问题。与月度盘点类似的，还有周盘点、旬盘点、季度盘点等，这些盘点的性质基本相同，只是盘点的周期不同而已。

月度盘点的工作内容如下：
（1）账务数量的盘查。
（2）包装状态的检查。
（3）环境质量状态的检查。
（4）安全、放置状态的查验。

（二）年度盘点的工作内容

年度盘点是指每年工作结束时进行的账务检查和确认，其目的是对本年度的仓库管理工作进行一次全面检查，以便及时发现并纠正问题。

年度盘点的工作内容如下：
（1）库存物料总账及数量的盘查。
（2）包装状态的检验。
（3）环境质量状态的查验。
（4）物料安全存入状态的查验。
（5）盘点结果的分析与工作评价。
（6）提出盘点工作改进措施。

> **课堂思考**
>
> 如果在盘点中发现货物存放位置不对，那么后续需要做哪种作业？

四、培训盘点人员

为保证盘点工作的顺利进行，在盘点工作开始前，要对相关人员进行盘点知识培训，尤其是对货物认识不足的复盘人与监盘人要进行知识培训。盘点培训的内容主要从盘点货物的相关知识、盘点技术两个方面进行，见表2-20。

表 2-20　盘点培训的内容

培 训 项 目		培 训 内 容
盘点货物的相关知识		（1）盘点现场基本情况； （2）盘点商品的基本知识
盘点技术	盘点表的使用	（1）盘点表的领取与回收； （2）盘点表记录与书写规范； （3）签字确认； （4）其他
	盘点操作	（1）盘点过程注意事项； （2）盘点范围； （3）盘点点数技巧； （4）初盘、复盘、抽盘的相关规定； （5）其他

五、清理盘点现场

盘点之前仓库物资的清理工作主要包括对所保管的物资进行整理，最好按照"5S"活动中的整理、整顿来进行，做到货垛、货架整齐有序。对尚未办理入库手续、不在盘点之列的货物予以标明；对已经办理出库手续的物资要全部搬出；对损失变质的物资进行标记以示区别；对已认定为呆滞物资的要单独设库、单独保管、单独盘点。

六、盘点作业实施

仓库盘点作业实施首先从实物盘点开始。盘点实物可分库、分区、分类、分组进行，责任到人。常用的方法是对实物进行点数、过磅或检尺，以确定实际储存的数量。对实物盘点后，将初盘的结果填入盘存单，并由初盘人签字确认；复盘人对实物进行核对盘点后，将实际盘点数量填入盘存单，在表上签字确认后结束点数作业。仓库盘点作业实施的流程具体如下：

（1）设置盘点工作办公室。盘点工作办公室一般由总盘人负责，具体的工作由主盘人执行。办公室主要负责发放盘点表、准备盘点工具、核实盘点表是否符合规定及协调盘点相关事宜。

（2）人员报到明确任务，领取盘点单。参加盘点人员前往办公室签字报到，明确本次盘点的任务和完成时间，领取盘点资料和工具。

（3）盘点进行。发完盘点资料和工具，盘点人对仓库商品按照盘点方法和程序进行实物点数，并做好记录。

（4）监盘人抽点。监盘人对盘点的品项进行检查，检查有问题的必须重新盘点。

（5）回收盘点单。所有完成的盘点单，经过盘点人员审核后，完成所有手续后，汇总到盘点办公室。

七、填写盘点表

（1）填表人员拿起盘点表后，应注意是否重复。

（2）填表人员和盘点人员分别在表上签字。
（3）盘点时，应先核对货架编号。
（4）填表人员应复诵盘点人员所念的各项物资名称及数量。
（5）对于预先填表错误更正重新写在下一行即可，同样应在审核栏写"更正第 × 行"。
（6）对于写错需更正的行次，必须用直尺划去，并在审核栏写"更正第 × 行"，然后请监盘人签名在更正的行次即可。

八、盘点总结与异常处理

（一）盘点差异分析

实际盘点结果与账面结果相核对，若发现账物不一致，则应积极查明账物差异的原因。差异的原因追查可从以下事项着手：
（1）是否因记账员素质不足，致使货品数目不正确。
（2）是否因料账处理制度的缺点，致使货品数目不正确。
（3）是否因盘点制度的缺点导致货账不符。
（4）盘点所得的数据与账簿的资料，差异是否在容许误差内。
（5）盘点人员是否尽责，或盘点人员事先培训工作不彻底造成错误的现象。
（6）是否产生漏盘、重盘、错盘等情况。
（7）盘点的差异是否可事先预防，是否可以降低料账差异的程度。

（二）盘点盈亏汇总表

盘点表全部收回并进行汇总，然后计算盘点结果，编制盘点盈亏汇总表（表2-21）。盘点盈亏汇总表中应计算出盘亏、盘盈数量，找出差异原因，并提出改善建议。

表 2-21　盘点盈亏汇总表

品名	规格	账面资料		实盘资料		盘　盈		盘　亏		差异原因	对策
		数量	金额	数量	金额	数量	金额	数量	金额		

备注：第一联仓管联，第二联财务联。

（三）调整库存盈亏

经盘点后，若发现账载错误，如漏记、记错、算错、未结账或账记不清，有关人员应按照财务规章进行处理。盘点盈亏汇总表报相关领导审批后形成意见，财务和仓储部门根据审批意见进行库存盈亏调整。

应用案例

某药业公司实施的 ABC 库存循环盘点制度的目的是保证公司财产安全，为公司决策提供真实数据。该公司通过盘点检查，监督按批号出入库。

该公司根据 ABC 库存分析，对产品（5600 个品种）进行分类，每季部分调整。其具体分类方式如下：

（1）A 类定为 600 个品种，销售金额占 70% 以上，50 个品种/排。每周二、周四、周六固定盘点，下班前上交盘点数据，结账后保存结存数据；第二天录入统计差异，交库管员找到差异原因；第三天盘点时还出现差异，上报分拣中心部长处理。

（2）B 类定为 1100 个品种，销售金额占 20% 以下，90 个品种/每排。每周六固定盘点；第二天录入统计差异；每周一将 1700 个品种（品种占 30%，销售金额占 90% 以上）、150 个品种/排的盘点结果上报分拣中心部长备案。

（3）C 类为余下品种，共 3900 个品种，销售金额占 10% 以下，320 个品种/每排。每季度循环盘点，并进行三等分，1300 个品种/每月，110 个品种/每排每月；每月末为结账日，共盘点 3000 个品种，260 个品种/每排每月，每季度完成一次循环盘点。

每周由公司财务和开票员、验收员负责按 2% 的品种安排抽盘，分拣中心协助盘点，每年完成一次循环，达到以上人员熟悉公司产品、监控公司资产的目的。每半年由公司组织相关部门对分拣中心进行大盘点，检查公司财产的安全情况。当月发生的报损报溢，在盘点前由分拣中心申请，财务部审核，人事部奖惩，计算机部调账，确保账实相符，实物与系统库存数据一致，销售采购工作进行顺畅。分拣中心建立差异台账，登记出现的差异、差异处理结果、奖惩结果。每周二由网络中心负责在系统上调整差异。

该公司的盘点要求是：按货位和按批号盘点；准确无遗漏。

案例思考

ABC 库存循环盘点制度的特点有哪些？

实训项目

实训目的

前往校内超市或校外实训基地，担任盘点员进行实训，学会仓库盘点作业流程，掌握仓库盘点作业操作及相关单证的填制。

实训准备

（1）了解超市或仓库盘点流程及相关知识。
（2）准备盘点单、盘点工具、红色和蓝色笔等。
（3）将全班学生分成若干组，每组设盘点员 5 人。
（4）实训安排 4 学时。

实训实施

（1）盘点工作编组，进行任务分工。
（2）盘点前准备工作，主要确定盘点方法和程序，准备盘点资料，以及确定盘点人员。
（3）进行盘点现场的清理工作。
（4）仓库盘点作业的实施。
（5）盘点单的填写。
（6）盘点单汇总统计分析工作。

实训考核

实训考核表见表 2-22。

表 2-22 实训考核表

考核人		被考核人	
考核地点			
考核内容	仓库盘点作业		
考核标准	具体内容	分值/分	实际得分
	工作态度	10	
	沟通水平	10	
	盘点人员编组	10	
	盘点准备工作	10	
	盘点现场清理	10	
	盘点作业实施	30	
	盘点单填写	10	
	盘点汇总统计分析工作	10	
合　　计		100	

能力自测

知识能力自测

（1）简述盘点的原则。
（2）简述盘点作业的流程。
（3）简述盘点的程序和方法。

双创能力自测

有人将几只蜜蜂和同样数量的苍蝇装进一个玻璃瓶中，瓶子平放，瓶底朝着窗户。他发现，蜜蜂不停地想在瓶底找到出口，直到倒毙或饿死；而苍蝇则乱飞不到 2min 就从另一端的瓶口逃逸一空。蜜蜂以为求生的出口必然在光线最明亮的地方，所以它们不停地重复这种"合乎逻辑"的行动。对蜜蜂来说，玻璃是一种超乎自然的神秘之物，好像一层透明但不可穿透的大气层，这种奇怪的障碍显得无法接受和不可理解。事实上，正因迷信自己的"智力"，蜜蜂才被困死。那些苍蝇则对事物的逻辑毫不在意，全然不顾亮光的吸引而四下乱飞，结果误打误撞找到了出口。一些头脑简单者总是在智者消亡的地方顺利得救，苍蝇发现瓶口绝非偶然，因此获得自由和新生。

思考： 面对超出经验的新事物，你是否执着于以往的经验？

行动五　仓库出库作业

【思维导图】

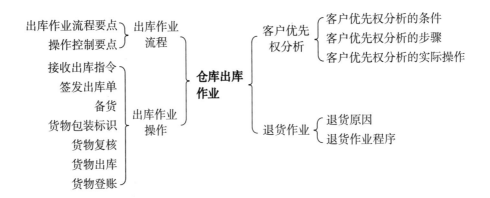

【学习目标】

（1）能根据客户往来信息分析客户优先等级。
（2）了解仓库出库作业流程，并掌握出库环节的控制要点。
（3）能进行接收出库指令、签发出库单、备货、货物包装标识、货物复核等相关操作。
（4）了解仓库退货作业的原因和程序。

【学习导入】

某家电制造商是一家以家电业为主，涉足房产、物流等领域的大型综合性现代化企业集团。该集团将物流的仓库业务整体外包给其下属的专业化物流公司进行运营。

在物流公司接到客户的销售订单，经过审核确认之后，由销售部门将发货通知单发给仓库，仓库马上就进行备货作业。客户拿着提货单到仓库去提货，仓库管理人员核对后，在信息系统中进行换单操作，然后把备好的货物出库交接后提交给客户。

思考
（1）该物流公司是如何进行出库操作的？
（2）该物流公司的出库操作中有没有可以改进的地方？

一、出库作业流程

出库作业流程如图2.4所示。

【出库作业流程】

出库作业流程具体内容如下：

（1）接收出库指令。仓库人员收到销售部门发来的发货通知单，仓库人员对发货通知单的时间、签名是否完整、正确性进行复核。

（2）签出库单。仓库主管收到发货单后，审核发货单填写是否符合标准、发货手续是否齐全，然后签发出库单。

（3）备货。出库人员核对出库单，进行备货。

（4）货物包装标识。在备好货后，出库人员将货物按照装运的需要进行包装，并在明显处添加标识。

（5）货物复核。为避免备货出错，出库人员对已备好待运货物进行复核。

（6）货物出库。出库人员和提货人再次复核，复核无误后，办理相应的货物交接手续，出库人员和提货人均在发货单上签名核实。

（7）货物登账。出库人员在出库完毕后，在出入库台账上对出库货物进行登账处理。

二、客户优先权分析

（一）客户优先权分析的步骤

当多个客户针对某一货物的要货量大于该货物库存量时，应对客户进行优先等级划分以确定各自的分配量。

（1）根据客户的要货量和货物库存量，确定是否存在缺货现象。如果缺货，不能给所有客户配送商品，我们需要进行客户优先权分析，判断优先配送的客户；如果不缺货，则不需要进行客户优先权分析。

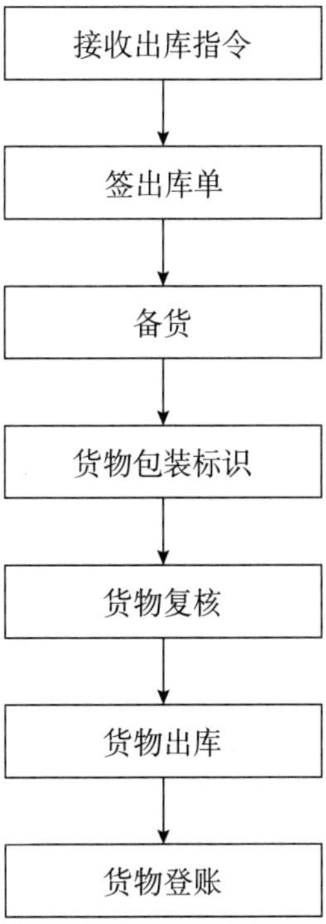

（2）查阅有效订单客户的档案信息，选取能够反映客户状况的信息如客户类型、客户级别、忠诚度、满意度等指标。

（3）对选取的各项指标进行赋值，如果企业有规定的按照规定赋值；没有明确说明的，可以按照标准赋值。

客户类型可分为：母公司、伙伴型、重点型、普通型、一般型，分别赋值5、4、3、2、1

客户级别可分为：A、B、C，分别赋值3、2、1

忠诚度可分为：高、较高、一般、较低、低，分别赋值2、1、0、-1、-2

满意度可分为：高、较高、一般、较低、低，分别赋值2、1、0、-1、-2

对选取的各种指标根据指标对企业的重要性赋予权重，如果有规定的按照规定赋予权重；没有明确说明，可以按照标准赋予权重。

客户类型：0.4
客户级别：0.3
忠诚度：0.2
满意度：0.1

（4）计算各个客户的总得分，并按照得分的高低排序。

（二）客户优先权分析操作

（1）根据客户订单信息查找各种货物的订货数量，根据入库任务单和货架存储信息表查找各种货物的库存量信息，确定是否缺货，然后将查找到的信息填入库存分配表（表2-22）。

图2.4 出库作业流程

表 2-22 库存分配表

序号	商品名称	单位	客户名称 甲公司	客户名称 乙公司	客户名称 丙公司	订货数量	库存数量	结余	缺货数量
1	幸福方便面	箱	5			5	10	5	0
2	可乐年糕	箱	2	3	2	7	6	−1	1
3	诚诚油炸花生仁	箱	1			1	13	12	0
4	顺心奶嘴	箱		10		10	27	17	0
5	梦阳奶粉	箱		2		2	26	24	0
6	婴儿湿巾	箱			7	7	27	20	0
7	隆达葡萄籽油	箱			2	2	8	6	0

分析结果：因可乐年糕缺货 1 箱，故需要进行客户优先权分析。

（2）查阅有效订单客户的档案信息，选取客户类型、客户级别、忠诚度、满意度 4 项指标，将信息填入客户信息表（表 2-23）。

表 2-23 客户信息表

分析指标 客户名称	客户类型	客户级别	忠诚度	满意度
甲公司	伙伴型	A	高	高
乙公司	重点型	A	高	较高
丙公司	重点型	B	较高	高

（3）给各项指标赋值，给各项指标赋予权重，参见相关标准。
（4）计算分析，将分析的结果填入客户优先权分析表（表 2-24）。

表 2-24 客户优先权分析表

分析指标 客户名称	客户类型 （0.4）	客户级别 （0.3）	忠诚度 （0.2）	满意度 （0.1）	分析得分
甲公司	3	3	2	2	2.7
乙公司	2	3	2	1	2.2
丙公司	2	2	1	2	1.8

注：总分 = ∑各项得分 × 各项权重

（5）按照得分从高到低排序，客户优先级别为：甲公司、乙公司、丙公司。

三、出库作业操作

（一）接收出库指令

销售部门接收到客户订单，要求出货。销售人员对客户发送的订货单的时间、印章和签名是否完整、正确性进行审核，审核通过后签发货单（表2-25）。销售部门制作发货通知单（表2-26）给仓库，仓库部门收到发货通知单后对其准确性、签名进行复核，复核通过后，准备客户的货物出库。

表2-25 发货单

编　　号：
客户名称：　　　　　　　　　　　　　　发货日期：
发货仓库：　　　　　　　　　　　　　　仓库地址：

货　号	品名	规格	牌号	国别及产地	包装及件数	单位	数量	单价	总价	金额
危险品标志章				运费			包装押金			
				金额（大写）　佰　拾　万　仟　佰　拾　元　角　分（小写）¥：						

审核：　　　　　　　　　制单：
注：本单一式三联，第一联销售部门，第二联财务部门，第三联客户。

表2-26 发货通知单

通知单号：
客　　户：　　　　　　　　　　　　　　发货日期：

货号	品名	规格	牌号	单位	数量	说　明
						□销货 □样品 □检验 □其他

审核：　　　　　　　　　制单：

> **课堂思考**
> 订货单要审核什么？在审核中可能出现哪些问题？这些问题应该如何处理？

（二）签发出库单

客户拿着销售部门签发给客户的发货单（俗称提货单）到仓库提货。仓库部门将审核发货单的准确性、完整性及真实性。审核通过后，收回提货单，签发出库单（表2-27）。

表 2-27　出库单

提货单位：　　　　　出库日期：　　年　月　日　　　　出货仓库：

产品编号	品名	规格	单位	批次	储位	计划数量	实发数量
备注							

审批：　　　　　　　　提货人：　　　　　　　　仓管员：

注：本单一式三联，第一联仓库联，第二联财务联，第三联提货人。

（三）备货

出库凭证经复核无误后，出库管理人员按其所列的项目内容和凭证批注，与编号货位进行核对，核实后核销"物资明细卡"上的存量，按规定的批次备货。

（1）拣货。按照出库单所列货物的储位，找到该货位，按规定要求和先进先出的原则将货物拣选出来。

（2）销卡。在物资出库时，应先销卡后出货。

（3）核对。按照货位找到相应的货物后，出库管理人员要"以表对卡，以卡对货"，进行账、卡、物的核对。

（4）点数。出库管理人员要仔细清点出库物资的数量，防止出现差错。

（5）搬运。将要出库的货物预先搬运到指定的备运区，以便能及时装运。

（四）货物包装标志

仓库理货人员要清理原包装、清除积尘、沾污。对原包装已残损的，要更换包装。为方便收货方的收转，理货员要在应发物资的外包装注明收货方的简称。置唛在物资外包装的两侧，字迹应清楚，不错不漏。还要注意粘贴标签，必须牢固，便于物流的周转。

知识拓展

包装在物流中的作用

1. 保护商品

保护商品不受外界影响和损伤是包装的首要功能，主要体现在：

（1）防止商品破损变形。

（2）防止商品发生化学变化，如生锈、老化、发霉等。

2. 方便流通

（1）方便储存。在包装的规格、质量、形态上适合仓储作业，便于识别、存取、盘点、验收及分类等作业。

（2）方便装卸搬运。适宜的包装便于装卸搬运，便于使用的装卸搬运机械提高效率。标准的包装为集合包装提供了条件，并且能够大大提高装载能力。

（3）方便运输。包装的形状、规格、质量与物品运输关系密切，尺寸与运输车辆、船、飞机等运输工具的容积相吻合，可以提高装载能力及运输效率。

（五）货物复核

出库复核人员按照出库凭证上所列的项目，对在备运区待出库的货物品名、规格、数量进行再次核对，以保证物资出库的准确性。复核查对的具体内容如下：

（1）对备运区分堆的物资进行单货核对，核对工作必须逐车、逐批次地进行，以确保单货数量、流向等完全相符。

（2）检查待运区货物的包装是否符合运输及客户的要求。

（3）检查怕震、怕潮的物资，看衬垫是否稳妥，密封是否严密。

> **课堂思考**
> 货物要复核什么？在复核中可能出现哪些问题？这些问题应该如何处理？

（六）货物出库

（1）提货人到仓库提货。提货人到仓库提货，仓库管理人员会同提货人共同验货，逐件清点，经复核无误后，将物资交给提货人。提货人清点无误后，提货人和仓库管理人员共同在出库单上签字完成出库的工作。

（2）仓库负责送货。仓库负责给客户送货的，装车的工作由仓库部门负责，装车前仓库管理人员应对车厢进行清扫和必要的铺垫，督促装车人员妥善装车。装车完毕，会同提货人签署出库单证、送货单，交付随货单证和资料，办理货物交接。

（七）货物登账

货物全部出库完毕，仓库应及时将货物从仓储保管账上核销，以便仓库做到账、卡、物相一致，并将留存的提货单证、送货单、记录、文件等汇总整理归档。

四、退货作业

（一）商品退货的原因

商品退货是指仓库按订单或合同将货物发出后，由于某种原因，客户将商品退回仓库。通常发生退货或换货的原因主要有以下几个方面：

（1）协议退货。与仓库订有特别协议的季节性商品、试销商品、代销商品等，协议期满后，对于剩余商品仓库予以退回。

（2）有质量问题的退货。对于不符合质量要求的商品，接收单位提出退货，仓库也将予以退换。

（3）搬运途中损坏退货。商品在搬运过程中造成产品包装破损或污染，仓库将予以退回。

（4）商品过期退回。食品及有保质期的商品在送达接收单位时或销售过程中超过商品的有效保质期，仓库予以退回。

（5）商品送错退回。送达客户的商品不是订单所要求的商品，如商品条码、品项、规格、重量、数量等与订单不符，都必须退回。

（二）退货作业的程序

1. 接受退货

仓库接受退货要有规范的程序与标准，如什么样的货品可以退、由哪个部门来决定、信息如何传递等。

仓库的业务部门接到客户传来的退货信息后，要尽快将退货信息传递给相关部门，运输部门安排取回货品的时间和路线，仓库人员做好接收准备，质量管理部门人员确认退货的原因。

在一般情况下，退货由送货车带回，直接入库。而批量较大的退货，要经过审批程序。

2. 重新入库

对于客户退回的商品，仓库的业务部门要进行初步的审核。由于质量原因产生的退货，要放在为堆放不良品而准备的区域，以免和正常商品混淆。退货商品要进行严格的重新入库登记，及时输入企业的信息系统，核销客户应收账款，并将退货信息通知给商品的供应商。

3. 财务结算

退货发生后，给整个供应系统造成的影响是非常大的，如对客户端的影响、仓库在退货过程中发生的各种费用、商品供应商要承担相应货品的成本等。

如果客户已经支付了商品费用，财务要将相应的费用退给客户。同时，由于销货和退货的时间不同，同一货物价格可能出现差异，同质不同价、同款不同价的问题时有发生，故仓库的财务部门在退货发生时要进行退回商品货款的估价，将退货商品的数量、销货时的商品单价及退货时的商品单价信息输入企业的信息系统，并依据销货退回单办理扣款业务。

4. 跟踪处理

退货发生时，要跟踪处理客户提出的意见，要统计退货发生的各种费用，要通知供应商退货的原因并退回生产地或履行销毁程序。退货发生后，先要处理客户端提出的意见。由于退货所产生的商品短缺、对质量不满意等客户端的问题是业务部门要重点解决的，退货所产生的物流费用比正常送货高得多，所以要认真统计、及时总结，将信息反馈给相应的管理部门，以便制定改进措施。退货仓库的商品要及时通知供应商，退货的所有信息要传递给供应商，如退货原因、时间、数量、批号、费用、存放地点等，以便供应商能将退货商品取回，并采取改进措施。

课堂讨论

如何做好退货作业？

应用案例

为了帮助消费者处理不同的退货，曼哈顿合伙企业（美国亚特兰大一家供应链提供商）与其他的软件提供商设计了新的解决方案。大多数企业都有自己处理退货的方案，并遵循许多供应商规则，但是这些方案都不简单。其实每一家企业都会有自己的退货产品处理政策，只是由于每一家企业的政策不同，加上操作人员对政策不熟悉，导致退货产品处理政策指南只能束之高阁，无人问津。因此，曼哈顿合伙企业的一个目标就是要使退货政策深入人心。

曼哈顿合伙企业的"退回供应商"模型能够把所有供应商退货管理的政策纳入计划。例如，一家DVD制造商要求每次退回的DVD数量为20件，那就意味着企业必须搁置19件，直到第20件到来才能处理。然而，曼哈顿合伙企业的"退回供应商"模型可以自动生成一个拣选票据，并且能够把票据传给仓储管理系统，这样就可以避免退货管理中经常出现的问题。

此外，曼哈顿合伙企业的退货政策还具有"守门"功能，可以防止不符合条件的产品的退回。例如，一家制造商可能与一家批发商签订协议，不管是否存在质量问题，都只允许一定比例的退货。在这种情况下，企业就必须实时掌握退货的数量。一些企业只允许批发商每季进行一次退货，还有一些企业的退货数量只与产品的生命周期有关……不管哪种情况，都涉及"守门"功能。曼哈顿合伙企业按照退货处理政策，以关系、产品或环境为基础，动态地解决各种问题，让企业自主决策。

（资料来源：http://info.service.hc360.com/2006/06/22102332085.shtml，有改动）

案例思考

（1）曼哈顿合伙企业的退货解决方案具有哪些功能？
（2）曼哈顿合伙企业的退货解决方案起到了什么作用？

PART 2 行动

实训项目

实训目的

通过模拟真实的仓库出库作业环境，学会仓库出库作业流程，并掌握仓库出库作业操作及仓库出库的单证缮制和审核。

实训准备

（1）了解仓库出库作业的相关知识。
（2）准备计算机 10 台、托盘 10 架、包装箱 10 个、胶水和纸，以及相关的出库单证（如送货单、出库单、货卡等）。
（3）将全班学生分成若干组，每组按照岗位设职员 5 名（提货人 1 名、物流企业代表 1 名、理货员 1 名、制单员 1 名、出库专员 1 名）。
（4）实训安排 4 学时。
（5）模拟工作环境，需要借用学校的仓库实训室、机房等场地。

实训准备

某计算机制造企业在某地设有加工厂 A，将成品仓库外包给外地一家物流公司 B。要求 B 公司为 A 工厂设计合理的出库流程，让学生充当 B 公司的职员对计算机的出库过程进行模拟操作。在仓库内共有 10 台计算机，型号为 X，规格为 48cm×46cm×52cm，存放在指定的保管区。现接到客户的订单，要出库 5 台计算机，要求出库专员完成以下工作任务：

（1）针对计算机的产品特点，制定合理的出库流程。
（2）出库前准备工作，做好出库指令收集传递、出库货物的堆放场所安排、设备和人力安排等工作。
（3）备货，理货员按出库单所列的项目内容和凭证批注要求，按先进先出的原则进行备货。
（4）出库包装，根据储运要求，在包装两侧置唛，包含客户收发信息。
（5）出库复核，按照出库凭证上所列的项目，对在备运区待出库的货物品名、规格、数量进行核对。
（6）出库交接与登记，出库专员制作出库单、货卡及物资库存日报表。

实训考核

实训考核表见表 2-28。

表 2-28 实训考核表

考核人		被考核人		
	考核地点			
	考核内容	仓库出库作业		
考核标准		具体内容	分值/分	实际得分
	出库前准备工作	合理制定计算机产品出库流程	10	
		模拟仓库的出库环境	10	
		安排出库货物的堆放场地	10	
		认真检查出库货物	10	
		妥善安排人力和机械设备	10	
		准备包装材料	10	
	出库作业	准备备货或理货	10	
		包装、置唛准确	10	
		认真核对出库凭证	10	
		认真复核和正确登账	10	
	合　　计		100	

能力自测

知识能力自测

一、单项选择题

（1）以下属于供应商单证的是（　　）。
A. 送货单　　　　　B. 运单　　　　　C. 原产地证明　　　　　D. 入库通知单

（2）货主为了方便业务开展或改变储存条件，需要将某批库存物品自某仓储企业的甲仓库移到该企业的乙仓库，这种发货形式是（　　）。
A. 过户　　　　　B. 送货　　　　　C. 自提　　　　　D. 转仓

（3）将存储或拣货区划分成几个区域，一张订单由各区人员采取前后接力方式共同完成的拣选方式是（　　）。
A. 单人拣选　　　　　B. 分区接力拣选　　　　　C. 分区汇总拣选　　　　　D. 批量拣选

（4）如果客户所需物品需要特殊的配送车辆（低温车、冷冻、冷藏车）或客户所在地需特殊类型车辆者，可汇总合并处理的批量拣选方式是（　　）。
A. 按拣选单位分批　　　　　B. 按配送区域/路径分批
C. 按流通加工需求分批　　　　　D. 按车辆需求分批

（5）适合订单拣选方式的是（　　）。
A. 种类不多　　　　　B. 客户稳定且客户数量较多
C. 品种共性要求较高　　　　　D. 配送时间要求不严格

（6）如果单品种较单一、批量大，则可以进行（　　）。
A. 定时分拣　　　　　B. 定量分拣　　　　　C. 批量分拣　　　　　D. 订单分拣

二、多项选择题

（1）仓库实行送货制具有许多好处，具体表现为（　　）。
A. 仓库可预先安排作业，缩短发货时间
B. 收货人可避免因人力、车辆等不便而发生的取货困难
C. 合理使用运输工具，减少运输费用
D. 既可向外地送货，也可向本地送货

（2）通常采取的退货方法有（　　）。
A. 运输单位赔偿　　　　　B. 无条件重新发货
C. 收取费用，重新发货　　　　　D. 重新发货或替代

（3）单一拣选结合分区策略，具体方式可以分为（　　）。
A. 单人拣选　　　　　B. 批量拣选
C. 分区接力拣选　　　　　D. 分区汇总拣选

（4）物品出库要做到的"三不"是指（　　）。
A. 未接单据翻账　　　　　B. 未经核对不入账
C. 未经审单不备货　　　　　D. 未经复核不出库

（5）常用的补货方式有（　　）。
A. 整箱补货　　　　　B. 托盘补货　　　　　C. 货位补货　　　　　D. 自动补货

三、简答题

（1）商品出库作业流程包括哪些环节？
（2）商品出库作业操作有哪些步骤？
（3）商品出库作业信息化操作的目的是什么？
（4）商品出库作业信息化操作有哪些内容？
（5）退货作业有哪些程序？

双创能力自测

有两个饥饿的人得到了一位长者的恩赐：一篓鱼和一根鱼竿。其中，一个人要了一篓鱼，另一个人要了一根鱼竿。之后，他们分道扬镳。得到鱼的人原地搭起篝火烤起了鱼，但他狼吞虎咽，还没有品出鲜鱼的香味，瞬间就连鱼带汤吃了个精光。不久，这人便饿死在空空的鱼篓旁。得到鱼竿的人则扛着鱼

竿继续忍饥挨饿，一步一步艰难地向海边走去，可当他已经看到不远处蔚蓝色的海洋时，浑身的最后一点力气也使完了。不久，这人只得带着遗憾撒手人寰。

后来，又有两个饥饿的人，同样得到了长者恩赐的一篓鱼和一根鱼竿。可是他们并没有各奔东西，而是商定共同去找寻大海，停下时每次只煮一条鱼。最终，他们经过遥远的跋涉，来到了海边。从此，他们开始捕鱼为生，几年后便盖起了房子。再后来，他们有了各自的家庭，有了自己建造的渔船，过上了稳定的生活。

思考：这个简单的道理你明白了吗？如果你遇到这种情况，你会如何选择？你能有更好的解决办法吗？

【自测习题】

任务二
运输与配送运作

行动一 运输方案设计与决策

【思维导图】

```
分析客户运输信息 ┐                          ┌ 多式联运概述
  运输方式选择   │          ┌ 多式联运    │ 多式联运组织要点
  运输工具选择   ├ 方案设计 ┤ 运输方案设计 ┤
  运输成本对比   │          │ 与决策       │ 多式联运合同
方案设计与决策要点 ┘          └ 多式联运组织 └ 多式联运单据
```

【学习目标】

（1）了解运输设计的基本任务。
（2）熟悉车辆运输作业计划编制的过程及运输工具的选择调度方法。
（3）掌握运输合理化考虑的因素及运输路线的编制方法。
（4）了解运输作业成本的构成。
（5）能够对运输作业中的各项成本进行核算和控制。
（6）了解多式联运的组织过程。

【学习导入】

某商贸公司郑州中心仓库向邯郸某供应商采购一批高档汽车坐垫，共计320箱。采购单见表2-29。

表2-29 采购单

采购单号：×××　　　　　　　　　　　　　　　　日期：2019年11月29日

序　号	商品名称	包装规格 （长×宽×高）/mm	单价/ （元/箱）	重量/ （千克/箱）	订购数量/箱
1	高档汽车坐垫	800×300×750	500	15	240

供应商要求郑州中心仓库自行组织车辆进行提货。相关信息见供应商、收货人信息表2-30。

表 2-30 供应商、收货人信息表

供应商	地址：河北省邯郸市邯山区××大街××号 联系人：张×× 电话：139××××××××
收货人	郑州市金水区××路××号 联系人：陈×× 电话：136××××××××
装货地点	河北省邯郸市邯山区××大街××号
卸货地点	郑州市金水区××路××号

思考
（1）该仓库应如何选择合适的运输方式？
（2）该仓库应如何合理地制订运输方案？

一、运输方案设计

（一）收集运输信息

根据"学习导入"资料，运输货物为高档汽车坐垫，属普通货物。货物总重量为 15×240=3600（kg），货物总体积为 0.8×0.3×0.75×240=43.2（m³）。

收集可能运输线路信息可知，郑州、邯郸之间有铁路、机场、高速公路、国道相连。其中，郑州到邯郸铁路里程约 250km，郑州到邯郸无机场直达航线，郑州到邯郸高速公路里程 260km、国道里程 280km。

（二）选择合理的运输方式

由于郑州和邯郸都属于内陆城市，不具备水运条件，且两地之间没有直达航班，故不能选择水路运输和航空运输。

两地之间铁路里程仅约 250km，低于铁路运输的经济里程。铁路运输组织中间环节较多，且商贸仓库和供应商都不在铁路站附近，故必须组织公路运输完成货物进出站，以便与铁路运输相衔接，耗时耗力，组织烦琐，也不宜采用铁路运输。

通过排除法，本次任务最适宜采取的方式就是公路运输，直接实现供应商和商贸公司仓库之间的直达运输。

（三）制订具体运输方案

采用公路运输，既可以外包运输公司进行上门取货，也可以安排公司自用车辆进行上门取货。

如果采用外包运输的方式，通过市场调查得知：邯郸到郑州的公路运输运费为 240 元/吨，货物送达时间为 24h，货物完好率 99%。其中，货物计费重量计算方法为：每立方米超过 333kg 的货物按照实际重量作为计费重量，每立方米不足 333kg 的货物按每立方米 333kg 折算，且计费重量吨以下保留一位小数。

如果安排商贸公司自己的车辆进行运输，则需要派车先从郑州总部出发到邯郸供应商处（空车），再从邯郸供应商处到某商贸公司郑州中心仓库（重驶）。某商贸公司可供选择的车辆有以下两种。

车型一：可用车辆数 3 辆。

车型为厢式货车，车厢容积 24m³，载重量 10t，高速公路行驶平均油耗 16 升/百千米，其他道路行驶平均油耗 20 升/百千米，燃油单价 6.5 元/升，司机平均日工资 240 元，高速公路过路费平均 1.5 元/千米，其他费用忽略不计。

车型二：可用车辆数 1 辆。

车型为厢式货车，车厢容积 50m³，载重量 25t，高速公路行驶平均油耗 32 升/百千米，其他道路行驶平均油耗 40 升/百千米，燃油单价 6.5 元/升，司机平均日工资 380 元，高速公路过路费平均 2 元/千米，其他费用忽略不计。

从货物总重量和总体积上判断，如果采用车型一需要 2 辆车，如果采用车型二需要 1 辆车。根据经验，考虑两地装卸搬运时间，从郑州到邯郸往返走高速公路需要 8h，走国道需要 12h。货物在两地间需要装卸，会产生装车费和卸车费，其中装车费 15 元/吨，卸车费 12 元/吨。

由此可见，可供选择的运输方案主要有两种，分别是外包车辆运输和自用车辆运输。其中，如选择自用车辆运输，可以选取车型一 2 辆运输，也可以选择车型二 1 辆车运输，在行进路线上可以选择高速公路和国道。

（四）运输成本对比

方案一：如果采用外包运输的方式，则有以下分析。

货物单箱重量为 15kg，货物单箱体积为 0.8×0.3×0.75=0.18m³，故货物每立方米的重量约为 83.3kg，货物属于轻泡货物。其计费重量应按照体积重量来折算，即每立方米计 333kg，货物总体积为 43.2m³，货物的计费重量及相关费用为

计费重量 = 货物总体积 × 333=43.2×333=14385.6（kg）≈ 14.4（t）

货物运费 = 单位运费 × 计费重量 =240×14.4=3456（元）

装车费 =15×14.4=216（元）

卸车费 =12×14.4=172.8（元）

总费用 = 货物运费 + 装车费 + 卸车费 =3456+216+172.8=3844.8（元）

方案二：如果采用自备车辆运输、走国道的方式，成本主要包括燃油费、司机工资、装车费、卸车费 4 项费用，则有以下分析。

（1）采用车型一，2 辆。

燃油费 = 油耗 × 往返距离 × 燃油价格 × 车辆数 =20×5.6×6.5×2=1456（元）（备注：往返距离采用的单位为"百千米"）

司机工资 = 司机日工资 × 车辆数 =240×2=480（元）

装车费 =15×14.4=216（元）

卸车费 =12×14.4=172.8（元）

总费用 = 燃油费 + 司机工资 + 装车费 + 卸车费 =1456+480+216+172.8=2324.8（元）

（2）采用车型二，1 辆。

燃油费 = 油耗 × 往返距离 × 燃油价格 × 车辆数 =40×5.6×6.5×1=1456（元）（备注：往返距离采用的单位为"百千米"）

司机工资 = 司机日工资 × 车辆数 =380×1=380（元）

装车费 =15×14.4=216（元）

卸车费 =12×14.4=172.8（元）

总费用 = 燃油费 + 司机工资 + 装车费 + 卸车费 =1456+380+216+172.8=2224.8（元）

方案三：如果采用自备车辆运输、走高速公路的方式，成本主要包括燃油费、司机工资、过路费、装车费、卸车费 5 项费用，则有以下分析。

（1）采用车型一，2辆。
燃油费 = 油耗 × 往返距离 × 燃油价格 × 车辆数 =16×5.2×6.5×2=1081.6（元）
司机工资 = 司机日工资 × 车辆数 =240×2=480（元）
过路费 = 过路费率 × 往返距离 × 车辆数 =1.5×520×2=1560（元）
装车费 =15×14.4=216（元）
卸车费 =12×14.4=172.8（元）
总费用 = 燃油费 + 司机工资 + 过路费 + 装车费 + 卸车 =1081.6+480+1560+216+172.8= 3510.4（元）

（2）采用车型二，1辆。
燃油费 = 油耗 × 往返距离 × 燃油价格 × 车辆数 =32×5.2×6.5×1=1081.6（元）
司机工资 = 司机日工资 × 车辆数 =380×1=380（元）
过路费 = 过路费率 × 往返距离 × 车辆数 =2×520×1=1040（元）
装车费 =15×14.4=216（元）
卸车费 =12×14.4=172.8（元）
总费用 = 燃油费 + 司机工资 + 过路费 + 装车费 + 卸车 =1081.6+380+1040+216+172.8= 2890.4（元）

显然，不管是方案二还是方案三，采用第二种车型1辆车完成运输任务，总成本都较低。

（五）运输方案的选择与确定

在选择具体运输方案时需要认真考虑客户的具体运输需求包括发货地和收货地的运输需求，通过经济性、迅速性、安全性和便利性4个方面的指标对运输活动进行综合评价。

（1）经济性（F_1）。经济性主要表现为费用的节省，即运输方案的总成本，方案成本越低，该项分值就越高。可以从方案中选择预期总成本最低值作为基准值，分别除以各种方案的预期成本，再乘以100，作为各个方案的经济性分值。

（2）迅速性（F_2）。迅速性是指货物从发货地到收货地所需要的时间，时间越少，该项分值就越高。同样，可以从运输方案中选择总时间最低值作为基准值，分别除以各个方案的预期时间，再乘以100，作为各个方案的迅速性分值。

（3）安全性（F_3）。安全性是指货物的完好程度，货物的完好率越高，该项分值就越高。可以以货物完好率的百分比数值作为该项分值。

（4）便利性（F_4）。一般情况下，便利性可以利用发货人到收货人两地之间的距离来表示，距离越近，便利性就越好。

可以根据公司偏好，赋予各项指标一个权重，即4个指标可以给出4个权重b_1、b_2、b_3、b_4，则可以按照加权算法给每一种方案计算综合评价分值，计算公式为

$$F = F_1 \times b_1 + F_2 \times b_2 + F_3 \times b_3 + F_4 \times b_4$$

式中：$b_1+b_2+b_3+b_4=1$。

从经济性上分析，3个方案中的总成本分别为3844.8元、2224.8元、2890.4元，其中方案二的总成本最小。以此为基准，给各个方案经济性的打分分别为57.87、100.00、76.97。

从迅速性上分析，3个方案的到货时间分别为24h、12h、8h，其中方案三的到货时间最短，为8h。以此为基准，给各个方案迅速性的打分分别为33.33、66.67、100.00。

从安全性上分析，外包运输货物的完好率为99%，自用车辆运输的服务质量更高，故给各个方案安全性的打分分别为99.00、100.00、100.00。

从便利性上分析，货物运输的距离近似，故给各个方案便利性的打分均为100.00。

假定 4 项指标的权重值均为 0.25，则 3 个项目的方案综合评分表见表 2-31。

表 2-31　方案综合评分表

方　案	经济性 0.25	迅速性 0.25	安全性 0.25	便利性 0.25	综合评价
方案一	57.87	33.33	99.00	100.00	72.55
方案二	100.00	66.67	100.00	100.00	91.67
方案三	76.97	100.00	100.00	100.00	94.24

通过综合评价分析，方案三综合评价值最高，故最佳运输方式为公路运输。该商贸企业可采用自用车辆，派出车型二 1 辆车，走高速公路完成本次运输任务，效果最好。

课堂思考

货物运输计划编制过程中需要考虑哪些因素？该商贸公司的车辆利用效率是否还有进一步提升的空间？

二、多式联运组织

（一）多式联运的定义

多式联合运输简称多式联运，是指从装运地到目的地的全程运输过程中包含两种以上的运输方式（海运、陆运、空运、内河运输等）。

1. 多式联运的基本特征

（1）必须订立多式联运合同。在多式联运中，多式联运经营人必须与托运人订立多式联运合同。所谓多式联运合同，是指多式联运经营人凭其收取全程运费，使用两种或两种以上不同运输工具，负责组织完成货物全程运输的合同。在分段联运中，托运人必须与不同运输区段承运人分别订立不同合同，而在多式联运中，无论实际运输有几个区段，也无论有几种不同运输方式，均只需要订立一份合同——多式联运合同。

（2）多式联运经营人对全程运输负责。按照多式联运合同，多式联运经营人必须从接货地至交货地的全程运输负责，货物在全程运输中的任何实际运输区段的损失及延误交付，均由多式联运经营人以本人身份直接负责赔偿，尽管多式联运经营人可向事故实际区段承运人追偿，但这并不能改变多式联运经营人作为多式联运合同当事人的身份。

（3）必须使用两种或两种以上不同运输方式组成的连贯运输。多式联运是至少两种不同运输方式的连贯运输，如海—铁、海—公、海—空等联运。因此，判断一个联运是否为多式联运，不同运输方式的组成是一个重要因素。

（4）全程运输必须签发多式联运单据。多式联运经营人作为多式联运的总负责人，在接管货物后必须签发多式联运单据，从发货地直至收货地，一单到底，发货人凭多式联运单据向银行结汇，收货人凭多式联运单据向多式联运经营人或其代理人提领货物。

（5）必须是单一的运费率。海运、铁路、公路及航空各种单一运输方式的成本不同，因而其运费率也不同。在多式联运中，尽管组成多式联运的各运输区段运费率不同，但托运人与多式联运经营人订立的多式联运全程的运费率是单一的，即以一种运费率结算从接货地至交货地的全程运输费用，从而大大简化和方便了货物运费计算。

2. 多式联运的优越性

多式联运的优越性主要体现在方便货主和提高货运质量，这也是多式联运应用广泛的根本原因。

（1）手续简便。在多式联运方式下，无论货物运输距离有多远，无论使用几种不同运输方式，也无论全程运输途中经过多少次不同运输方式之间的转换，从发货地直至交货地所有一切运输事宜，都由多式联运经营人负责办理，而货主只要一次托运、一次付费、一次投保，便可凭多式联运单据向银行结汇，收货人可凭多式联运单据向多式联运经营人或其代理人提领货物，与传统的分段联运相比，这种简便的手续极大地方便了货主。

（2）安全可靠。多式联运是在集装箱运输基础上发展起来的一种现代化运输组织方式。多式联运绝大多数以集装箱运输为主体，货物虽然经过长途运输和多次装卸转运，但都不需要拆箱、倒装和换装，从接货地直至交货地，货物一直被密封在坚固的集装箱内，从而使得货损、货差、失盗现象大大减少。同时，由于有多式联运经营人对全程运输负责，可减少全程运输中的中间环节和等待时间，提高全程货运的速度，从而安全可靠地完成全程运输。

（3）统一理赔。在分段联运方式下，由于各区段承运人只对本区段运输负责，所以一旦发生货损货差，货主必须向参加联运的一个或几个承运人索赔。而在多式联运方式下，无论货损货差发生在哪一运输区段，甚至是无法确认事故区段的隐藏损害，均由多式联运经营人负责统一理赔，并直接向货主进行赔偿。

（4）实现合理化综合运输。在多式联运方式下，由于多式联运经营人负责对全程联运的经营，并对全程运输负责，凭借其多式联运业务能力、技术能力和在世界各地的业务网点，以及多式联运经营人与广大货主的切实联系和对各种运输方式的熟悉，多式联运经营人可以在一定时空范围内，将海运、铁路、公路和航空等各种不同运输方式有机地连接起来，选择最佳的运输线路。

> **课堂讨论**
> 多式联运对客户的吸引力主要体现在哪些地方？

（二）多式联运的组织

多式联运的主要业务与程序如图 2.5 所示。

（三）多式联运合同

所谓多式联运合同，是指多式联运经营人凭其收取全程费用，使用两种或两种以上的不同运输工具，负责组织完成货物全程运输的合同。多式联运的经营人对多式联运的全过程负责。多式联运合同与一般运输合同相比，具有以下特点：

（1）必须包括两种以上的运输方式。在我国，由于海上运输与沿海运输、内河运输分别适用不同的法律，所以海上运输与国内沿海、内河运输也被视为不同的运输方式。

（2）多式联运虽涉及两种以上不同的运输方式，但托运人只和多式联运经营人订立一份合同，只从多式联运经营人处取得一种多式联运单证，只向多式联运经营人按一种费率缴纳运费。

（四）多式联运单据

多式联运单据是指证明多式联运合同及证明多式联运经营人接管货物，并负责按照合

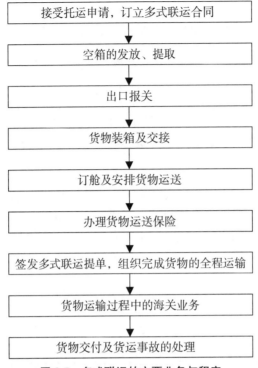

图 2.5　多式联运的主要业务与程序

同条款交付货物的单据,是适应集装箱运输需要而产生的,在办理多式联运业务时使用。多式联运单据也称为多式联运提单。

1. 多式联运单据的性质及其作用

（1）它是多式联运经营人与托运人之间订立的多式联运合同的证明,是双方在运输合同确定的权利和责任的准则。在多式联运成立后签发多式联运单据,多式联运单据不是运输合同,而是运输合同的证明。

（2）它是多式联运经营人接管货物的收据。多式联运经营人向托运人签发多式联运单据表明已承担运送货物的责任并占有了货物。

（3）它是收货人提取货物和多式联运经营人交货的凭证。收货人或第三人在目的地提取货物时,必须凭多式联运单据换取提货单（收货记录）才能提货。

（4）它是货物所有权的证明。多式联运单据持有人可以押汇、流通转让,因为多式联运单据是货物所有权的证明,可以产生货物所有权转移的法律效力。

2. 多式联运单据的内容

在多式联运中,多式联运单据一般包括以下内容：

（1）货物品类、标志、危险特征的声明、包数或者件数、重量。

（2）货物的外表状况。

（3）多式联运经营人的名称与主要营业地。

（4）托运人名称。

（5）收货人的名称。

（6）多式联运经营人接管货物的时间、地点。

（7）交货地点。

（8）交货日期或者期间。
（9）多式联运单据可转让或者不可转让的声明。
（10）多式联运单据签发的时间、地点。
（11）多式联运经营人或其授权人的签字。
（12）每种运输方式的运费、用于支付的货币、运费由收货人支付的声明等。
（13）航线、运输方式和转运地点。
（14）关于多式联运遵守规定的声明。
（15）双方商定的其他事项。

但是，以上一项或者多项内容的缺乏，都不影响单据作为多式联运单据的性质。

3. 多式联运单据的流转程序

以下以一程是道路运输、二程是海上运输、三层是铁路运输的多式联运为例，说明多式联运经营人签发的多式联运单据及各区段单证的流转程序。

（1）多式联运经营人起运地分支机构或代理缮制并签发全程多式联运单据，其中的正本交给发货人，用于结汇；副本若干份交付多式联运经营人，用于多式联运经营人留底和送交目的地分支机构或代理。

（2）多式联运经营人起运地分支机构或代理交货给一程承运人后，一程承运人签发以多式联运经营人或其起运地分支机构或代理为托运人、一多式联运经营人或其二程分支机构或代理为收货人的道路运单，运单上应注有全程多式联运单据的号码。多式联运经营人起运地分支机构或代理在货物出运并取得运单后，应立即以最快的通信方式将运单、舱单等寄交多式联运经营人二程分支机构或代理，以便二程分支机构或代理能用此提货；与此同时，应向多式联运经营人提供运单副本、载运汽车离站时间和预计抵达时间等信息，以便多式联运经营人能全面了解货运进展和向二程分支机构或代理发出必要的指示。

（3）多式联运经营人二程分支机构或代理收到运单后，凭此从一程承运人或其代理处提取货物，并交付二程承运人或其代理。二程承运人或其代理收到货物后，签发以多式联运经营人或其二程分支机构或代理为托运人、以多式联运经营人或其三程分支机构或代理为收货人的提单，提单上应注明全程多式联运单据号码。多式联运经营人二程分支机构或代理在货物出运并取得提单后，应立即以最快的通信方式将正本提单、舱单等寄交多式联运经营人三程分支机构或代理，以便三程分支机构或代理能用此提货；与此同时，应向多式联运经营人提供提单副本及船舶离港报告等，以便多式联运经营人能全面了解货运进展和向三程分支机构或代理发出必要的指示。

（4）多式联运经营人三程分支机构或代理收到运单后，凭此从二程承运人或其代理处提取货物，并交付三程承运人或其代理，三程承运人或其代理收到货物后，签发以多式联运经营或其三程分支机构或代理为托运人、以多式联运经营人或其目的地分支机构为收货人的铁路运单，运单上应注明全程多式联运单据号码。多式联运经营人三程分支机构或代理在货物出运并取得运单后，应立即以最快的通信方式将运单等寄交多式联运经营人目的地分支机构或代理，以便目的地分支机构或代理能用此提货；与此同时，应向多式联运经营人提供运单副本及火车动态等，以便多式联运经营人能全面了解货运进展和向目的地分支机构或代理发出必要的指示。

（5）多式联运经营人目的地分支机构收到铁路运单后，可凭此从承运人或代理处提取货物，并向收货人发出提货通知。收货人付款赎单后取得多式联运经营人签发的全套正本多式联运单据，凭此全套正本提单可向多式联运经营人目的地分支机构或代理办理提货手续。多式联运经营人目的地分支机构或代理对多式联运经营人提交的副本单据进行核对，在收取应收取的运杂费后，将货物交付收货人。

应用案例

长虹凭借自己的物流平台优势，整合三方物流资源，构建起了西南地区最大的家电物流平台。对于整个家电行业来说，物流的通病是成本高、效率低、环节多，短期内很难扭转。

长虹物流也不例外，有关机构在分析其物流管理体系时指出，多、少、散、乱是长虹物流的四大顽疾。"多"是指资源过多，长虹物流有40多座原材料库房、50多座成品库房、100多座销售库房、近千辆的大小货车；"少"是指效益过少，尤其是作为支持服务的部门，缺少服务和效益观念；"散"是指职能分散、多头管理，成品配送由销售部门管理，原材料物流由采购部门管理，没有人对物流总成本负责；"乱"是指流程混乱，缺乏系统科学的操作流程和操作规范，导致运输和仓储管理环节低效率。

为了彻底改变物流的顽疾，长虹狠下"猛药"：

（1）物流组织创新。长虹整合内部物流资源成立新物流公司，构建起采购、仓储、配送统一平台，统一对长虹的物流业务负责。这种新的组织框架，责任更加明确，有利于深挖内部潜力、整合外部资源。

（2）物流观念创新。物流贯穿企业的各个环节，不仅要保障高节奏的生产，而且要实现最低库存下的仓储和配送服务。因此，长虹提出"物流是流动的仓库"的思路，用时间消灭空间，摒弃"存货越多越好"的观念，全面提升速度观念。

（3）物流技术创新。积极发展企业的物流技术体系，包括保管、搬运的机械化和自动化，信息的条码和自动识别化，以及基于网络信息实时管理，使长虹的物流管理走上规范化、标准化的道路。

（4）物流管理创新。推行整合、借力、供应链管理一体化战略等，施行精细化整合管理，如采用招标制，将所在区域以外的一些物流业务外包给实力和信誉好的第三方物流商。

物流改革并不只是如何降低成本，而是一个企业的系统工程，最关键还要通过对物流的重构来推动企业提升运营效率，以满足消费者对个性化产品和服务的需求。从流程上来看，长虹物流首先搭建了一个集采购、储运和配送于一体的服务平台。在具体操作上，长虹对物流系统进行了"大手术"：一是"节流"，即通过招标方式，对公路、铁路等行业进行集中采购运力，降低综合运输成本；二是"瘦身"，即经过物流改革，在销售物流（配送）、采购物流和内部成品物流方面，实现无缝连接。也就是说，长虹物流统一对集团物流进行运作管理，统一采购、统一材料配送、统一成品配送，使采购、物资配送、成品仓储、成品配送等方面在战略上实现一体化，在最大程度上发挥销售、采购、生产物流的协同效应。

长虹开创的这种物流模式，既有外包，又有自营，还兼容了两者的优点，对整个中国家电行业的物流改革都具有很强的借鉴意义。更为重要的是，长虹物流已经成为其支持市场渠道开发的有效手段。一般来说，做市场首先离不开的就是物流，强大的物流网络优势对市场的细分和渗透具有不可替代的意义。

（资料来源：https://www.doc88.com/p-6952030880485.html，有改动）

案例思考

（1）制约长虹自营或外包的运输运营模式的关键因素是什么？

（2）长虹采用了什么样的运输运营模式？它为什么这样决策？

实训项目

实训目的

通过模拟物流中心上门自提货物任务，熟悉物流中心运输组织过程及运输作业计划编制过程中需要考虑的因素，并能正确填制运输单据单证、计算和分析运输成本、选择最合理的运输方式。

实训准备

（1）了解运输作业编制的相关知识。

（2）准备相关的运输单证。

（3）将全班学生分成若干组，每组根据任务合理地设计运输方案并阐述合理性。

（4）实训安排4学时。

（5）模拟工作环境，需要借用学校的仓库实训室、机房等场地。

实训实施

1. 采购信息

2019年9月20日，郑州A物流公司的仓储中心向合作企业菏泽某供应商B采购大宗商品，由仓储中心自行上门提货。采购单见表2-32，其他信息见表2-33。

表2-32 采购单

采购单号：×××　　　　　　　　　　　　　　　日期：2019年9月20日

序号	商品名称	包装规格 （长×宽×高）/mm	单价/ （元/箱）	重量/ （千克/箱）	订购数量/箱
1	高档纺织品	600×450×600	600	20	200

表2-33 其他信息

供应商B	地址：山东省菏泽市××区××镇 联系人：冯××　　电话：139×××××××
收货人	郑州A物流公司 联系人：张××　　电话：136×××××××
装货地点	山东省菏泽市牡丹区××路××号
卸货地点	河南省郑州市管城回族区××路××号
运杂费标准	普通货物郑州—菏泽基础运价350元/吨，重货（每立方米重量不小于333kg）按实际重量计费，轻货（每立方米重量不足333kg）按折算重量计费。装运费20元/吨，卸货费18元/吨，保价费为货物价值的0.3%，托运人可自愿选择是否保价

2. A物流公司仓储中心可用车型车辆信息

车型一：可用车辆数为4辆。

车型为厢式货车，车厢容积20m³，载重量10t，高速公路行驶平均油耗16升/百千米，其他道路行驶平均油耗18升/百千米，燃油单价6.5元/升，司机平均日工资240元，高速公路过路费平均1.5元/千米，其他费用忽略不计。

车型二：可用车辆数为2辆。

车型为厢式货车，车厢容积45m³，载重量25t，高速公路行驶平均油耗30升/百千米，其他道路行驶平均油耗36升/百千米，燃油单价6.5元/升，司机平均日工资400元，高速公路过路费平均2元/千米，其他费用忽略不计。

3. 郑州—菏泽线路信息

（1）郑州到菏泽高速公路全程约220km，收取高速公路过路费。

（2）郑州到菏泽国道约240km，无高速公路过路费。

4. 其他信息

（1）郑州—菏泽去程空驶，回程重驶，往返选择相同道路。

（2）无论选择哪条线路，车辆均在24h内返回。

5. 要求

（1）根据运输信息正确填制运输单据。

（2）计算装卸费、运费、保价费。

（3）根据货物信息合理调度车辆。

（4）核算运输过程产生各类成本。

（5）根据运输成本合理选择运输路线。

实训考核

实训考核表见表 2-34。

表 2-34 实训考核表

考核人		被考核人	
考核地点			
考核内容	运输作业计划编制		
考核标准	具体内容	分值/分	实际得分
	工作态度	10	
	沟通水平	15	
	入库流程合理性	15	
	入库操作熟练程度	40	
	入库单证	20	
合　　计		100	

能力自测

知识能力自测

（1）编制运输计划时，要收集的资料包括哪些方面？
（2）运输方案评价指标包括哪些内容？
（3）简述货物运输的基本方式及注意事项。
（4）多式联运的优势体现在哪些地方？
（5）简述多式联运单据的流转过程。

双创能力自测

在一次中英贸易活动中，一位英国商人趁休息的间隙，凑到中方人员身边递烟并搭讪道："今年裘皮比去年好吧？"中方人员随意应了声："不错。"英国商人紧跟一句："如果我想买 15 万张不成问题吧？"中方人员仍然不经意地回答："没问题。"一支烟未抽完，英国商人就走了。随后，英国商人主动向中方人员递出 5 万张裘皮的订单，价格却比原方案高出了 5%。

几天后，有客户向中方反映，有人低价在英国市场抛售从中国进口的裘皮。此时，中方人员才恍然大悟，原来这个英国商人故意用高价订单来稳住中方，吓退其他竞争者。在中国进口裘皮高价标签的情况下，这个英国商人在英国市场上低价大量抛售存货，以微小的代价先于中方出售，这样就很快将自己的存货倾销出去了。

思考：随着竞争的日趋激烈，企业在制订各种方案时要学会精打细算，把各方面问题都搞清楚。影响企业经营方案的因素包括哪些方面？

行动二　配送计划制订作业

【思维导图】

```
                配送计划的内容 ⎫               ⎧ 评估配送业务量
                配送计划种类   ⎬ 计划制订  配送计划 ⎨ 确定车辆数量
                配送计划制订流程⎭ 流程     制订   ⎩ 车辆行驶里程确定
                                               车辆容积和载重确定
                                               路况与时间确定
```

【学习目标】

（1）了解制订科学合理的配送作业计划的重要性，并理解配送计划的内容。
（2）掌握配送作业制订的操作流程，具备相应的信息化操作能力。

【学习导入】

小陈应聘于某物流公司，师从公司员工老刘进行货物配送工作。该公司拥有众多客户，平均每天要对客户配送上千种货物，数量达上百吨。由于工作任务繁重，为了更好地适应工作需要，一向以严谨著称的老刘为小陈制订了周密的学习计划。老刘首先安排小陈学习如何制订仓库货物配送计划。

思考：
假如你是小陈，该如何做好准备工作？

一、制订配送计划要点

（一）配送作业计划的内容

（1）按日期排定客户所需商品的品种、规格、数量、送达时间、送达地点、送货车辆与人员等。

（2）优化车辆行走路线与运送车辆趟次，并将送货地址和车辆行走路线在地图上标明或在表格中列出。如何选择配送距离短、配送时间短、配送成本低的线路，需要根据客户的具体位置、沿途的交通情况等做出优先选择和判断。除此之外，必须考虑有些客户或其所在地点环境对送货时间、车型等方面的特殊要求，如有些客户一般不在上午或晚上收货，有些道路在某高峰期实行特别的交通管制等。因此，确定配送批次顺序应与配送线路优化综合起来考虑。

（3）按客户需要的时间结合运输距离而确定启运提前期。

（4）按客户要求选择送达服务的具体组织方式。配送计划确定之后，还应将物品送达时间、品种、规格、数量通知客户，使客户按计划准备好接货工作。

知识拓展

配送虽然是一种物流业务，但商流是编制配送作业计划的依据，即由商流决定何时、何地向何处送何种货物。配送计划是根据配送的要求，事先做好全局筹划并对有关职能部门的任务进行安排和部署。

【配送计划的制订】

（二）配送作业计划的类型

（1）配送主计划。配送主计划是指针对未来一定时期内，对已知客户需求进行前期的配送规划，便于对车辆、人员、支出等做统筹安排，以满足客户的需要。

（2）日配送计划。日配送计划是指配送中心逐日进行实际配送作业的调度计划。制订每日配送计划的目的是使配送作业有章可循，成为例行事务，做到忙中有序，责任到人。

（3）特殊配送计划。特殊配送计划是指针对突发事件或者不在主计划和日计划规划范围内的配送业务，或者不影响正常性每日配送业务所做的计划。它是配送主计划和每日配送计划的必要补充。

配送作业计划表的格式参见表 2-35。

表 2-35　配送作业计划表

配送点（或部门）：　　　　　　　　　　　　　　　　　　　　年　月　日

序号	客户名称	订购商品品名	物品规格	配送数量	配送时间	运输工具及数据
合计						

【配送的分类】

（三）配送计划制订流程

配送作业对配送中心来说是非常重要的：一方面是因为配送的费用在物流运作总费用中占比最高，降低配送费用对提高企业的效益意义重大；另一方面是因为配送服务直接面对客户，服务速度的快慢、服务质量的优劣对企业的信誉影响很大。所以，制订科学合理的配送作业计划是做好配送作业的第一步。配送计划制订流程如图 2.6 所示。

配送计划制订流程要点具体介绍如下：

（1）确定配送计划的目的。物流业务的经营运作是以满足客户需求为导向的，并且需要与企业自身拥有的资源、运作能力相匹配。但是，往往由于企业受到自身的能力和资源的限制，对满足客户需求的多变性、复杂性有一定难度。这就要求企业在制订配送计划时，必须考虑制订配送计划的目的。

（2）搜集相关数据资料。不了解客户的需求，就无法满足客户需求，搜集整理服务对象的相关数据资料是提高配送服务水平的关键。配送活动的主要标的

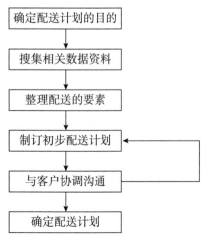

图 2.6　配送计划制订流程

物包括原材料、零部件、半成品、产成品等。就长期固定客户而言，对该货物近年来的需求量、淡季和旺季的需求量变化等相关统计数据，是制订配送计划时必不可少的第一手数据资料。另外，了解当年销售计划、生产计划、流通渠道的规模及变化情况、配送中心的数量、规模、运输费用、仓储费用、管理费用等数据，也是十分有必要的。

（3）整理配送的要素。整理配送的要素包括货物、客户、车辆、人员、路线、地点、时间等内容，也叫配送的功能要素。

① 货物。货物是指配送标的物的种类、形状、质量、包装、材质、装运要求等。

② 客户。客户是指委托人、收货人。

③ 车辆。车辆是指配送工具，需要根据货物的特征、数量、配送地点，以及车辆容积、载重量等来决定选用什么类型的车辆配送。

④ 人员。人员是指驾驶员或者配送业务员。由于需要面对不同的客户及环境，所以对人员配置也有一定的要求。

⑤ 路线。路线是指配送路线，可以根据一定的原则指定配送路线。

⑥ 地点。地点是指配送的起点和终点，主要了解地点的数目、距离、周边环境、停车卸货空间大小及相关附属设施等。

⑦ 时间。时间不仅包括在途时间，还包括搬运装卸时间。由于不一定所有的业务都在自有配送中心进行，所以需要了解配送起点和终点的装货和收货的时间限制及要求，提前做好安排，避免不必要的装卸等候，避免因超过客户要求的时间范围而造成的货物拒收。

（4）制订初步配送计划。在完成上述步骤之后，结合自身能力及客户需求，便可以初步确定配送计划。初步配送计划应该包括配送线路的确定原则、每日最大配送量、配送业务的起止时间（也可以 24h 不间断作业）、使用车辆的类型等，并且有针对性地解决客户现存的问题。如果客户需要，甚至可以精确到到达每一个配送地点的时间、具体路线的选择、货运量发生突然变化时的应急办法等方面。

（5）与客户协调沟通。给客户制订配送计划的主要目的就是要让客户了解在充分利用有限资源的前提下，客户所能得到的服务水平。因此，在制订初步的配送计划之后，一定要与客户进行沟通，请客户充分提出意见，共同完善配送计划。而且，应该让客户了解现有的各项作业环节在未来操作时可能出现的各种变化情况，以避免客户的期望与具体操作产生重大落差。在具体业务的操作上，要取得良好的配送服务质量，是需要客户与配送企业密切配合的，而并不单纯是某一方的责任。

（6）确定配送计划。经过与客户几次协调沟通之后，初步配送计划经过反复修改最终确定。已经确定的配送计划应该成为配送合同中的重要组成部分，并且应该让执行此配送计划的双方或者多方人员全面了解，确保具体配送业务的顺利操作，从而确保配送服务质量。

二、制订配送计划作业

（一）配送作业制订依据

（1）根据订单确定客户的分布区域、送达地、接货人、接货方式及客户订货的品种、规格、数量、送达时间等。

（2）根据配送商品的性能、状态和运输要求，决定运输工具、装卸搬运的方法及可供调度车辆的情况。

（3）根据分日、分时的运力配置情况，决定是否要临时增减配送业务。

（4）充分考虑配送中心到送达地之间的道路交通网络、车辆通行限制（单行道、禁止转弯、禁止货车进入等)、车流量变化、道路施工等。

(5)调查各配送地点的商品品种、规格、数量是否适应配送任务的完成。

(二)制订配送计划作业

1. 分配地点、数量与配送任务

在配送作业中,地点、数量与配送服务水平有密切关系。地点是指配送的起点和终点。由于每一个地点配送量的不同,周边环境、自有资源的不同,应有针对性地综合考虑车辆数量、地点的特征、距离、线路,将配送任务合理分配,并且逐渐摸清规律,使配送业务达到配送路线最短、所用车辆最少、总成本最低、服务水平最高。

2. 确定车辆数量

车辆数量很大程度上影响配送时效。拥有较多的配送车辆可以同时进行不同线路的配送,提高配送时效性,而配送车辆数量不足,往往会造成不断往返装运,导致配送延迟。但是,数量庞大的车队,会增加购置费用、养护费用、人工费用、管理费用等支出,这与提高客户服务水平之间存在很大的矛盾。如何能在客户指定的时间内送达,与合理经济的车辆数量配置有十分密切的关系。如何能在有限的资源能力范围内最大限度地满足客户需求,是在制订配送计划时应该注意的问题。

3. 确定车队构成及车辆组合

配送车队一般应根据配送量、货物特征、配送路线、配送成本分析,进行自有车辆组合。同时,必要时可考虑通过适当的选用外车组建配送车队。合适的自有车辆与外车的比例,可以适应客户需求的变化,有效地调度自有车辆,降低运营成本。

4. 控制车辆最长行驶里程

在制订配送计划中的人员配置计划时,应尽量避免由于司机疲劳驾驶而造成的交通隐患,全面保证人员及货物安全,通常可以通过核定行驶里程和行驶时间来评估计划,有效避免超负荷作业。

5. 车辆容积与载重限制

选定配送车辆需要根据车辆本身的容积、载重限制,结合货物自身的体积、质量来考虑最大装载量,以便车辆的有限空间不被浪费,降低配送成本。

6. 选择路网结构

在通常情况下,配送中心辐射范围为60km,也就是说以配送中心所在地为圆点,半径60km以内的配送地点,均属于配送中心的服务范围。这些配送地点之间可以形成很多区域网络,所有的配送方案都应该满足这些区域网络内各个配送地点的要求。配送网络中设计直线式往返配送路线较为简单,通常只需要考虑线路上的流量。

7. 确定时间范围

客户通常根据自身需要指定配送时间,但这些特定的时间段往往在特定路段与上下班高峰期重合,在制订配送计划时应对交通流量等影响因素予以充分考虑,或者与客户协商,尽量选择夜间配送、凌晨配送、假日配送等错峰配送方式。

8. 与客户作业层面衔接

配送计划应该对客户作业层面有所考虑,如货物装卸搬运作业是否托盘标准化、一贯化、容器化,有无装卸搬运辅助设备,客户方面是否有作业配合,是否提供随到随装条件,是否需要搬运装卸等候,停车地点距货物存放地点远近等。

PART 2 行动

> **课堂思考**
> 同客户进行有效沟通的原则和技巧？

9. 达到最佳化目标

物流配送的最佳化目标是：按"四最"的标准，在客户指定的时间内，准确无误地按客户需求将货物送达指定地点。"四最"是指配送路线最短、所用车辆最少、作业总成本最低、服务水平最高。

10. 应急方案

在制订配送计划时，还要考虑各种突发事件对配送计划的影响，做好应急准备。例如，在发生交通事故时，应第一时间通知物流配送主管和收货方，同时进行预处理分析、调配车辆、货物换车，以及提交事故处理报告；在道路拥堵时，应及时通知收货方拥堵地点拥堵情况，做好路线预处理分析，判断是否需要重新规划路线，并报告给物流配送主管和收货人协商处理；遇到临时发生的大雨、大雾、大雪等情况造成货物不能配送或无法按时到达时，配送专员应及时与企业调度专员联系，并与收货人联系协商相关事宜。

> **知识拓展**
>
> **配送计划的下达**
>
> 配送计划制订后，可以通过计算机网络或表格的形式及时下达到客户、配送点或储存仓库、装卸搬运及运输等部门。使客户按计划做好接货准备，使配送点按计划规定的时间、品种、规格、数量做好理货、分拣、加工、配货、包装等准备，使装卸搬运及运输部门做好设备、动力、人员等作业准备。

（三）配送计划作业的实施

（1）按配送计划组织进货。配送中心收到配送计划后，首先要确定配送物品的种类和数量，然后要查询管理信息系统查看现有库存物品有无需要的订货物品。如果有现货且数量充足，则转入拣货作业；如果没有现货或现货量不足，则要及时向供应商发出订单，根据配送计划组织进货。

（2）配货发运。仓储理货部门按配送计划将客户所需的物品进行分货、加工和配货，进行适当的包装，并根据用户信息和车次对拣送的物品进行物品号码和数量的核实，以及对物品状态、品质的检查。分类后需要进行配货检查，以保证发运前的货物品种、数量、质量无误后按配送计划进行发运。

（3）送达与交割。将客户所需的物品按照配送计划所确定的最优路线，在规定的时间内安全、经济、高效地将物品运送到客户手中，并且送货人员应协助收货单位将货物卸下车，放到指定位置，并与收货单位收货人员一起清点物品，做好送货完成确认交割工作（送货签收回单）。同时，请客户在回执上签字并填写好配送质量跟踪表，连同结算报表由送货人送财务部门进行结算。

应用案例

某仓库为 3 家连锁超市配送货物，10 月 25 日收到 3 家连锁超市要求配送的货物清单，见表 2-36～表 2-38。试为该仓库编制总的配货计划表。

表 2-36　连锁超市 1 要货计划

单位：件　　　　　　××××年 10 月 25 日

送货提前期 1 天	需求时间 / 日					
	1	2	3	4	5	6
货物 A01 的需求量	100	120	90	110	100	80
货物 A02 的需求量	90	80	30	80	70	80
货物 A04 的需求量	30	50	30	40	40	30

表 2-37　连锁超市 2 要货计划

单位：件　　　　　　××××年 10 月 25 日

送货提前期 1 天	需求时间 / 日					
	1	2	3	4	5	6
货物 A01 的需求量	70	60	90	100	70	80
货物 A02 的需求量	120	110	50	80	70	90
货物 A03 的需求量	35	55	36	45	40	38

表 2-38　连锁超市 3 要货计划

单位：件　　　　　　××××年 10 月 25 日

送货提前期 2 天	需求时间 / 日					
	1	2	3	4	5	6
货物 A01 的需求量	90	80	80	100	90	80
货物 A03 的需求量	100	110	60	90	80	80
货物 A04 的需求量	45	55	56	65	50	58

案例思考

为什么说制订科学合理的配送作业计划是做好配送作业的第一步？

实训项目

实训目的

通过实训，掌握配送中心配送作业计划的制订方法。

实训准备

（1）了解配送作业计划制订的意义，熟悉配送作业计划的内容，并掌握制订配送计划的作业流程。

（2）对全班学生进行分组，每组 7 人左右，各小组在教师的指导下进行配送中心作业计划的制订。

（3）实训安排 4 学时。

实训实施

（1）根据所需知识，自己先提出一种配送作业计划制订的方法。

（2）到配送中心后，首先，认真听取配送中心技术人员的讲解；其次，深入作业现场，了解配送中心的作业计划和作业流程；最后，通过对比实践，分析并查找自己与专业人士的差距。

（3）返校后进行分组讨论，相互交流经验和感受。以小组为单位，每组制订一种类型配送中心的作业计划，并编制相应的作业流程。

（4）归纳你所看到的不合理配送的现象，并提出改进方法和建议。

实训考核

实训考核表见表2-39。

表2-39　实训考核表

考核人		被考核人	
考核地点			
考核项目	配送作业计划制订		
考核标准	考核内容	分值/分	实际得分
	工作态度	10	
	配送作业计划的内容	30	
	配送计划作业流程	40	
	合理化建议的可行性	20	
合　　计		100	

能力自测

知识能力自测

（1）制订配送计划作业流程有哪些环节？

（2）配送作业计划的内容有哪些？

（3）制订配送计划时应考虑哪些因素？

（4）制订配送计划的主要依据是什么？

双创能力自测

一只小鸟飞往南方过冬。天实在太冷了，它在路上冻僵了，掉在一片田野上。它躺在那里动弹不得，这时一头牛经过，在它身上拉了一堆屎。小鸟躺在粪堆里，冻僵的身体开始暖和起来。它得救了，非常高兴，便开始唱起歌来。一只过路的野猫听到鸟叫声，赶过来看个究竟，并发现了牛粪下的小鸟，就把它拖出来吃掉了。

思考： 在创业时，谁是朋友，谁是敌人？

行动三　配送线路优化作业

【思维导图】

```
配送路线选择的目标   ┐
配送路线选择的约束条件 ┘优化的目的和原则   配送路线   ┌分送式配送路线选择 ┌路径选择的原则
                                    优化作业  │                │
        直送式配送路线选择           └                └确定配送路线
```

【学习目标】

（1）了解配送路线优化的目的和原则。
（2）能够进行直送式、分送式配送线路的选择。
（3）掌握最短路径法和节约路径法的应用。

【学习导入】

浙江省烟草公司杭州分公司（以下简称"杭烟"）在杭州城区共有6400多家零售网点，下属物流中心现有20多辆送货面包车、100多条送货线路。后来，杭烟原吴山批发部实现了访（销）送（货）分离，标志着杭烟物流真正实现了"访送分离、集中配送、信息管理、定时到户"的开端，至此，物流中心在送货管理上有了集中暴露问题、全盘考虑、统筹安排的条件。这就要求解决定时到户中的送货车辆调度问题，如何均衡不同送货线路的工作量，如何降低卷烟配送成本，杭烟物流核心技术立足点何在等问题。

（资料来源：http：//www.exam8.com/zige/wuliu/anli/200711/334100.html，有改动）

思考
（1）配送成本的影响因素有哪些？
（2）如何通过优化线路来降低配送成本？

一、配送路线规划目标及约束条件

配送路线是指配送中心的送货车辆向各个用户送货时所经过的路线。配送路线的合理与否对配送速度、配送成本有直接的影响。在配送管理过程中，优化配送路线是为了既能保证将用户所需货物及时准确、按质按量送达，又能提高配送效率、充分利用车辆、降低配送成本、提高企业效益，并且做到缓解交通压力，减少环境污染。

（一）配送路线规划的目标

根据客户的具体要求、仓储与配送中心的实力及所处环境的客观条件，配送路线规划的目标可以有以下选择：
（1）效益最高或成本最低。
（2）路程最短。当配送成本与路程相关性较强，而与其他因素相关性较弱时，可以简化处理，以路程最短为目标。
（3）以货运周转量（吨·千米）最小为目标。
（4）其他目标，如准确性最好、劳动消费最低、运力使用最合理等目标。

（二）配送运作的约束条件

在配送运作过程中，存在各种各样的约束条件。从客户角度来考虑，有对货物的品种、规格、数量的要求，对货物送达时间范围的要求等；从企业自身来考虑，有车辆载重和车辆容积的约束、最大行驶距离和最长行驶时间的约束等；从周边环境的角度来考虑，有道路施工、交通堵塞等影响。在确定配送路线时，都必须充分考虑这些约束条件。

课堂思考

一批货物共2400箱，箱子的规格是400mm×300mm×180mm，备选车辆的总容积为52m³。能否选择该车辆来配送？为什么？

二、直送式配送线路选择

在配送线路设计中,当由一个配送中心向一个特定的客户进行专门送货时,从物流的角度来看,客户的需求量接近或大于可用车辆的定额载重量,需专门派一辆或多辆车一次或多次送货。而在设计配送线路时,追求的是最短配送距离,以节省时间、多装快跑,提高送货的效率。

目前,解决最短线路问题的方法有很多,如位势法、"帚"形法、动态法等。现以位势法为例,介绍如何解决物流网络中的最短线路问题。假设已知物流网络如图2.7所示,各节点分别表示为A、B、C、D、E、F、G、H、I、J、K,各节点之间的距离见图所标,试确定各节点间的最短线路。

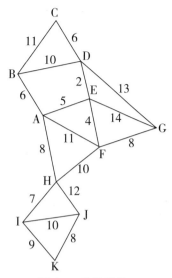

图2.7 物流网络

寻找最短线路的步骤如下:

第一步,选择货物供应点为初始节点,并取其位势值为"零"即 $V_i=0$。

第二步,考虑与 i 点直接相连的所有线路节点。设其初始节点的位势值为 V_i,则其终止节点的位势值可按公式 $V_j = V_i + L_{ij}$(式中,L_{ij} 表示 i 点与 j 点之间的距离)确定。

第三步,从所得到的所有位势值中选出最小者,此值即为从初始节点到该点的最短距离,将其标在该节点旁的方框内,并用箭头标出连线 i–j 表示从 i 点到 j 点的最短线路走法。

第四步,重复以上步骤,直到物流网络中所有的节点的位势值均达到最小为止。

最终,各节点的位势值表示从初始节点到该点的最短距离。带箭头的各条连线则组成了从初始节点到其余节点的最短线路。分别以各点为初始节点,重复上述步骤,即可得各节点之间的最短距离。

【例1】在图2.7所示物流网络中,试寻找从供应点A到客户K的最短线路。

解:根据以上步骤进行计算。

(1)取 $V_A=0$。

(2)确定与A点直接相连的所有节点的位势值。

$$V_B = V_A + L_{AB} = 0 + 6 = 6$$
$$V_E = V_A + L_{AE} = 0 + 5 = 5$$
$$V_F = V_A + L_{AF} = 0 + 11 = 11$$
$$V_H = V_A + L_{AH} = 0 + 8 = 8$$

(3)从所得的所有位势值中选择最小值5,并标注在对应节点E旁边的方框内,并用箭头标出连线A–E,即

$$\min(V_B, V_E, V_F, V_H) = \min(6, 5, 11, 8) = V_E = 5$$

(4)以E为初始节点,计算与之直接相连的节点D、G、F的位势值(如果同一节点有多个位势值,则只保留最小值)。

$$V_D = V_E + L_{ED} = 5 + 2 = 7$$
$$V_G = V_E + L_{EG} = 5 + 14 = 19$$
$$V_F = V_E + L_{EF} = 5 + 4 = 9$$

（5）从所得的所有剩余位势值中选出最小值6，并标注在对应的节点F旁，同时用箭头标出连线A-B，即

$$\min(V_B, V_F, V_H, V_D, V_G) = \min(6, 9, 8, 7, 19) = V_B = 6$$

（6）以B点为初始节点，与之直接相连的节点有D、C，它们的位势值分别为16和17。从所得的所有剩余位势值中取最小值，即

$$\min(V_G, V_F, V_H, V_D, V_C) = \min(19, 9, 8, 7, 17) = V_D = 7$$

将最小位势值7标注在与之相应的D旁边的方框内，并用箭头标出其连线E-D，如此继续计算，可得最优路线为A-H-I-K，则由供应点A到客户K的最短距离为24。

三、分送式配送线路选择

分送式配送是指由一个供应点对多个客户的共同送货，其基本条件是同一条线路上所有客户的需求量总和不大于一辆车的额定载重量。送货时，由一辆车装着所有客户的货物，沿着一条精心选择的最佳线路依次将货物送到各个客户手中，这样既保证按时、按量将用户需要的货物及时送到，又节约了车辆、节省了费用、缓解了交通紧张的压力，并减少了运输对环境造成的污染。但是，随着配送限制条件的增加，如时间窗口限制、车辆的载重量和容积限制、司机途中总驾驶时间的上限要求、不同线路对于行车速度的限制等，使得最优路线的设计越来越复杂。

（一）路径选择的原则

（1）安排车辆负责相互距离最接近的站点的货物运输。车辆的行车路线围绕相互靠近的站点群进行计划，以使站点之间的行车时间最短。

（2）从距仓库最远的站点开始设计路线。要设计出有效的路线，首先要划分出距仓库最远的站点周围的站点群，然后逐步找出仓库附近的站点群。一旦确定了最远的站点，就应该选定距该核心站点最近的一些站点形成站点群，分派载货能力可以满足该站点群需要的卡车。最后，从还没有分派车辆的其他站点中找出距仓库最远的站点，分派另一车辆。如此往复，直到所有站点都分派有车辆。

课堂思考

为什么要从距仓库最远的站点开始设计路线？

（3）安排行车路线时各条路线之间应该没有交叉。如果路线出现交叉，往往意味着规划线路不是最短路径。应该注意的是，有时由于存在时间窗口或送货之后才能取货的限制，在规划线路时可能会出现线路交叉。

（4）尽可能使用最大的车辆进行运送，这样设计出的路线是最有效的。理想状况是用一辆足够大的车辆运送所有站点的货物，这样将使总的行车距离或时间最小。因此，在车辆可以实现较高的利用率时，应该优先安排车队中载重量最大的车辆。

（5）取货送货应该混合安排，不应该在完成全部送货任务之后再取货，应该尽可能在送货过程中安排取货以减少线路交叉的次数（如果在完成所有任务之后再取货，就会出现线路交叉的情况）。线路交叉的程度取决于车辆的结构、取货数量和货物堆放对车辆装卸出口的影响程度。

（6）对过于遥远而无法归入站点群的站点，可以采用其他配送方式。那些孤立于其他站点群的站点，为其提供服务所需的运送时间较长，运送费用较高。考虑到这些站点的偏

僻程度和货运量，采用小型车辆单独为其进行服务可能更经济。此外，利用外包的运输服务也是一个很好的选择。

（7）避免时间窗口过短。各站点的时间窗口过短会使得行车路线偏离理想模式，所以如果某个站点或某些站点的时间窗口限制导致整个路线偏离期望的模式，就应该重新进行时间窗口的限制，或重新优化配送路线。

这些原则较为简单，而且按照这些原则在物流配送中可以较快地找到比较合理的方案。

（二）制订配送路线

制订配送路线主要有两个方法：扫描法和节约里程法。本书只介绍节约里程法。

> **知识拓展**
>
> **扫描法及其操作步骤**
>
> 扫描法属于先分群再排路线的方式，采用极坐标来表示各需求点的区位，然后任取一需求点作为起始点，定其角度为零度，以顺时针或逆时针方向，以车容量为限制条件进行服务区域之分割，再借由交换法进行需求点的排序，建构车辆排程路线。
>
> 扫描法分为两阶段：第一阶段，先利用极坐标来表示各需求点的区位，再任取一需求点作为起点，以车辆容量为分群的约束，之后以该需求点为零度按顺时针或逆时针的方向，进行顾客的扫描分群；第二阶段，依据求解旅行商问题的算法，求解各顾客群的排程。

1. 节约里程法的内容

利用节约里程法确定配送线路的主要出发点是，根据配送方的运输能力及其到客户之间的距离和各客户之间的相对距离来制订使配送车辆总的周转量达到或接近最小的配送方案。为方便介绍，假设：

（1）配送的是同一种或相类似的货物。

（2）各用户的位置及需求量已知。

（3）配送方有足够的运输能力。

（4）设状态参数为 t 并这样定义：$t_{ij}=1$，表示客户 i、j 在同一送货线路上；$t_{ij}=0$，表示客户 i、j 不在同一送货线路上；$t_{ij}=2$，表示由 P 向客户单独派车送货。

而且，所有状态参数应满足下式

$$\sum_{i=1}^{j-1} t_{ij} + \sum_{i=j+1}^{n} t_{ij} = 2$$

式中：$j=1,2,\cdots,n$（n——客户数）。

利用节约法里程制订的配送方案，除了使总的周转量最小之外，还应满足：

（1）方案能满足所有用户的到货时间要求。

（2）不使车辆超载。

（3）每辆车每天的总运行时间及里程满足规定的要求。

2. 节约里程法的基本思路

节约里程法的目标是使所有车辆行驶的总里程最短，从而使为所有站点提供服务的车辆数最少。首先，假设每一个站点都有一辆虚拟的车辆提供服务，随后返回仓库，由配送中心 P 向用户 A、B 配货，这时的路线里程是最长的，如图 2.8 所示；然后，将两个站点合并到同一条线路上，减少一辆运输车，相应的缩短路线里程。合并线路之前的总里程为 $2PA+2PB$，合并后的路线总里程为 $PA+AB+PB$，缩短的线路里程为 $PA+PB-AB$，如图 2.9 所示。

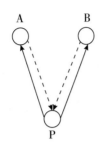
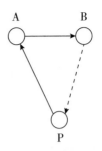

图 2.8 合并前路线　　　　　　　　　图 2.9 合并后路线

继续上述合并过程。如果是多站点配送（3个及以上），除了将两个单独的站点合并在一起之外，还可以将某站点并入已经包含多个站点的线路上，可以达到节省配送费用、缩短线路里程的作用，缩短的里程同样可以计算出来。应该注意的是，每次合并都要计算所缩短的距离，节约距离最多的站点就应该纳入现有线路；如果由于某些约束条件（如线路过长、无法满足时间窗口的限制或车辆超载等），节约距离最多的站点不能并入该线路，则考虑节约距离次多的站点，直至该线路不能加入新的站点为止。然后，重复上述整个过程直至所有站点的路线设计完成。

节约里程法在按照最大节约值原则将站点归入某条路线之前，不仅要预先评估加入该站点后路线的情况，而且要考虑一系列关于路线规划的问题，如行车时间、时间窗口限制、车辆载重等。这种处理方法能够处理有众多约束条件的实际问题，而且可以同时确定路线和经过各站点的顺序，有较强的处理能力。但是，随着约束条件的增加，扩展问题难度加大，节约法不能保证得到最优解，但是可以获得合理解。

下面举例说明节约法的求解过程，如图 2.10 所示为某配送中心的配送网络。图中的 P 点为配送中心，A-J 为配送客户，共 10 位客户，方框内数字为配送货物吨数，线路上的数字为道路距离，单位为"km"。

【例2】现配送中心有额定载重量分别为 2t 和 4t 两种厢式货车可供送货，试用节约里程法设计最佳送货路线。（要求每辆车行驶距离不超过 30km）

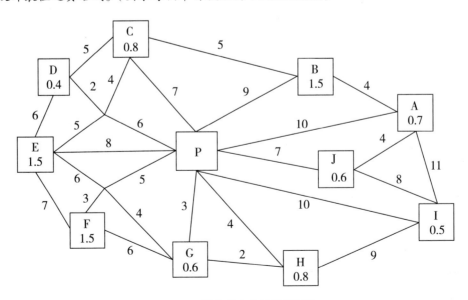

图 2.10 某配送中心的配送网络

解：第一步，计算网络节点之间的最短距离（可采用最短路线求解），见表2-40。

表2-40 最短配送线路表

	P	A	B	C	D	E	F	G	H	I	J
A	10	A									
B	9	4	B								
C	7	9	5	C							
D	8	14	10	5	D						
E	8	18	14	9	6	E					
F	8	18	17	15	13	7	F				
G	3	13	12	10	11	10	6	G			
H	4	14	13	11	12	12	8	2	H		
I	10	11	15	17	18	18	17	11	9	I	
J	7	4	8	13	15	15	15	10	11	8	J

第二步，根据最短距离结果，计算出各客户之间的节约行程，见表2-41。

计算A-B的节约行程为

P-A距离：$PA=10$

P-B距离：$PB=9$

A-B距离：$AB=4$

则节约行程为 10+9-4=15

第三步，对节约行程按大小顺序进行排列，见表2-42。

表2-41 配送路线节约行程表

	A	B	C	D	E	F	G	H	I
B	15	B							
C	8	11	C						
D	4	7	10	D					
E	0	3	3	10	E				
F	0	0	0	3	9	F			
G	0	0	0	0	1	5	G		
H	0	0	0	0	0	4	5	H	
I	9	4	0	0	0	1	2	5	I
J	13	8	1	0	0	0	0	0	9

表 2-42 节约行程排序表

序 号	连接点	节约里程	序 号	连接点	节约里程
1	A–B	15	13	F–G	5
2	A–J	13	13	G–H	5
3	B–C	11	13	H–I	5
4	C–D	10	16	A–D	4
4	D–E	10	16	B–I	4
6	A–I	9	16	F–H	4
6	E–F	9	19	B–E	3
6	I–J	9	19	D–F	3
9	A–C	8	21	G–I	2
9	B–J	8	22	C–J	1
11	B–D	7	22	E–G	1
12	C–E	6	22	F–I	1

第四步，按节约行程排列顺序表。

（1）初始方案。从配送中心 P 分别向各个客户进行配送，共有 10 条配送路线，总行程为 148km，需 2t 货车 10 辆（每一客户的货量均小于 2t）。

（2）二次解。按照节约行程的大小顺序连接 A-B、A-J、B-C，同时连接 P-C、P-J 路线，形成巡回路线 P-J-A-B-C-P 或 P-C-B-A-J-P 的配送线路 I，装载货物 3.6t，运行距离为 27km，需 4t 货车 1 辆。此时，配送路线总运行距离为 109km，需 2t 货车 6 辆、4t 货车 1 辆。

（3）三次解。按节约里程大小顺序，应该是 C-D 和 D-E，C-D 和 D-E 都有可能并到线路 I 中，但考虑单车载重量和线路均衡（如规定每次运行距离为 30km 以内），配送线路 I 不再增加配送客户，为此连接 D-E，形成 P-D-E-P 或 P-E-D-P 初始配送线路 II，其装载重量为 1.8t，运行距离 22km，需 2t 货车 1 辆。此时，共有配送路线 6 条，总行程 99km，需 2t 货车 5 辆、4t 货车 1 辆。

（4）四次解。接下来节约里程顺序是 A-I、E-F，由于客户 A 已组合到配送线路 I 中，且该线路不再扩充客户，故不连接 A-I；连接 E-F 并入配送线路 II 中，并取消 P-D、P-E 线路，形成 P-D-E-F-P 或 P-F-E-D-P 配送线路 II，装载量为 3.3t，运行距离为 29km，需 4t 货车 1 辆。此时，配送线路共有 5 条，总运行距离为 90km，需 2t 货车 3 辆、4t 货车 2 辆。

（5）五次解。按节约行程顺序接下来应该是 I-J、A-C、B-D、C-E，但这些连接已包含在配送线路 I 或 II 中，故不能再组合成新的线路；接下来是 F-G，可组合在配送线路 II 中，形成 P-D-E-F-G-P 或 P-G-F-E-D-P 满车的配送线路 II，此时线路 II 的装载量为 3.9t，运行距离为 30km，还是 4t 货车 1 辆。这样共有 4 条线路，总行程为 85km，需 2t 货车 2 辆、4t 货车 2 辆。

（6）六次解。接下来节约里程顺序为G-H，由于受装载量限制，不再组合到线路Ⅱ中，故连接H-I组成配送线路P-H-I-P或P-I-H-P，其装载量为1.3t，运行距离为23km。此时，共有3条配送线路，总行程为80km，需2t货车1辆、4t货车2辆。

所以，配送线路为

线路一：P-J-A-B-C-P或P-C-B-A-J-P，需1辆4t货车。

线路二：P-D-E-F-G-P或P-G-F-E-D-P，需1辆4t货车。

线路三：P-H-I-P或P-I-H-P，需1辆2t货车。

（7）最终解。从以上解析可以看出，每条线路有顺时针和逆时针两种走法，节约里程都一样，此时需要比较周转量，在节约里程一样的前提下，应该选择周转量较小的线路。

线路一：P-J-A-B-C-P的周转量 $=3.6×7+3×4+2.3×4+0.8×5=50.4$

P-C-B-A-J-P的周转量 $=3.6×7+2.8×5+1.3×4+0.6×4=46.8$

线路二：P-D-E-F-G-P的周转量 $=3.9×8+3.5×6+2.1×7+0.6×6=70.5$

P-G-F-E-D-P的周转量 $=3.9×3+3.3×6+1.8×7+0.4×6=46.5$

线路三：P-H-I-P$=1.3×4+0.5×9=9.7$，P-I-H-P$=1.3×10+0.8×9=20.2$

所以，最终线路为

线路一：P-C-B-A-J-P，需1辆4t货车。

线路二：P-G-F-E-D-P，需1辆4t货车。

线路三：P-H-I-P，需1辆2t货车。

3. 节约里程法的注意事项

（1）适用于有稳定客户群的配送中心。

（2）各配送线路的负荷要尽量均衡。

（3）实际选择线路时还要考虑道路状况。

（4）要考虑驾驶员的作息时间及客户要求的交货时间。

（5）可利用计算机软件进行运算，直接生成结果。

应用案例

某物流公司是一家食品配送企业，企业自成立以来利润微薄，资金链经常出现问题。经过分析发现主要原因是企业配送成本过高，配送车辆往往不能满载，经常出现空驶返程现象，而且有时因为车辆不够用而租用车辆。

案例思考

如何解决该公司的这些问题？

实训项目

实训目的

（1）通过实践，能够进行直送式、分送式配送线路选择，同时保证物品配送质量。

（2）能够利用节约法进行配送线路选择。

实训准备

（1）熟悉直送式、分送式配送线路的选择方法，以及节约法的内容。

（2）将全班学生分成若干组，每组选出组长1人。每组设置交通图1张、客户点若干。
（3）实训安排2~4学时。
（4）模拟工作环境，需要占用学校的仓库实训室、机房等场所。

实训实施

（1）求图2.11配送线路图中从A到B的最短路线和里程。

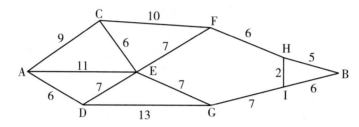

图2.11　配送线路图

（2）配送中心O向12个客户P_j（$j=1，2，\cdots，12$）配送货物。各个客户的需求量为q_j，从配送中心到客户的距离为d_{0j}（$j=1，2，\cdots，12$），各个客户之间的距离为d_{ij}，具体数值见表2-43和表2-44，配送中心有4t、5t、6t这3种车辆可供调配。试制订最优配送方案。

表2-43　配送中心O与12个客户的关系参数表

P_j	1	2	3	4	5	6	7	8	9	10	11	12
q_j	1.2	1.7	1.5	1.4	1.7	1.4	1.2	1.9	1.8	1.6	1.7	1.0
d_{0j}	9	14	21	23	22	25	32	36	38	42	50	5

表2-44　12个客户之间的距离表

	P_1	P_2	P_3	P_4	P_5	P_6	P_7	P_8	P_9	P_{10}	P_{11}
P_2	5										
P_3	12	7									
P_4	22	17	10								
P_5	21	16	21	19							
P_6	24	23	30	28	9						
P_7	31	26	27	25	10	7					
P_8	35	30	37	33	16	11	10				
P_9	37	36	43	41	22	13	16	6			
P_{10}	41	36	31	29	20	17	10	6	12		
P_{11}	49	44	37	31	28	25	18	14	12	8	
P_{12}	51	46	39	29	30	27	20	16	20	10	10

实训考核

实训考核表见表2-45。

表2-45 实训考核表

考核人			
考核地点			
考核内容	配送线路优化作业		
考核标准	具体内容	分值/分	实际得分
	工作态度	20	
	沟通水平	20	
	直送式线路优化	30	
	分送式线路优化	30	
合　计		100	

能力自测 ○●

知识能力自测

（1）简述配送线路优化的原则。
（2）简述节约法的内容。
（3）简述最短路径法的步骤。
（4）假设配送中心O向5个客户P_j配送货物。配送中心有载重量为4t、5t、6t的车辆若干，各客户需求量为q_j，从配送中心到客户的距离为d_{Oj}，客户之间距离为d_{ij}，具体数值见表2-46和表2-47。请制订最优配送方案。

表2-46 相关参数表

P_j	1	2	3	4	5
q_j	1.2	1.7	1.5	1.4	1.7
d_{Oj}	19	14	21	23	22

表2-47 客户之间距离表

	P_1			
P_2	5	P_2		
P_3	12	7	P_3	
P_4	22	17	10	P_4
P_5	21	16	21	19

双创能力自测

青蛙在池塘边开了个诊所。一天，一只大兔子带着一只小兔子来诊所看病。小兔子捂着嘴巴，说嘴巴很痛。青蛙问小兔子是不是牙痛，小兔子说是；青蛙又问小兔子为什么牙痛，小兔子想了想回答说可能是啃了木头的缘故。青蛙马上就给小兔子开了一些止疼的药，并嘱咐小兔子以后不要再啃坚硬的东西。

旁边的大兔子听到他们的对话后哈哈大笑，并说："我们兔子的门牙是不停地在长的，如果不磨牙就无法闭嘴。小兔子牙痛是因为他还不适应磨牙，你只要给他点止疼药就可以了。你让他不要磨牙，那不是害了他吗？我早就听说你医术不高，果然是这样，要不然你怎么连自己的腿都治不好呢？"青蛙无语。

思考： 你是否有没弄清楚实际情况，就贸然做出错误判断的经历？

行动四　车辆调度与送货作业

【思维导图】

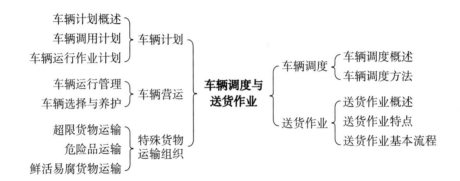

【学习目标】

（1）能够制订车辆计划。
（2）熟悉车辆调度的方法，能准确地对仓储与配送企业的车辆实施调度与营运管理。
（3）能够指导完成送货作业，实施送货作业管理，并制定送货作业规程。
（4）了解特殊货物的运输组织内容。

【学习导入】

　　一辆装满海尔空调的厢式货车驶出海尔北京物流中心的大门，开到 8km 以外的海尔专卖店去卸货。这辆 6m 长的大卡车上没有任何海尔标识，司机苗师傅和他雇用的副手负责运输和搬运。他原本是一位个体运输老板，靠花 10 万元买的这辆货车养家糊口。一年前加盟海尔后，只要他每天完成海尔的任务，每月就能拿到近 1 万元的配送费，虽然刨掉油费和副手的工资之后所剩不多，但是这份收入比他原来在路边拉野活儿要稳定。

　　在大货车开出海尔北京物流中心的同时，海尔物流配送中心就能在电脑屏幕上看到车辆实时的位置。此时，电脑屏幕上有 40 多个小红点在城市郊区的道路上闪烁。而远在青岛海尔物流总监的电脑上，类似苗师傅这样的小红点，每天最少也有 1 万个在移动。最繁忙的时候，同时跑在路上的加盟车辆达 1 万多台，但它们没有一辆真正属于海尔公司，却都在为这家公司提供服务。经过海尔物流信息系统的连接，这支队伍组成了中国家电物流行业最大的一条配送供应链。

　　海尔集团每年巨大的销售额形成 300 多万份物流订单，是海尔物流最大的靠山，庞大的配送规模令海尔物流能在最大程度上压缩成本，让分摊到每一件海尔产品的运输成本不高于同行。海尔物流的低成本建立在外包运输给苗师傅这样的个体户的基础之上，海尔最吸引他们的就是源源不断的配送订单。在整个家电物流行业，整合个体运输司机是最通用的降低物流成本的手段。对海尔物流来说，如果不把订单外包给个体运输老板，物流投入将高到公司无法想象和控制的地步。

　　为了让这支"野队伍"以统一的形象面对客户，海尔物流建立了一套培训和激励体系来管理这些松散的货车司机，让他们在对客户提供物流服务时达到海尔的要求。每个加盟海尔物流的司机在与海尔物流签订合同后都会接受一周多的培训，主要是服务标准培训。同时，海尔物流有一套完善的客户调查体系，保证客户对每个司机的服务质量进行监督。在海尔物流的整个售后服务体系中，都能见到类似的外包做法。其实早些时候，海尔就在从制造业向服务业转型，给海尔从事电器售后服务的大部分都是加盟的电器维修个体户。

但是，海尔物流如果想作为一个独立的公司存在和发展，就不能长久地依赖于背后的集团靠山。在保证为海尔集团服务的水平不降低的前提下，海尔物流计划不断扩大第三方物流服务，将该业务在整体收入中的占比从10%提升到50%。海尔物流第三方客户主要来自与海尔集团有合作关系的大型跨国公司，如GE、索尼、夏普和LG等。这些外资家电企业在中国的渠道薄弱，而海尔则在三四级渠道市场拥有日日顺这样的控股代理商。但除了品牌代理这种方式外，其他家电品牌通常不愿意将自己的物流生命线交给竞争对手打理。海尔集团本身从白色家电到黑色家电进行全方位生产线布局，在家电产品各个品类上都有竞争对手。

反而是海尔集团的一些上游供应商为海尔物流提供了大笔订单。例如，海尔集团要求宝钢的钢材下线后直接运到海尔工厂附近的仓库存放，这样就不需要宝钢单独再建仓库，以免造成仓储资源的浪费。又如，GE、爱默生、陶氏化学等50多家世界500强企业都是海尔上游供应商的一员，这批跨国公司凭借高科技和新技术优势参与到海尔产品的前端设计，也会向海尔提供很多核心配件，而这些库存管理都交由海尔物流在做。

总体来看，海尔物流的独立运作提高了集团物流运送的效率。据相关数据，海尔物流让海尔集团的物流成本降低了5%左右，其产品库存周转天数由过去的40多天变为现在的5天，还不到行业平均值的十分之一，这意味着更快的资金周转速度和更高的总利润。不过，隔行如隔山，海尔物流若想挤进行业前列，恐怕还要花更多的心思。

（资料来源：http://www.chinawuliu.com.cn/cflp/newss/content1/201106/764_35044.html，有改动）

思考

海尔物流采取什么策略既提升了运送效率又降低了成本？

一、车辆计划

（一）车辆计划概述

1. 车辆计划的含义

车辆计划的制订是车辆管理的关键，也是降低运输成本乃至物流成本的主要内容。车辆计划即企业计划期内的运力计划，主要表明企业在计划期内营运车辆类型及各类车辆数量的增减变化情况及其平均运力。它是衡量企业运输生产能力大小的重要指标，可为编制运输生产计划提供企业生产经营实力的依据。在编制运输量计划的同时，应编制车辆计划。车辆计划的主要内容包括车辆类型及区分年初、年末及全年平均车辆数、各季度车辆增减数量、标记吨位等，见表2-48。

表2-48 车辆计划

类别		额定吨位车数	年初		增(+)或减(-)				年末		全年平均
			吨位	季度	车数	吨位	车数		吨位	车数	总吨位
货车	大型货车										
	中型货车										
	零担货车										
	集装货车										
挂车	全挂车										
	半挂车										

2. 车辆计划的编制

车辆计划是反映运输企业在计划期内营运车辆数及其参数的变化情况，是确定企业运输量的主要依据之一。其主要内容包括以下几个方面：

（1）确定年初车辆数及吨（座）位数、增加与减少车辆数、标记吨位、年末车辆数及吨（座）位数、车辆数、平均总吨位数。

年初车辆数及吨（座）位数应根据上期末统计实有数据列入。对于这些车辆，首先，应对其技术状况进行鉴定，对于性能降低、燃油耗费高、维修频繁的车辆，应考虑是否需要淘汰；其次，根据编制的运输量计划和预测的运输需求资料，研究原有车辆在类型上的适用程度，即哪些类型的车辆多余、哪些类型的车辆不足；最后，确定其应该增减的数量。

增加车辆包括由其他单位调入和新增的车辆。对于欲增加的车辆，应考虑是否具有足够的资金、车型是否合适、是否具备相应的技术人员及配套设施等情况；减少车辆包括报废车辆、调给其他单位的车辆、经批准封存的车辆和由营运改为非营运的车辆。对于将要减少的车辆，应确定一个合理可行的处置方法。

车辆的标记吨位应以记载于行车执照上的数据为准，不得随意更换改动。若车辆进行过改装，则应以改装后的数据为准。

年末车辆数及吨（座）位数，按计划期内车辆增减变化后的实际数据统计。

车辆编制过程中经常用到车辆数和平均总吨位数。车辆数为平均车数是指货运企业在计划时期内所平均拥有的车辆数。平均总吨位数是指货运企业在计划时期内平均拥有的吨位总数。相关计算公式为

平均车数 = 计划营运车日总数 / 计划期日历天数

平均每日吨（座）位数 = 计划营运车吨（座）日总数 / 计划期日历天数

平均每日吨位 = 计划营运车吨（座）日总数 / 计划期营运车日历天数

车吨（座）日 = 营运车日 × 标记吨（座）位

式中：一个营运车日指一辆营运车列入计划一天；一个营运车吨（座）日指一个营运车吨（座）位列入计划内一天。

平均车数和平均总吨位数指的是运输企业在计划期内可以投入营运的运力规模的大小，不能等同于企业拥有的车辆数和吨位数，其区别在于是否投入营运。平均车数和平均总吨位数是整个车辆计划的主要数据。

（2）确定车辆增减时间。增减车辆的时间通常采用"季中值"法确定，即无论车辆是季初或季末投入还是退出营运，车日增减计算均从每季中间的那天起算。这是因为在编制计划时，很难预计车辆增减的具体月份和日期。

为简化计算工作，可采用表2-49所列近似值作为计算各季度车辆增加后或减少前在企业的保有日数。

表2-49 增加车辆季中计算日数

时间	第一季度	第二季度	第三季度	第四季度
增加后计算日数	320	230	140	45
减少前计算日数	45	140	230	320

【例1】某企业计划第三季度增加营运车辆20辆，则增加的营运车日数为多少？

解：该企业增加的营运车日数 = 20×140 = 2800（车日）

【例2】某企业年初有额定载重量3t的货车40辆，4t的货车50辆，第三季度增加5t的货车40辆，第四季度减少3t的货车10辆，计算该企业年初车数、年末车数、总车日、平均车数、平均总吨位和平均吨位。

解：年初车数 =40+50=90（辆）

年末车数 =40+50+40−10=120（辆）

总车日 =（40−10）×365+50×365+40×140+10×320=38000（车日）

平均车数 =38000÷365 ≈ 104（辆）

全年总车吨日数 =（40−10）×365×3+50×365×4+40×140×5+10×320×3=143450（车吨日）

平均每日吨（座）位数 =143450÷365 ≈ 393（t）

车辆平均吨位 =143450÷38000=3.775 ≈ 3.8（t）

（二）车辆运用计划

1. 车辆运用计划的含义

运输量计划中所确定的运输任务能否如期完成，不仅与车辆计划所确定的车辆有关，而且与车辆运用效率有直接关系。同等数量、同样类型的车辆，由于运用效率有高有低，所以完成的运输工作量不相等。

车辆运用计划是运输企业在计划期内全部营运车辆生产能力利用程度的计划，是计划期内车辆的各项运用效率指标应达到的具体水平。车辆运用计划是根据运输量计划、车辆计划来确定的，是平衡运力与运量计划的主要依据之一，也是企业生产经营计划、技术计划、财务计划和核算的重要组成部分。因此，车辆计划必须与车辆运用计划紧密结合。

车辆运用计划由一套完整的车辆运用效率指标体系组成，通过这些指标的计算，可以求出车辆的计划运输生产效率。车辆运用计划的主要内容见表 2-50。

表 2-50　车辆运用计划

指　标		上年度实情	本年度完成情况					本年计划与上年度实绩比较
			全年	第一季度	第二季度	第三季度	第四季度	
汽车	营运总车日							
	平均营运车辆							
	平均每日吨位数							
	车辆平均吨位							
	车辆完好率							
	车辆工作率							
	工作车日数							
	平均车日行程							
	总行程							
	里程利用率							
	载重行程							
	载重行程周转量							
	载重量利用率							
	货物周转量							

续表

指标		上年度实情	本年度完成情况					本年计划与上年度实绩比较
			全年	第一季度	第二季度	第三季度	第四季度	
挂车	托运率							
	货物周转量							
汽挂车综合	货物周转量							
	平均运距							
	货运量							
	车吨年产量							
	单车期产量							
	车吨位产量							

2. 车辆运用计划编制的依据

（1）企业运输组织管理水平和手段。企业运输组织管理水平和手段包括企业车辆运用效率指标的历史水平、劳动组织方式、管理手段及调度技术等。

（2）货源的分布及组织情况。在编制车辆运用计划时，对货源的充沛程度及货流量在时间上和空间上的分布情况等，必须予以注意。若货源不足或货流量在时间上和空间上不均衡，车辆就不能保持较高的实载率，影响托运率的提高。

（3）车辆完好率水平。车辆完好率与车辆工作率之间存在一定的制约关系，即车辆完好率应不小于车辆工作率。在编制车辆运用计划时，必须首先确定车辆完好率的计划值，也就是车辆工作率的计划值，应以车辆完好率的计划为极限。如果货源充足，车辆完好率不高，那么许多车辆经常处于非技术完好状态，要提高车辆工作率便成为空谈。如果车辆完好率低而强行提高车辆工作率，则只会出现诸如燃料消耗增加、机件故障频出等问题。

3. 车辆运用计划的编制

车辆运用计划编制的最关键问题是确定各项车辆运用效率指标的值。各指标的确定应以科学、合理、可行、先进而有弹性为原则，应使车辆在时间、速度、行程、载重量和动力等方面得到充分合理的利用，还应充分考虑市场供求关系、企业经营方针、经济效益和安全生产等方面的因素。科学合理的指标为组织运输生产经营提供了可靠的保证；反之，不切实际的指标必然直接影响运输计划的贯彻执行。

在编制车辆运用计划时，根据各营运车辆的平均运用效率指标和预计计划期的平均车数，计算计划期可以完成的运输工作量。将计算结果与计划期需要完成的运输工作量（即运输量计划中的计划运输量）进行比较，若计划期可能完成的运输工作量不小于计划期需要完成的运输工作量，则表示各项车辆运用效率指标值能达到测算时采用的同等水平，便可以顺利完成计划期内的运输任务；若小于，就应当调整有关车辆运用指标。但调整的幅度应符合本企业的实际情况，不能毫无根据地任意提高各项指标的计划值；否则，将直接影响运输量计划的贯彻执行。当车辆运用效率指标达到企业实际的最大极限时，就只能考虑削减运输量计划或增加营运车辆的数量。无论是调整哪一项车辆运用效率指标，都必须以相应的技术组织措施为保证。例如，要提高工作效率就必须有更高的完好率，要保证更高的完好率就必须要求车辆维修工作、配件供应、维修工人数量和技术水平、维修场地等方面有相应的措施。

编制车辆运用计划的方法有顺序编法和逆序编法两种。

(1)顺序编法。顺序编法以"可能"为出发点,即先确定各项效率指标值,在此水平上确定计划可完成的运输工作量。其具体计算过程是:先根据计算汽车生产率的顺序,逐项计算各项利用效率指标的计划数值,再计算保持相同水平时可能完成的运输工作量,最后与运输量计划相对照。如果符合要求,表明可以完成任务,就可以根据报告期的统计资料和计划期的货源落实情况计算计划期的各项利用效率指标的数值,编制车辆运用计划;如果计算的结果与运输量计划有较大差异,特别是低于运输量计划时,则应调整各项车辆运用效率指标,直到两者基本相等时,才能据此编制车辆运用计划。

【例3】 某汽车货运企业第一季度平均营运货车数为100辆,其额定吨位为5t。经分析测算,全年平均车辆完好率可达95%,由于各种原因导致停驶的完好车辆占营运车辆总数的5%,技术速度为60km/h,工作车时利用率为70%,平均每日出车时间为10h,总行程中的空驶行程将占40%,吨位可得到充分的利用,运输量计划中所示的平均运输距离为80km,货物周转量为10200000t·km。根据这些资料,确定各项车辆运用效率指标的计划值,并据此编制车辆运用计划底稿。

解:车辆工作率 =95%−5%=90%

平均车日行程 =60×10×70% =420(km)

里程利用率 =1−40%=60%

载重量利用率 =100%

编制车辆运用计划,根据各项车辆运用效率指标计划值的计算,该货运企业可完成的货物周转量为 100×90%×420×90×60%×5×100%=10206000(t·km)

测算出的货物周转量与已定运输量计划指标10200000t·km相对照,略有超额,基本符合要求,据此编制车辆运用计划底稿,见表2-51。

表2-51 车辆运用计划底稿

指　　标	单　　位	计算过程	计　划　值
营运车日数	车日	100×90	9000
平均营运车辆	辆	9000÷90	100
平均每日吨位	t	100×90×5÷90	500
车辆平均吨位	t	100×90×5÷9000	5
完好率/(%)			95%
工作率/(%)		95%−5%	90%
工作车日数	车日	100×90×90%	8100
工作车日利用率/(%)			70%
技术速度	km/h		60
平均车日行程	km	60×10×70%	420
总行程	km	420×8100	3402000

续表

指 标	单 位	计算过程	计 划 值
里程利用率/（%）		1-40%	60%
载重行程	km	3402000×60%	2041200
载重行程周转率	t·km	2041200×5	10206000
载重量利用率/（%）			100%
货物周转量	t·km	10206000×100%	10206000
平均运距	km		80
货运量	t	10206000÷80	127575
单车期产量	（吨·千米）/辆	10206000÷100	102060
车千米产量	t	10206000÷3402000	3

（2）逆序编法。逆序编法以"需要"为出发点，通过既定的运输工作量来确定各项车辆运用效率指标必须达到的水平。各指标值的确定必须经过反复测算，保证具有完成运输任务的可能。同时，要注意不应完全受运输量计划的约束，若把各项车辆运用效率指标的计划值降得过低，则会抑制运输生产能力的合理发挥。

【例4】 某汽车货运公司某年第二季度运输量计划中确定的计划货物周转量为 7290000t·km，货运量为 91125t，车辆计划中确定的营运车辆数为 100 辆，额定吨位为 5t，完好率为 95%，工作率为 85%～90%，平均车日行程为 178～200km，里程利用率 65%～75%，载重量利用率为 90%～100%，托运率为 30%。试用逆编法编制车辆运用计划。

解：根据逆编法，先确定各项车辆运用效率指标。

（1）主车产量 =7290000×（1-30%）=5103000（t·km）。

（2）车吨日 =100×90×5=45000（吨日）。

（3）车吨日产量 = 计划期主车换算周转量 / 同期总车吨日数 =510300÷45000= 113.4（t·km），即第一季度每一个车吨日必须完成 113.4t·km 的周转量才能完成运输计划。

（4）确定工作率、平均车日行程、里程利用率和载重量利用率的值。

因为车吨日产量 = 工作率 × 平均车日行程 × 里程利用率 × 载重量利用率，现在需要确定车辆工作率、平均车日行程、里程利用率和载重量利用率这 4 项指标分别达到多少才能使车吨日产量达到 113.4t·km。

（5）确定各种指标得知，工作率为 90%，平均车日行程为 185km，里程利用率为 70%，载重量利用率为 97.4%，在此指标上可完成的运输总周转量为 90×100×5×90%×185×70%×97.4%×1÷（1-30%）=7297695（t·km）。

测算出的总周转量大于运输量计划确定的周转量 7290000t·km，可以确保完成第一季度的运输任务，据此编制第一季度车辆运用计划底稿，见表 2-52。

表 2-52 第一季度车辆运用计划底稿

	指　标	单　位	计算过程	计　划　值
汽车	营运总车日	车日	100×90	9000
	平均营运车辆	辆		100
	平均每日吨位数	t	100×5	500
	车辆平均吨位	t		5
	车辆完好率/(%)			95%
	车辆工作率/(%)			90%
	工作车日数	车日	9000×90%	8100
	平均车日行程	km		185
	总行程	km	185×8100	1498500
	里程利用率	km		70%
	载重行程	km	1498500×70%	1048950
	载重行程周转量	t·km	1048950×5	5244750
	载重量利用率/(%)			97.4%
	货物周转量	t·km	5244750×97.4%	5108386.5
挂车	托运率(%)			30%
	货物周转量	t·km	5108386.5×30%÷（1−30%）	2189308.5
汽挂车综合	货物周转量	t·km	5108386.5+2189308.5	7297695
	平均运距	km	7290000÷91125	80
	货运量	t	7297695÷80	91221.2
	车吨年产量	(吨·千米)/辆	7297695÷100÷5	14595.4
	单车期产量	(吨·千米)/辆	7297695÷100	72977.0
	车吨位产量	t		1498500

（三）车辆运行作业计划

1. 车辆运行作业计划的含义

车辆运行作业计划是为了完成运输生产计划和实现具体的运输过程而编制的运输生产作业性质的计划。它具体规定了每一辆汽车（列车）在一定时间内必须完成的运输任务、允许的作业时间和应达到的运用效率指标。车辆运行作业计划的主要任务表现为两个方面：一是把企业基层车队、车站和车间，以及有关职能部门有机地组织起来，协调一致地开展工作；二是不断提高运输效率，保证企业按日、按期均衡地完成运输任务，全面地完成各项技术经济指标。

车辆运行作业计划的主要作用是将运输生产计划中所规定的各项任务，按照月、旬、日及运次，具体、合理地分配到各基层生产单位，保证企业生产计划能够按质、按量、按期完成。

2. 编制车辆运行作业计划的重要性

车辆运行作业计划是运输生产计划的具体执行计划，是运输生产计划的继续。运输生产计划虽然按年、季和月安排生产任务，但它只是粗略的、纲领性的生产目标，不可能对运输生产的细节做出细微的安排。所以，必须制订车辆运输作业计划，以便实现具体的运输生产过程。

运输生产活动具有社会性，需要有比较严格的分工，为了保证运输生产活动按计划、有序地进行，必须用车辆运行作业对运输生产活动做出具体的安排与部署。由于车辆运行作业计划规定了每一辆车在一定时间内应该完成的运输任务、允许的作业时间、必须达到的效率指标及有关的注意事项，所以它是有计划、均衡地组织企业日常运输生产活动，建立正常生产秩序，按期完成生产计划，提高经济效益的重要手段，也是工作人员进行生产活动的准则。

3. 车辆运行作业计划的类型

（1）长期运行作业计划。长期运行作业计划适用于经常性的大批量的货物运输任务，如煤炭运输，通常其运输线路、起讫地点、停靠站点、运输量及货物类型等都比较固定。计划执行期有半月、一月及数月（季度），也可以是一旬、一周。

（2）短期运行作业计划。短期运行作业计划适应性较强，适用于装卸点较多、流向复杂、货物品种繁多及当天不能折返的货运任务，可对其编制周期为3日、5日等的作业计划，但计划工作量大，要求有较高的调度水平。

（3）日运行作业计划。日运行作业计划主要适用于货源多变、货源情况难以早期确定和临时性任务较多的货运任务，并且仅安排次日的运行作业计划。

（4）运次运行作业计划。运次运行作业计划通常适用于临时性或季节性、起讫地点固定的反复式的运输线路。运次运行作业计划编制简单，调度方便，一般根据运距长短、道路情况及装卸条件等，确定每辆车往返运次和应完成的运输工作量。大批量短途货运任务，如粮食入库、工地运输等常常采用这种计划形式。

4. 车辆运行作业计划的编制

车辆运行作业计划的编制依据当月的货运任务和已经接受的托运计划和运输合同、计划期的出车能力和装卸货地点的装卸能力、车辆运行作业计划的各项技术参数等，并且必须按照一定的程序进行。

（1）编制车辆运行作业计划的依据。在市场经济条件下，编制车辆运行作业计划必须以运输市场调查和预测资料为基础，并且结合企业内部生产能力及车辆技术状况。其主要依据如下：

① 当月的货运任务和已经接受的托运计划和运输合同。车辆运行作业计划是对如何完成运输任务做出的作业性安排，所以已确定的任务是编制车辆运行作业计划的首要依据。

② 运输市场及货物流量、流向、时间等调查预测资料和长期运输合同。它们是编制长期运行作业计划的依据。

③ 计划期的出车能力和装卸货地点的装卸能力。要想有较高的出车能力，就必须提高车辆的维修质量，合理安排车辆的维修工作。车辆维修作业计划安排有车辆进行维护和修理的作业时间，编制车辆运行作业计划应预留其进行维修作业的时间，不要影响维修作业计划的执行。货物装卸地点的装卸能力和现场情况也是影响运输效率的重要条件，如有些货物装卸地点可以同时容纳多辆车进行作业，有些货物装卸地点则只能接受一辆车，有些站点配备有适用的装卸机械，有些站点则没有等。

④ 车辆运行作业计划的各项技术参数。这些技术参数包括站距（一个运次的装卸地点之间的距离或沿线办理货运业务相邻车站之间的距离）、车辆的平均技术速度（即车辆实际行驶时的平均速度）、技术作业时间（指按技术管理规定的要求在运行途中停车进行技术检查的时间和加油、加水的时间）和商务作业时间（指企业规定的旅客上下车、行包和货物装卸作业等所需的时间）等。

⑤ 车辆运用计划中车辆运用效率指标的要求。车辆运行作业计划中的各项指标，如车辆工作率、里程利用率、托运率等必须达到所期望的水平，以保证车辆运用计划的完成，其中车吨日产量和车千米产量又是重中之重。

⑥ 运输服务区域计划期内的道路交通情况和气象情况。车辆运用效率的高低受外界因素（如交通、公路基础设施和气候、地理等条件）限制较大，所以在编制车辆运行作业计划时，应注意搜集这方面的资料。

（2）编制的程序。编制车辆运行作业计划是一项复杂细致的工作。在货源比较充足时，要编好车辆运行作业计划，保持良好的运输生产秩序，不失时机地完成尽可能多的运输业务。当货源比较紧张时，要通过编制车辆运行作业计划，尽可能提高车辆运用效率。车辆运行作业计划的编制程序如下：

① 根据货运资料确定货源汇总和分日运送计划。

② 认真核实全部营运车辆的出车能力及出车顺序，逐车妥善安排车辆、保修计划。

③ 根据有关资料，逐车编制运行作业计划，合理地选择车辆行驶路线，妥善地确定运行周期，根据货物类型和性质选配适宜车辆，交付运行调度组织执行。

④ 检查各车运行作业计划执行情况，及时处理执行中出现的问题并予以解决，为编制下期运行作业计划做好准备。

⑤ 根据有关政策及企业运输计划要求进行运行作业计划编制效果的审核。

二、车辆调度

（一）车辆调度工作概述

1. 车辆调度工作的含义

运输的主要任务是按照顾客的要求及时将顾客所需要的商品准确地送到客户的手中，要想实现此任务不仅仅需要准确制订车辆计划，关键是要将车辆计划准确地落实到具体的实施过程中，即企业调度部门的调度工作。

车辆调度工作是通过车辆运行作业计划和调度命令，将企业内的车站、车队、广场、装卸等各个环节进行合理安排，使各个部门在时间和空间上有效衔接，紧密配合，组成一个为完成统一的目标而协调运作的整体，保证运输生产过程的连续性和均衡性。

2. 车辆调度工作的任务

车辆调度的主要工作就是完成企业的车辆计划，将企业的车辆运行作业计划转化为企业的车辆具体运作过程，充分发挥车辆运用的效率来保证客货运输，并使企业取得最佳的经济效益。

运输企业的调度部门在组织运输作业时，要严格遵守国家的运输政策和相关法规，根据运输任务的分布情况，代表企业的领导发布运输工作的调度命令。运输调度部门主要通过各级调度机构编制的车辆运行作业计划，将运输生产计划具体落实到每一个车站、车队和驾驶员，并对运输过程进行组织与指挥，监督运作的每一个环节，避免出现不好的后果；如发现生产过程出现不平衡的情况时，应及时调整，使生产连续而有节奏地进行。

车辆调度工作的具体内容如下：

（1）调度部门应认真贯彻宏观方针和政策，通过对需求和可能之间的平衡，合理安排运输工作。

（2）根据企业的历史运作资料和同行业的相关资料，编制合理的运行作业计划。通过对运行作业计划的实施与检查，将企业内各个部门与环节有机地结合起来，提高企业的运输作业效率。

（3）根据客货流向、流量等情况，对运输过程中出现的问题及时进行分析并找到解决问题的具体措施，同时对问题进行记录，以便以后发生此类问题时迅速解决，保证企业有效地完成运输计划。

（4）根据企业现场、线路、客货源等具体情况不同采用不同的调度方法，并不断改进调度工作，加强企业的现场管理和车辆的调度。

（5）为保证车辆的正常运行过程，加强对汽车的保养和维修。

3. 车辆调度工作的原则

车辆调度工作的好坏直接影响企业运输的质量和企业的经济效益。在调度过程中，为保证运输的正确进行，应遵循以下原则：

（1）车辆调度工作的基本原则。

① 坚持统一领导和指挥、分级管理、分工负责的原则。

② 坚持从全局出发、局部服从全局的原则。

③ 坚持以均衡和超额完成生产计划任务为出发点的原则。

④ 坚持最低资源（运力）投入和获得最大效益的原则。

（2）车辆调度工作的具体原则。

① 宁打乱少数计划，不打乱多数计划。

② 宁打乱局部计划，不打乱整体计划。

③ 宁打乱次要环节，不打乱主要环节。

④ 宁打乱当日计划，不打乱以后计划。

⑤ 宁打乱可缓运物资的计划，不打乱急需物资运输计划。

⑥ 宁打乱整批货物运输计划，不打乱配装货物运输计划。

⑦ 宁使企业内部工作受影响，不使客户受影响。

4. 运输工具的调度

调度员接到一项运输任务后，要根据运输任务的具体信息，调度安排合适的车辆去执行运输任务。在具体的车辆调度时，不仅要求车辆状况与货物状况相匹配，而且要求与道路情况相匹配。

（1）车辆品牌的选择。主要考虑各品牌车辆的质量水平和性能是否符合完成运输任务的要求，尤其是道路情况。

> **课堂讨论**
>
> 现有东风、解放、五十铃等品牌的货车，要安排车辆将货物运送到安徽某山区，应该选择哪个品牌的货车运输？（提示：可以从功能不同车型的动力性能来分析）

（2）车辆吨位的选择。尽量选择核定吨位与运送货物量相匹配的车辆，提高车辆的载重利用率，但注意不能超载。

（3）车辆容积的选择。对于一些轻泡货物、有包装的货物、形状不规则的货物，在选择车辆时，一定要考虑车辆的容积，提高车辆的容积利用率。

（4）车辆货厢形式的选择。车辆的货厢形式主要有平板车厢、低栏板车厢、高栏板车厢、篷布车厢、厢式车厢（普通厢、冷藏厢）等，要根据货物特性、气候等选择车辆货厢的形式。

（5）车况的选择。如果是长途运输、复杂道路、重要客户、重要货物的运输，应安排车况较好的车辆。

在选择车辆时，除了要考虑上述5个方面的因素以外，还要综合考虑其他各个方面的因素，如当天运输的任务情况、车辆归队情况、天气情况、驾驶员和道路情况等。

课堂讨论

> 为什么要轻重货物搭配运输？（提示：可以利用车辆载重量和容积来分析）

（二）车辆调度方法

车辆调度的方法有多种，可根据客户所需货物、配送中心站点及交通线路的布局不同选用不同的方法。简单的运输可采用定向专车运行调度法、循环调度法、交叉调度法等。如果运输任务较重、交通网络较复杂时，为合理调度车辆的运行，可运用运筹学中线性规划的方法，如最短路径法、表上作业法、图上作业法等。这里主要讲图上作业法、表上作业法。

1. 空车调运数学模型

设：i——空车收点（即装货点）标号，$i=1, 2, \cdots, m$；

j——空车发点（即卸货点）标号，$j=1, 2, \cdots, n$；

Q_{ij}——由第j点发到第i点的空车数或吨位数（吨位）；

q_i——第i点所需车数或吨位数；

Q_j——第j点空车发出数量或吨位数；

L_{ij}——第j点发到第i点的距离（km）。

则根据空车调运最佳行驶线路选择问题可得以下数学模型：

（1）约束条件的数学模型。

① 某空车发点向各空车收点调出空车的总数等于该点空车发量，即

$$\sum_{i=1}^{m} Q_{ij} = Q_j \quad (i=1, 2, \cdots, m)$$

② 某空车收点调入各空车发点空车的总数等于该点空车收量，即

$$\sum_{i=1}^{n} Q_i = q_j \quad (j=1, 2, \cdots, n)$$

③ 上述各式中各个变量Q_{ij}不为负数，即

$$Q_{ij} \geq 0$$

④ 发点调出空车的总数等于各空车收点调入空车总数，即

$$\sum_{i=1}^{n} Q_i = \sum_{j=1}^{m} q_j$$

（2）目标函数的数学模型。

确定以全部空车调运里程$\sum L_k$最小为求解目标，即

$$\sum L_k \min = \sum Q_{ij} \cdot L_{ij}$$

2. 图上作业法

图上作业法是一种借助于货物流向——流量图而进行车辆合理规划的简便线性规划方

法，能消除环状交通网上物资运输中车辆的对流运输（包括隐蔽对流运输）和迂回运输问题，得出空车调运总吨千米最小的方案。所谓对流，就是在一段路线上有车辆往返空驶。所谓迂回，就是成圈（构成回路）的道路上，从一点到另一点有两条路可以选择，一条是小半圈，另一条是大半圈，如果选择的路线距离大于全回路总路程的一半，则就是迂回运输。运用线性规划理论可以证明，一个运输方案，如果没有对流和迂回，它就是一个运力最省的最优方案。

（1）确定线形类别。图上作业法将交通图分成道路不成圈和道路成圈两类。道路不成圈就是没有回路的树形结构，包括直线、"丁"字线、交叉线、分支线等。无圈的流向图只要消灭对流，就是最优流向图。道路成圈就是形成闭合回路的环形线路，包括一个圈（有三角形、四边形、多边形）和多个圈。成圈的流向图要达到既没有对流又没有迂回的要求，才是最优流向图。

（2）建立初始调运方案。根据线性规划原理，对于不成圈的交通网络运输调度可根据"就近调拨"的原则进行（图 2.12、图 2.13）。

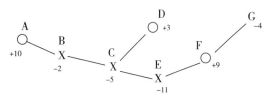

图 2.12　物资调运示意图

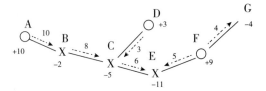

图 2.13　最优调运方案

对于成圈的交通网络，先假设某两点不通，将成圈问题简化为不成圈问题考虑，得到一个初始的调运方案。

假设某地区物资调运情况如图 2.14 所示，可断开 A-B 段，然后根据"就近调拨"的方法，即可得到如图 2.15 所示的物资调运初始方案。调整后的调拨方案如图 2.16 所示。

（3）检查初始方案。检查初始方案中是否存在对流运输和迂回运输情况。本例中不存在对流运输情况，通过检查里外圈流向线的总长度是否超过全圈（即封闭环线路）长度的 1/2 来判断是否存在迂回运输。

全圈长度 =45+23+25+18+23+36=170（km）
半圈长度 =170÷2=85（km）
外圈（逆时针方向）长度 =45+25+18+23=111（km）

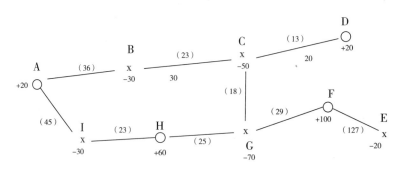

图 2.14　物资调运示意图

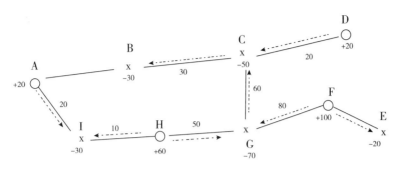

图例：○表示配送中心；X表示目的地

图 2.15 物资调运初始方案

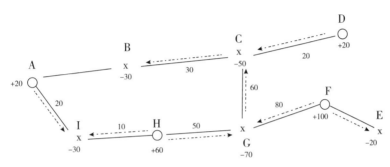

图例：○表示配送中心；X表示目的地

图 2.16 调整后的调拨方案

里圈（顺时针方向）长度 =23（km）

外圈流向线总长超过全圈长度的 1/2（111km 大于 85km），可以判定该方案有迂回运输现象存在，应缩短外圈流向，优化方案。

（4）调整优化方案。外圈流向线中最小流量 A-I 为 20，应在外圈的各段流向线上减去 20，同时应在里圈的各段流向线及原来没有流向线的 A-B 段上分别加上 20，可得到新的物资调拨方案。

调整后的调拨方案：

外圈（逆时针方向）长度 =25+18+23=66（km）

里圈（顺时针方向）长度 =23+36=59（km）

里外圈流向线的总长均没有超过全圈总长的 1/2，所以调整后的新方案是物资调拨的最优方案。

优化前：45×20+23×30+60×18+29×80+127×20+20×13+50×25+23×10=9270（t·km）

优化后：20×36+10×23+20×13+30×23+30×25+20×127+80×29+40×18=8230（t·km）

节约：9270-8230=1040（t·km）

3. 表上作业法

表上作业法是用列表的方法求解线性规划问题中运输模型的计算方法。当某些线性规划问题采用图上作业法难以进行直观求解时，就可以将各元素列成相关表作为初始方案，然后采用检验数来验证这个方案；否则，就要采用闭回路法、位势法或矩形法等方法进行调整，直至得到满意的结果。从理论上讲，运输问题可以用单纯型法来求解，但由于运输问题数学模型具有特殊的结构,用表上作业法来求解运输问题比单纯型法更节约计算时间、费用。表上作业法实质上仍是单纯型法。

表上作业法的基本程序如下:

(1)列出供需平衡表。

(2)在表上做出初始方案。

(3)检查初始方案是否最优。

(4)调整初始方案求得最优解。

【例5】某企业有3个生产同类产品的工厂(装货点),生产的产品由4个销售点(卸货点)出售,各工厂的生产量、各销售点的销售量(假定单位均为"t")及各工厂到各销售点的单位运费(元/吨)见表2-53,每格左上角标注的是两点间的距离或费用,一般称为元素。试分析如何调运才能使空车总的费用最小。

解:第一步,列出空车供需平衡表,并求得初始方案。

空车调运的初始方案,可用最小元素法求。

(1)先找出表中的最小元素。本例为60。

(2)把这个最小元素所在行列的发量和收量尽量分配给它,填入该空格成为有数格。本例中填50。

(3)已得到分配数的有数格,其所在行和列的发量和收量必然有一个被分配完,就把被分配完的这行或列用粗线划去,另一行(列)的发(收)量应减去其分配量,列出剩余量。如行和列的发收量同时被分配完,也只划去其中之一。

(4)从剩余行列中再找出最小元素,以同样的方法进行分配,直到全部分配完为止。

表2-53 产销地运费运量表

卸货点\装货点	B	D	E	收货量
A	70	230	80	40
C	140	100	230	30
F	60	190	80	50
G	160	180	180	80
发货量	80	90	30	200

本例题完成的初始方案见表 2-54。

表 2-54　空车供需平衡表

空车发出点 \ 空车接受点	B		D		E		空车发量
A	70	㉚	230		80	⑩	40
C	140		100	⑩	230	⑳	30
F	60	㊿	190		80		50
G	160		180	⑧⓪	180		80
空车收量	80		90		30		200

第二步，检验初始方案。

检验初始方案是否最优，常用的方法有闭回路法和位势法。

（1）先按供需平衡表画出相同的表，作为检验用表。

（2）在初始方案的有数格标上"0"。

（3）在表的右方增加一列"行位势"（u_i），在表的下方增加一行"列位势"（v_j），并在行位势、列位势的方格中，填上新的数值。这些数值应该使表中有"0"的方格内的元素（距离或费用），恰好等于它所在的行、列所填两个数字之和，即

$$u_i + v_j = c_{ij}$$

式中：c_{ij}——方格内的元素。

（4）将各空格的元素减去该格所对应的行位势和列位势，便得到该空格的检验数，即检验数 $\lambda_{ij} = c_{ij} - (u_i + v_j)$。如果检验数全部非负，则方案最优，否则要进行调整。

本例检验数求解过程为

设 $u_i = 0$

$V_1 = c_{11} - u_1 = 70 - 0 = 70$

$V_3 = c_{13} - u_1 = 80 - 0 = 80$

$U_2 = c_{31} - v_1 = 140 - 80 = 60$

$V_2 = c_{22} - u_2 = 50 - 100 = -50$

$u_1 = c_{13} - v_1 = 60 - 70 = -10$

$u_4 = c_{23} - v_2 = 90 - (-50) = 140$

位势求出后，即可按检验数公式计算出检验数。表 2-55 是检验数求得结果。

表 2-55 检验数表

空车发出点 \ 空车接受点	B		D		E		空车发量	行位势 u_i
A	70	㉚	230		80	⑩	40	0
	0		280		0			
C	140		100	⑩	230	⑳	30	60
	−80		0		0			
F	60	㊿	190		80		50	−10
	0		250		10			
G	160		180	⑧	180		80	140
	−50		0		−40			
空车收量	80		90		30		200	
列位势 v_j	70		−50		80			

第三步，调整初始的调运方案。

当检验数有负数时，方案不是最优，应进行调整。

（1）选取检验数负数的绝对值最大的空格，用闭回路法找出该空格的闭回路。本例闭合回路见表 2-56。

表 2-56 画闭回路

空车发出点 \ 空车接受点	B		D		E		空车发量	行位势 u_i
A	70	㉚	230		80	⑩	40	0
	0		280		0			
C	140		100	⑩	230	⑳	30	60
	−80		0		0			
F	60	㊿	190		80		50	−10
	0		250		10			
G	160		180	⑧	180		80	140
	−50		0		−40			
空车收量	80		90		30		200	
列位势 v_j	70		−50		80			

闭回路法——以空格为起点，沿水平或垂直方向移动，遇到有数格才作直角转弯。如在该有数格转弯后，不能形成闭回路，则暂不转弯，可跨越该有数格继续前进，直到再遇有数格才转弯。如此行进，最后又回到起点的空格，构成一个闭合回路。

（2）在闭回路的奇数角中，找出最小流量 $X_{\min}$。本例为 20。

奇、偶数角——从空格起点移动（空格为0），顺着一个方向数，凡1、3、5……为奇数角，凡2、4、6……为偶数角。

（3）每一个奇数角所在的格都减去最小流量 $X_{\min}$，每一个偶数角所在的格都加上最小流量 $X_{\min}$，得一新方案。

（4）对新方案进行检验，看检验数是否全部非负。

第四步，检验新方案。检验过程、方法同上。表2-57是计算结果。

表2-57 检验数表

空车发出点\空车接受点	B		D		E		空车发量	行位势 u_i
A	70	⑩	230		80	㉚	40	0
	0		200		0			
C	140	⑳	100	⑩	230		30	70
	0		0		130			
F	60	㊿	190		80		50	-10
	0		170		10			
G	160		180	㊿	180		80	60
	30		0		40			
空车收量	80		90		30		200	
列位势 v_j	70		30		80			

最优空车调运方案：A→B 10t，C→B 20t，F→B 50t，C→D 10t，G→D 80t，A→E 30t。

三、车辆营运

在货物配送管理中，车辆调度、货物配装、运输路线的规划与选择是配送作业的重要内容。由于配送的货物输送主要是短距离的运输，所以运输车辆的行车作业管理、车辆的维护与保养、车辆运输业务的外包等车辆营运管理也是配送管理的重要的辅助业务管理内容。

（一）车辆运行管理

在配送作业中，尽管人们可以通过建立数学模型使运输路线优化，利用计算机管理软件对车辆进行合理的调度、对货物实行有效配送，配送计划可以做得非常周详，但影响货物配送效率与配送服务质量的因素很多，其中不乏许多不可预期的状况因素。特别在企业外部货物的输送过程中，往往会因临时的交通状况发生变化、天气变化、行车人员在外不按指令行车或外部驾驶过程中突发安全事故等难以直接控制或不可控因素的影响而导致货物配送不能如期到达、货物受损等情况，从而使配送成本上升，最终影响配送服务质量与配送效益,使前期的配货效率及其产生的效益化为乌有。因此,在货物配送管理中,必须加强行驶作业记录进行跟踪管理。

1. 行驶作业记录管理

行驶作业记录管理主要有驾驶日报表管理方式、行车作业记录卡管理方式和行车记录器的管理方式。

(1)驾驶日报表管理方式。通过行车驾驶人员填制《汽车驾驶日报表》的方式记录货物输送作业过程。该报表除了能随时对车辆与驾驶员的品质及任务作评估调整以外,也能反映出事前配送规划的效果,为后续营运配送计划管理提供参考。

(2)行车作业记录卡管理方式。行车作业记录卡管理即对行车作业实行定时划卡制度。例如,日本大型连锁集团伊藤洋华堂对配送车辆输送行车作业实行了高效率管理方式,具体的手段是设立定时划卡制度,即每一台配送车辆到店时要划卡,离店时也要划卡,到店至离店的时间为卸货和验货的时间。配送中心根据信息中心获取的 POS 系统的信息来掌握配送车辆到店和离店的划卡时间,分析运送作业、货物抵达后的交、接货的作业效率,规划比较合理的配送路线,确保物流的通畅,使各连锁分店能够顺利地运营。又如,我国城市公交系统为保证车辆准时到点,对于营运车辆均采用中途和到站划卡制度。车辆营运实行划卡制度,对于城市区域内定点定路线的配送服务方式是很有借鉴意义的。

(3)行车记录器的管理方式。行车记录器的用途很广,只要涉及货品配送且想要好好管理配送作业,都可将其运用在车辆上。当前,国内外采用随车温度记录器及行车记录器的方式,来对车辆配送情况进行即时详细的掌握。

① 利用随车温度记录器随时监控车内温度状况。在这种情况下,温度记录器多设置在货品温度控制的配送车上。例如,冷冻、冷藏食品的配送,温度记录器可提供随时监控管理的功能,一旦货柜温度过高或过低,温度记录器即会马上发出警报并提醒配送人员注意,以采取必要措施。而且,这些资料的记录数据可供管理人员事后检查之用。

② 利用行车记录器掌握车辆配送过程中的行驶数据。行车记录器最主要的功能就是记录车辆行驶及交货时间、车辆行驶的里程数、车辆运行速度、车辆耗油量与平均耗油量、车辆引擎转速。

通过记录器的功能,配送管理者可以分析车辆使用状况,随时进行调整与改善;取代原来人工记录的方式,提高驾驶员工作效率;简化报表作业程序,提升管理效率;掌握运输活动每一时点的情况,提高对客户的服务质量;节省油量消耗及车辆保养费用,切实降低配送成本。

2. 利用自动跟踪信息技术对输送货物进行跟踪管理

实现对货物的实时跟踪监控,也就是说,从货物出货主企业的门到进入商家和客户的门,这个过程中也能时刻监控到货车的运输线路、所在位置,并且能够便捷、低成本地同货车司机保持联系。

国外许多物流或货运公司利用条形码、在线货运信息系统和卫星定位系统等信息技术进行货物跟踪管理服务。

3. 行车作业人员考核与管理

对行车作业人员进行管理,尽管可以通过调查客户、加强行驶作业记录、跟踪管理了解到货时点情况、装车卸货情况、运输路线是否合理等,但是只能反映行车作业活动的营运情况，还不能说对行车作业进行有效控制与管理。为确保行车作业能按输送计划有效运行，还需要对行车作业人员进行培训、考核和评价。

（1）对行车作业人员进行培训。对行车人员进行培训的目的在于，让其了解物流的内涵、各项作业流程、车辆相关的操作与维护知识、搬运装卸要领、紧急事件处理的原则和方法，不过最重要的还是在于强化其遵守交通法规与服务客户的理念。

（2）建立行车作业人员工作考核制度。除前述的通过顾客调查、日报表、记录器、车辆通信系统等措施来监管以外，对行车任务的考核与评价是管控行车作业人员的有效方法之一。在考核评价体系中，最重要的是确定车辆行车作业评价的基本指标，建立考核评价制度。

车辆行车作业的评价的基本指标有行车里程（实车行驶里程、空车行驶里程），行车时间（实车行驶时间、空车行驶时间），装载量（重量、体积），车辆配置（总载重量、车辆总数、出勤和停驶车辆数），值班人数、车次等，耗油量，工作天数（正常工作时间、延长工作时间），肇事、交通事故件数等。

对行车作业人员的考核数据，可以通过驾驶成绩报告书、配送人员出勤日报表的方式来反映。

（3）建立行车人员的工作激励机制。对于行车人员的管理，还应有相应的激励机制来调动作业人员的工作积极性和主动性，因为有效的激励往往比管控更重要。因此，对行车人员的管理应坚持以人为本，对其家庭生活也要多关心，通过建立良好的企业文化，充分发挥他们的工作潜能。同时，可以通过目标导向的薪资制度、工作绩效竞赛制度等措施来激励作业人员搞好配送作业工作。

（二）车辆选择与养护

车辆、人、站场这三者是配送活动中最主要的构成要素，选择合适型号的运输车辆，并使车辆维持良好的使用状态，对整个配送工作的顺利进行起着决定性的作用。

1. 车辆种类的选择

货车车辆种类繁多，要根据用途及所载的货物种类来进行选择。一般常见的车辆分类有：根据载重分类，如3.5t以上的小货车；根据车厢的形式分类，如柜式车和厢型车；根据燃油分类，如汽油车、柴油车等。从消费物流的角度来看，由于车辆运载的物品大都是生活用品，所以在选用车辆时，可根据距离、运送物品的多少进行选择。

【车辆选择与日常养护管理】

由于市区车辆较多，同时为了维护道路的使用寿命，所以对于进入市区的车辆都有载重的限制，市区配送一般以小货车为主。

2. 车辆保养与维修

为了减少车辆的损坏，确保行车质量与安全，除教育行车人员根据操作手册驾驶车辆，做好行车前、行车中、行车后的车辆检查以外，还应制定车辆保养与维修管理办法，以确保运输车辆处于最佳运行状态。

（1）车辆维护。车辆维护也叫车辆保养，主要内容是清洁、润滑、紧固、调整、防腐。车辆保养一般可分为日常保养、一级保养、二级保养，这3类保养的区别见表2-58。

表 2-58 车辆 3 类保养的区别

保养级别	保养时间	保养内容	保养人员
日常保养	每天的例行保养	班前班后认真检查，擦拭车辆各个部件并注油，发生故障时及时予以排除，做好交接班记录	司机
一级保养	累计运转 500h 可进行一次，保养停机时间约为 8h	对车辆进行局部拆解、清洗检查及定期维修	以司机为主，维修工人参加
二级保养	车辆累计运转 2500h 可进行一次，保养停机时间约为 32h	对车辆进行部分拆解、检查和局部修理、全面清洗	以维修工人为主，司机参加

（2）车辆检查。车辆检查是对车辆的运行情况、工作精度、磨损或腐蚀程度进行检查和校验。检查是车辆维修管理中的一个重要环节，通过检查可及时查明和消除车辆隐患，针对发现的问题提出改进维护工作的措施，有目的地做好修理前的各项准备工作，以提高修理质量和缩短修理时间。

按时间间隔分类，车辆检查可分为日常检查和定期检查。日常检查即每日检查和交接班检查，由车辆操作人员执行。定期检查即按计划日程表，在操作者参加的情况下，由专职检修人员定期执行。

（3）车辆监测。监测技术是在检查的基础上发展起来的车辆设备维修和管理方面的新兴工程技术。车辆监测通过科学的方法在车辆上安装仪器仪表，对车辆的运行状态进行监测，能够全面、准确地把握设备的磨损、老化、劣化、腐蚀的部位和程度，在此基础上进行早期预报和追踪，可以把车辆的定期维护修理制度转变为有针对性的预知维修制度，从而可以减少由于对车辆劳损情况不清而盲目拆卸给车辆带来的损伤和车辆因停运造成的经济损失。

（4）车辆维修制度。因国情不同，世界各地企业的车辆维修制度也各不相同。例如，美国实行的是预防维修制，日本实行的是全员生产维修制，而我国目前实行车辆设备维修制度主要是计划预防维修制度、计划保养修理制度、预防维修制度 3 种。

① 计划预防维修制度（简称"计划预修制"）。它是根据车辆设备的磨损规律，按预定修理周期及其结构对设备进行维护、检查和修理，以保证设备经常处于良好技术状况的一种设备维修制度。其主要特点有：按规定要求，对设备进行日常清扫、检查、加油、润滑、紧固和调整等，以减缓设备的磨损，保证设备正常运行；按规定的日程表对设备的运转状态、性能和磨损程度等进行定期检查和校验，以便及时清除隐患，掌握设备技术状况的变化情况，为设备定期检修做好准备；有计划、有准备地对设备进行预防性修理。

② 计划保养修理制度（简称"计划保修制"）。它是把维护保养和计划检修结合起来的一种修理制度。其主要特点有：根据车辆设备的特点和状况，按照设备运转小时、产量或里程等，制定不同的维护类别和间隔期；在保养的基础上，制定不同的修理类别和修理周期；车辆设备运转到规定时点时，强制性地按要求进行检查、保养或计划修理。

③ 预防维修制度。预防维修制度是我国从 20 世纪 80 年代开始，研究并汲取美国预防维修制度而形成的一种车辆设备修理制度，其基础是车辆设备故障理论和磨损规律。

四、送货作业

（一）送货作业概述

送货作业是利用配送车辆把客户订购的物品从制造厂、生产基地、批发商、经销商或配送中心，送到客户手中的过程。送货是一种短距离、小批量、高频率的运输形式。送货作业以服务为目标，以尽可能满足客户需求为宗旨。从日本配送运输的实践来看，配送的有效距离最好在 50km 半径范围内，而我国配送中心、物流中心的配送经济里程大约在 30km 半径范围内。送货主要有两种形式，如图 2.17 所示。

【送货作业】

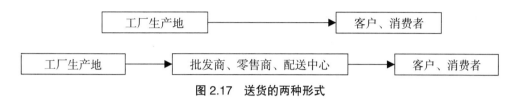

图 2.17 送货的两种形式

送货作为配送的最后一道环节，对于物流企业来说是非常关键的，因为它直接跟顾客打交道。因此，如何有效地管理送货作业是物流企业不可忽视的问题。如果在这方面失误，就会产生种种问题，如从接收订单到出货非常费时、配送效率低下、驾驶员的工作时间不均、货品在输送过程中的损坏和丢失等；同时，其最直接的影响是运输的费用超限。在送货管理中，不仅要对送货人员的工作时间、发生的重要情况进行管理，而且要加强对车辆利用（如装载率、空驶率等）的监控。

> **课堂思考**
>
> 如果要运输高附加值的纸箱包装货物、大型超高机械设备、易腐水果类的货物，应安排哪种货厢形式的车辆？（提示：可以从不同厢型车辆的特点来分析）

（二）送货作业的特点

1. 时效性

时效性就是指要确保能在指定的时间内交货。如途中因意外不能准时到达，必须立刻与总部联系，由总部采取紧急措施，确保履行合同。影响时效性的因素很多，除配送车辆故障以外，所选择的配送路径和路况不佳、中途客户卸货不及时等均会造成时间上的延误。因此，必须在认真分析各种因素的前提下，用系统化的思想和原则，进行综合管理，选择合理的配送线路、配送车辆和送货人员，使每位客户在预定的时间收到订购的货物。

2. 可靠性

将货品完好无缺地送达目的地，这就是送货的目的。影响可靠性的因素有货物的装卸作业、运送过程中的机械振动和冲击，以及其他意外事故、客户地点及作业环境、送货人员的素质等。

3. 沟通性

送货作业是配送的末端服务，通过送货上门服务直接与客户接触，是与顾客沟通最直接的桥梁，不仅代表企业的形象和信誉，而且在沟通中起着非常重要的作用。例如，一些物流企业甚至把卡车司机和送货人员称作"企业的形象大使"，使其充分利用与客户沟通的机会，巩固与发展企业的信誉，为客户提供更优质的服务。

4. 便利性

配送以服务为目标，以最大限度地满足客户要求为宗旨，应尽可能地让顾客享受到便捷的服务。通过采用高弹性的送货系统，如采用紧急送货、顺道送货与退货、辅助资源回收等方式，可为顾客提供真正意义上的便利服务。

5. 经济性

实现一定的经济利益是企业运作的基本目标。对于合作双方来说，以较低的费用完成送货作业是企业建立双赢机制、加强合作的基础，不仅要满足客户的要求，提供高质量、及时、方便的配送服务，而且必须提高配送效率，加强成本管理与控制。

（三）送货的基本作业流程

送货的基本作业流程如图2.18所示。

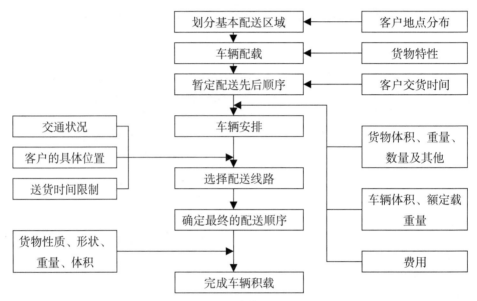

图2.18 送货的基本作业流程

送货的基本作业流程具体内容如下：

（1）划分基本配送区域。为使整个配送有一个可循的基本依据，应首先将客户所在地的具体位置进行系统统计，并将其作区域上的整体划分，将每一客户囊括在不同的基本配送区域之中，以作为下一步决策的基本参考。例如，按行政区域或依交通条件划分不同的配送区域，在这一划分的基础上做弹性调整来安排配送。

（2）车辆配载。由于配送货物品种、特性各异，为提高配送效率，确保货物质量，首先必须对特性差异大的货物进行分类。接到订单后，将货物按特性进行分类，分别采取不同的配送方式和运输工具，如按冷冻食品、速食品、散装货物、箱装货物等分类配载。其次，配送的货物也有轻重缓急之分，必须初步确定哪些可配于同一辆车、哪些不能配于同一辆车，以便做好车辆的初步配装工作。

（3）暂定配送先后顺序。在考虑其他影响因素，做出确定的配送方案之前，应根据客户订单要求的送货时间将配送的先后作业次序作初步排定，为后面车辆积载做好准备。计划工作的目的就是保证达到既定的目标。预先确定基本配送顺序既可以有效地保证送货时间，又可以提高运作效率。

（4）车辆安排。车辆安排要解决的问题是安排什么类型、吨位的配送车辆进行最后的送货。在安排之前，首先要掌握哪些车辆可供调派并符合要求，即这些车辆的容量和额定载重是否满足要求。其次，必须分析订单上货物的信息，如体积、重量、数量、对装卸的特别要求等，综合考虑各方面因素的影响，做出最合适的车辆安排。

(5)选择配送线路。了解每辆车所负责配送的具体客户后,如何以最快的速度完成对这些货物的配送,即如何选择配送距离短、配送时间短、配送成本低的线路,需要根据客户的具体位置、沿途的交通情况等做出选择和判断。此外,必须考虑有些客户或其所在地环境对送货时间、车型等方面的特殊要求,如有些客户不在中午或晚上收货、有些道路在高峰期实行特别交通管制等。

(6)确定最终的配送顺序。选择好最佳的配送线路后,依据各车负责配送的具体客户的先后顺序,即可将客户的最终配送顺序加以明确。

(7)完成车辆积载。明确客户的配送顺序后,接下来就是如何将货物装车、以什么次序装车的问题,即车辆的积载问题。一般来说,只要将货物依"后送先装"的顺序装车即可,但有时为了有效利用空间,可能还要考虑货物的性质,如怕震、怕压、怕撞、怕湿,根据形状、体积及重量等做出调整。此外,对于货物的装卸方法也必须依照货物的性质、形状、重量、体积等具体情况来决定。

五、特殊货物运输组织

特殊货物又称特种货物,一般是指具有长大、笨重、危险、易腐等特性,对运输、保管、装卸等作业有特殊要求的物品。特殊货物运输除必须符合货物运输一般规定以外,还必须遵守国家有关特种货物运输的专门要求。

(一)超限货物运输

1. 超限货物的概念

超限货物运输是指使用非常规的超重型汽车列车,载运外形尺寸和重量超过常规车辆装卸规定的大型物件(简称"大件")的公路运输。大型物件一般是指具有以下条件之一的货物:

【超限货物运输】

(1)长度在14m以上,或宽度在3.5m以上,或高度在5m以上的货物。
(2)重量在20t以上的单位或不可解体的成组(捆)货物。

根据我国公路运输主管部门现行规定,公路超限货物按其外形尺寸和重量(含包装和支撑架)分成4级,见表2-59。

表2-59 公路超限货物外形尺寸和重量

大件级别	重量/t	长度/m	宽度/m	高度/m
一级	20~(100)	14~(20)	3.5~(4.5)	3.0~(3.8)
二级	100~(200)	20~(30)	4.5~(5.5)	3.8~(4.4)
三级	200~(300)	30~(40)	5.5~(6.0)	4.4~(5.0)
四级	300以上	40以上	6.0以上	5.0以上

注:括号内的数字表示该项参数不包括括号内的数值。

表中,货物的重量是指货物的毛重,即指货物的净重加上包装和支撑材料后的重量;货物的重量和外形尺寸中,有一项达到表中所列参数,即为该级别的超限货物;货物同时在外形尺寸和重量达到两种以上等级时,按高限级别确定超限等级。

2. 超限货物运输的组织

与普通货物运输相比较,超限货物运输具有其特殊性。超限货物运输常采用超重型汽车列车（车组）运输，利用超重型挂车作载体，用超重型牵引车牵引，运载超限货物的超重型列车对通行的道路要求有足够的宽度和净空、良好的道路线形，桥涵要有足够的承载能力，运输准备工作复杂，有时还要分段封闭交通，让超重型车组单独通过。超限货物运输采用计时运价，通常以"元／（吨·小时）"为运输费用的计算单位。

超限货物运输要求严、责任重、难度大、价值高，所以其运输组织工作应引起足够的重视。

（1）超限货物运输的准备工作。

① 办理托运。由大型物件的托运人向已取得相应级别超限货物运输经营资格的运输企业或其代理人办理托运，托运人必须在托运单上如实填写大型物件的名称、规格、件数、件重、起运日期、收发货人详细地址及运输过程中的注意事项。凡未按上述要求办理托运或托运单填写不明确，因此发生运输事故的，由托运人承担全部责任。

② 理货工作。超限货物运输企业对大型物件的几何形状、重量、重心等事先进行了解，查明货物承载位置及装卸方式，查阅大型物件的技术经济资料，完成理货报告。有条件时，可进行实地考察，通过理货可为确定超限货物级别和运输形式，以及制订运输方案提供依据。

③ 查验道路。选择运输路线时应充分考虑超限运输的可行性。检查运输沿线道路的路面宽度和重量、路基、坡度、弯度，查验沿线桥梁的荷载、穿越的涵洞、途经的收费站、高空障碍物、转卸货和转运现场，根据查验结果预测作业时间、编制运行路线图。

④ 制订方案。在理货和验道的基础上，制订详细、安全、可靠的运输方案。方案的主要内容包括途经线路、牵引车与挂车组和附件的配备、动力机组与压载块的配置、车辆运行速度、货物装卸与捆扎加固方式、运输技术方案验算及辅助车辆的配备等。

⑤ 签订合同。完成上述工作环节后，托运人与承运人双方签订书面形式的运输合同。合同的主要内容有明确托运与承运双方当事人、大型物件的数据与运输车辆的数据、运输起讫地点、运输距离与运输时间、合同生效的条件、双方当事人应负的责任、有关法律手续的办理方式、运费结算方式、付款方式等。

（2）超限货物运输的沿线组织。

① 成立领导小组。由于超限货物运输的特殊性，为确保安全，应成立临时性的大型物件运输领导小组，负责实施运输方案，执行合同和对外联系。根据线路运输需要，领导小组可下设行车、机务、安全、重量、生活后勤、材料供应等岗位，并明确岗位责任制，组织牵引车驾驶员、挂车操作员、修理工、装卸工、工具材料员、技术员、安全员、质检员等学习运输方案，进行技术交流，加强沟通和协调，保证运输任务圆满完成。

② 编队运行。由于超限货物运输过程中工作环节较多，尤其在长途运输时，各种不同功能的车辆需要按一定顺序编队行驶。一般情况下，参加大型物件运输的各类车辆排列的运行顺序依次为：交通先导车、标杆车、起重吊机、排阵指挥车、大件运输车队、故障拯救车、备用拖车、材料供应车、其他护送车辆。

③ 沟通与协调。超限货物运输途中不可预见的问题相对较多，带队领导一定要冷静沉着，车队内部要加强衔接和协调，与沿线公路管理部门和交通管理部门要加强沟通。特别是在跨省、市运输时，沿途各地区间更须做好分工与协作，办好交接手续。

④ 统计与结算。运输统计是指完成公路超限货物运输工作各项技术经济指标的统计，运输结算是指完成运输工作后按运输合同的有关规定结算运费和相关费用。

（二）危险品运输

1. 危险货物的概念

危险货物是一个范围很广的称谓，具体来说，危险货物是指在运输、装卸、储存和保管过程中，容易造成人身伤亡和财产损毁的、需要特别防护的，具有爆炸、易燃、毒害、腐蚀、放射性等性质的货物。

根据汽车运输的特点，在我国交通运输部颁发的行业标准中，将道路运输危险货物分为 9 类：爆炸品、压缩气体和液化气体、易燃液体、易燃固体、自燃物品和遇湿易燃物品、氧化剂和有机过氧化物、毒害品和感染性物品、放射性物品、腐蚀品和其他危险物品。

【危险货物运输】

这些危险货物由于性质活泼或不稳定，容易受外界条件的影响，如果在运输、装卸、储存作业中，受到光、热、撞击、摩擦等，就极易发生爆炸、燃烧、中毒、腐蚀、辐射等严重事故，造成人员伤亡、财产损失和环境破坏。

2. 危险货物运输组织

危险货物运输要经过受理托运，仓储保管，货物装卸、运送、交付等环节，这些环节分别由不同岗位人员操作完成。其中，受理托运、货物运送及交接保管工作环节尤其应加强管理，其规范要点如下所述：

（1）受理托运。受理托运前必须对货物名称、性能、防范方法、形态、包装、单件重量等情况进行详细说明。检验货物的包装、规格和标志是否符合国家规定要求。新产品应检查随附的技术鉴定书是否有效，按规定需要的"准运证件"是否齐全。做好装卸现场、环境要符合安全运输条件的运输前准备工作。到达车站、码头的爆炸品、剧毒品、一级氧化剂、放射性物品（天然铀、钍类除外），在受理前应赴现场检查包装等情况，对不符合安全运输要求的，应请托运人改善后再受理。

（2）交接保管。承运单位及驾驶、装卸人员自货物交付承运到送达为止应负保管责任。在交接过程中，装货时，发现包装不良或不符安全要求应拒绝装运，或改善后再运；卸货时，发生货损货差，收货人不得拒收，应及时采取安全措施，以避免扩大损失，同时在运输单证上批注清楚。驾驶员、装卸工返回后，应及时汇报，及时处理。因故不能及时卸货，在等待卸车期间行车人员应负责对所运危险货物的看护，同时应及时与托运人取得联系，恰当处理。由于危险货物具有损害性，必须保证签证手续完善。

（3）货物运送。在货物运送过程中，要仔细审核托运单内容，发现问题要及时弄清情况后再安排运行作业。在安排车班、车次时，必须按照货物性质和托运人的要求进行，如无法按要求安排作业，应及时与托运人联系进行协商处理。同时，要注意天气预报，掌握雨雪和气温的变化。遇有大批量烈性易燃、易爆、剧毒和放射性物质时，必须做重点安排，必要时召开专门会议，制订运输方案。尤其在跨省运输中，更应该安排专人带队，指导装卸和运行，确保安全生产。

（三）鲜活易腐货物运输

鲜活易腐货物运输是指在运输过程中需要使用专门的运输工具，或采用特殊措施，以便保持一定温度、湿度或供应一定的饲料、上水、换水，以防止死亡和腐烂变质的货物的运输。鲜活易腐货物的运输通常具有季节性强、运量变化大、运送时间上要求紧迫、运送途中需要特殊照料等特点。

【鲜活易腐货物运输】

鲜活易腐货物分为易腐货物和活动物两大类，其中占比例最大的是易腐货物。易腐货物是指在一般条件下保管和运输时，极易受到外界气温及湿度的影响而腐坏变质的货物。易腐货物主要包括肉、鱼、蛋、水果、蔬菜、冰鲜活植物等，活动物包括禽、畜、兽、蜜蜂、活鱼、鱼苗等。

易腐货物按其温度状况（即热状态）的不同，又可分为以下 3 个类别：

（1）冻结货物。冻结货物是指经过冷冻加工成为冻结状态的易腐货物。根据相关规定，冻结货物的承运温度（除冰外）应在 –10℃以下。

（2）冷却货物。冷却货物是指经过预冷处理后货物温度达到承运温度范围之内的易腐货物。根据相关规定，冷却货物的承运温度，除香蕉、菠萝为 11～15℃以外，其他冷却货物的承运温度在 0～7℃。

（3）未冷却货物。未冷却货物是指未经过任何冷冻工艺处理，完全处于自然状态的易腐货物，例如采收后以初始状态提交运输的瓜果、鲜蔬菜等。

按照热状态来划分易腐货物种类的目的，是便于正确确定易腐货物的运输条件（如车种、车型的选用，装载方法的选取，以及运输方式、控温范围、冰盐比例、途中服务的确定等），合理制定运价，提高综合经济效益。

1. 货物的冷藏办法

【我国冷藏保温车产业的发展】

冷藏货物大致可分为冷冻货物和低温货物两种。冷冻货物是指必须在冻结状态下进行运输的货物。低温货物是指必须在还未冻结或表面有一层薄薄的冻结层的状态下进行运输的货物。冷藏货物在运输过程中为了防止货物变质需要保持恒定的温度，这种温度称为运输温度。运输温度的高低需依据具体的货物种类而定。即便是同一类货物，由于运输时间、冻结状态和货物成熟程度的不同，对运输温度的要求也不尽相同。

2. 鲜活易腐货物的运输组织

良好的运输组织工作，对保证鲜活易腐货物的运送质量十分重要。对于鲜活易腐货物的运输应坚持"四优先"的原则，即优先安排运输计划、优先进货装车、优先取送、优先挂运。

运输企业应按鲜活易腐货物的运送规律，事先做好货源摸底和核实工作，妥善安排好运力，提前做好各方面的准备，保证及时运输。

（1）承运鲜活易腐货物，在始发站应有车站货运员对托运货物的质量和状态进行认真的检查。要求质量新鲜、包装符合要求、热状态符合规定。对已有腐烂变质现象的货物，托运前应加以适当处理。对不符合规定质量的鲜活易腐货物，不予以承运。

（2）托运需冷藏保温的货物，托运人应提出货物的冷藏温度和在一定时间内的保持温度要求。不同热状态的易腐货物，不得按一批托运。一批托运的整车易腐货物，一般限运同一品名。但不同品名的易腐货物，如在冷藏车内保持或要求的温度上限（或下限）差别不超过 3℃时，允许拼装在同一冷藏车内按一批托运，此时发货人应在货物运单"发货人已载事项"栏内写明"车内保持温度按品名的规定办理"。

（3）发货人托运鲜活货物，应提供最长运输期限及途中管理、照料事宜的说明书。货物允许的最低运输期限应大于汽车运输能够达到的期限，否则不予承运。承运人应根据发货人的要求和承运方的实际情况，及时地安排适宜车辆进行装运。

（4）发货人托运需检疫的禽、兽产品和鲜活植物，应按规定提出检疫证明书，并在货物运单内注明其号码。检疫证明书退回发货人或随同运单带到终点站，交收货人。

应用案例

南菜北运、黔货出山、跨境海鲜……面对巨大的市场需求，农村冷链物流建设还需从发挥政策引导作用、完善标准、精准"补短"等方面发力。

一、加强规划，用好政策"推进器"

在地处广西平果县的西南（平果）冷链物流交易中心，项目副总经理近来颇为忙碌，新建的部分冷冻保鲜区正在陆续安装设备，一些投入使用的冷藏库吸引了不少客商咨询洽谈。他说："项目全部建成后，预计年冷藏储量达 3 万多吨，目前已有 10 多个冷藏库在运营。"

他们对企业发展前景充满信心。信心的背后是国家层面密集出台的一系列政策措施。国务院办公厅印发的《关于加快发展流通促进商业消费的意见》提到,加快发展农产品冷链物流,完善农产品流通体系。后来印发的《西部陆海新通道总体规划》也专门提到大力推进冷链物流发展、加快建设冷链物流体系等内容。

"政策支持有助于激发活力,加快冷链物流业发展,但农产品涉及面广、链条多,落实政策要因地制宜。"百色一号农业发展有限公司总经理认为,一些冷库资源分布区域、城乡、结构不平衡,若缺少规划,容易造成重复建设、趋同投资等问题。

业内人士认为,规划是用好政策"推进器"的一大关键,可避免一哄而上。相关人士认为,需要加强农产品冷链物流整体性建设,强化引导性投资、示范性投资。

广西壮族自治区商务厅市场体系建设处有关负责人介绍,为优化产业发展环境,广西先后出台了《关于加快发展冷链物流保障食品安全促进消费升级的实施意见》《广西壮族自治区冷链物流产业发展规划》《广西加快推进冷链物流发展三年行动计划(2018—2020年)》等一系列政策文件,加强规划引领。

二、健全标准,完善信息"调节器"

"我们以'互联网+冷链物流'为核心,自主研发了移动冷链远程监控等设备,初步构建集冷冻、冷藏、加工、检疫、配送、信息等为一体的冷链体系。"三峡银岭冷链物流股份有限公司负责人认为,以智慧冷链为依托,物流园还构建了电商服务平台——夷陵电商产业园,已吸引近40家企业进驻。

长期以来,由于产业链分散、供需信息不对称、资源共享程度低等原因,冷链物流不同程度地存在市场散、小、乱等问题。"随着市场需求提升,冷链物流将上升到智能化、一体化服务等领域,形成多元化的综合型配送系统。"湖北宜昌市物流业发展中心主任说。

面对产业发展趋势,标准的完善、信息平台建设及管理的跟进日趋重要。贵州蔬菜大县罗甸县一位受访人士坦言,当地建设18个冷库,没有集中管理,信息化建设滞后,"车—货—库"信息不能实现互联互通。

有关专家建议,充分发挥大数据优势,实施冷链信息化提升工程,实现冷链全程监控,提高冷链物流效率。同时,发挥重点冷链物流企业、科研机构、行业协会等单位作用,通过加强合作研究,制定、实施重点产品的温度控制等标准,让冷链物流及冷库建设"有章可循"。

三、破解"断链",打造产业"稳定器"

近年来,特色种养成为不少贫困地区的主要脱贫产业,"最先一公里"的冷链设施重要性不断凸显。"一般来说,运输距离在300km以上的蔬菜就需要冷库进行打冷,然后用冷链物流车进行运输,如果没有冷库,就限制了蔬菜的运输距离,并且少了价格优势。"一位西部农业大县果蔬产业发展中心负责人说。

很多相关人士普遍表示,冷链物流建设是一个系统性项目,中间环节众多,保障产品"鲜"行,还需要着力补齐冷链物流供应链的短板,减少"断链"问题。

"从基地到运输,再到批发市场、超市社区,任何一个环节的'掉链'都会影响农产品保鲜效果,这既影响销售,还会增加成本,抑制农业企业积极性。"广西商务部门一位工作人员说。

在立足实际补基础设施短板的同时,未来可进一步加大冷链物流龙头企业培育力度,发挥带动效应。同时,结合扶贫产业、现代农业未来发展趋势,做好标准化种养、管理,带动农业产业结构调整和发展,为后续规划建设冷链设施提供条件。

(资料来源:http://www.chinawuliu.com.cn/xsyj/201909/23/344169.shtml,有改动)

案例思考

农村冷链的仓储管理与车辆调度管理应该关注什么?

实训项目

实训目的

通过运输车辆调度实训,进一步理解运输调度的含义,并掌握车辆调度的方法。

实训准备

(1)车辆调度方法的选择要科学合理,可以让物流企业运输调度人员协助,共同完成调度任务。
(2)对全班学生进行分组,每组8人左右。各小组在教师的指导下组织车辆调度方案的实施。
(3)教师和企业人员随时解决在实训过程中遇到的各种问题,并组织学生进行经验交流。
(4)在实训过程中,教师应对整个过程进行监督并控制。

实训实施

（1）教师联系一两家以运输为主的物流企业，确定某天运输的作业流程。
（2）教师根据实际情况申请实训经费。
（3）在教师指导下，学生自愿组合，分组完成任务。
（4）结合物流企业的实际情况，选择工作当天的一次运输过程，确定运输调度的方法。
（5）教师点评调查方法，确定可行性。
（6）组织学生再次收集信息，对原方案进行调整，确定所选用的方法。
（7）按计划进行运作，并记录结果。
（8）整理资料后，进行小组讨论，以小组为单位撰写实训报告，并总结经验教训。

实训考核

实训考核表见表2-60。

表2-60 实训考核表

考核人		被考核人	
考核地点			
考核内容		车辆调度作业	
考核标准	具体内容	分值/分	实际得分
	工作态度	15	
	沟通水平	15	
	车辆调度的合理性	15	
	车辆调度熟练程度	40	
	车辆计划	15	
	合　　计	100	

能力自测

知识能力自测

（1）简述车辆计划的步骤与方法。
（2）简述两种车辆计划编制方法的异同。
（3）举例说明车辆调度的方法。
（4）车辆运营管理的注意事项有哪些？如何处理车辆运营过程中的紧急事故？
（5）特殊货物的运输要求是什么？

双创能力自测

一个城里的男孩来到乡下，花了100美元从一个农民那里买了一头驴。农民接过钱，同意第二天把驴牵给他。第二天，农民来找男孩，说驴子死了，但钱花光了也没钱退。男孩就让农民把那头死驴给他。

几天后，农民再次遇到男孩，问他是如何处置死驴的。男孩说："我举办了一次幸运抽奖活动，将那头驴作为奖品。我卖出了500张彩票，每张2美元。"

多年后，男孩长大了，并成了一家大公司的总裁。

思考： 在分析与综合的过程中，如果结合合理的想象与创造性思维，怎样才能进一步发挥自己的认知能力？

PART 3

管理

管理一
服务管理

【思维导图】

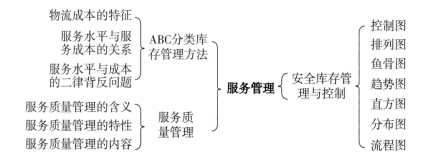

【学习目标】

（1）熟悉服务与成本的关系。
（2）区分服务质量管理的特性。
（3）掌握服务管理的内容。
（4）能够熟练运用质量管理工具。

【学习导入】

国外一家以机械制造为主的公司长期以来，一直以满足顾客需求为宗旨。为了保证供货，该公司在本土建立了500多个仓库，但是仓库管理成本一直居高不下，每年仓库管理费用大约有2000万美元。所以，该公司聘请一家调查公司做了一项调查，结论为：根据当前情况来看，如果减少202个仓库，则会使总仓库管理成本下降200万～300万美元；但是，可能会造成供货跟不上，导致销售收入会下降18%。该公司感到左右为难，不知该不该依据调查公司的结论去减少仓库。

思考
（1）该公司的难题应该如何解决？
（2）如果你是该公司的经理，会如何选择？

一、服务水平与成本的关系

（一）物流成本的特征

根据国家标准《企业物流成本构成与计算》(GB/T 20523—2006)，企业物流成本是指"物流活动中所消耗的物化劳动和活劳动的货币表现，即产品在包装、运输、储存、装卸搬运、流通加工、物流信息、物流管理等过程中所耗费的人力、物力和财力的总和，以及与存货有关的资金占用成本、物品损耗成本、保险和税收成本"。该定义包含两个方面的内容：一是直接在物流环节产生的支付给劳动力的成本、耗费在机器设备上的成本及支付给外部第三方的成本；二是在物流环节中因持有存货等而潜在的成本，如占有资金成本、保险费等。

1. 物流成本的冰山理论

物流成本的冰山理论指的是当人们阅读财务报表时，只注意到企业公布的财务统计数据中的物流费用，而这些费用只能反映物流成本的一部分，有相当数量的物流费用是不可见的。

2. 物流成本削减的乘法效应

假定销售额为100亿元，物流成本为10亿元，如果物流成本下降1亿元，就可得到1亿元的收益。这个道理是不言自明的，物流成本占销售额的10%，如果物流成本下降1亿元，销售额将增加10亿元，这样，物流成本的下降便产生了极大的效益。这个理论类似于物理学中的杠杆原理，物理成本的下降通过一定的支点，可以使销售额获得成倍的增长。物流成本是以物流活动的整体为对象，是唯一可以共同使用的基本数据，是进行物流管理、使物流合理化的基础。

3. 物流成本的效益背反

所谓效益背反，是指欲使系统中任何一个要素增益，必将对系统中其他要素产生减损的作用。因此，设计和管理物流时，应把物流作为一个系统来研究。用系统的方法来管理物流时，追求的目标应是以较少的物流成本、用较好的物流服务为用户提供物品；同时，尽量减少外部环境中非经济因素的影响。

4. 物流成本的部分不可控性

物流成本中有不少是不能控制的，如保管费中包括因过去多进货或过多生产而造成积压的库存费用，以及紧急运输等例外发货的费用。

5. 物流成本计算方法和范围的不一致性

对于物流成本的计算方法和范围来说，每家企业都不相同，也无法与其他企业进行比较，因此很难计算行业的平均物流成本。目前，还不存在行业的标准物流成本计算的方法和范围。

> **课堂思考**
> 物流成本由哪几个部分组成？

（二）服务水平与物流成本的关系

（1）在服务水平不变的前提下降低物流成本，如图3.1所示。这是通过改变系统的方法，在保持既定的服务水平的前提下，来寻求降低物流成本的途径，即追求效益的提高。

（2）在物流成本不变的前提下提高服务水平，如图3.2所示。这是在现有的物流成本的前提下，通过有效地利用所投入的物流成本来改善各项功能，以提高服务水平，体现的是一种追求成本绩效的做法。

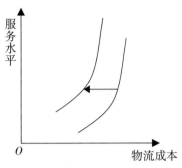
图3.1 服务水平不变，物流成本降低

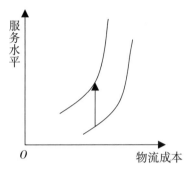
图3.2 物流成本一定，服务水平提高

（3）为了提高服务水平，不惜增加物流成本，如图3.3所示。这是大多数企业在提高服务水平时的状态，也是企业在特定顾客或特定商品面临竞争时所采取的战略措施，主要是通过增值服务来实现。

（4）用较低的物流成本来实现较高的服务水平，如图3.4所示。这是一种双赢的局面，通过对企业系统的流程再造，实现一种新的物流模式，以达到降低服务成本、提高服务水平的目的。

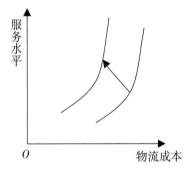
图3.3 物流成本增加，服务水平提高

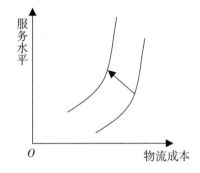
图3.4 物流成本降低，服务水平提高

（三）服务水平与物流成本的二律背反

所谓二律背反，是指同一资源的两方面处于相互矛盾的关系之中，要达到一个目的，必然要损害另一目的。例如，在库存控制中，库存量（缺货率）与库存保管费用之间存在二律背反，如图3.5所示。又如，服务水平与物流成本之间存在二律背反。服务水平与物流成本之间是此消彼长的关系，同时存在收益递减，如图3.6所示。在一个较低的服务水平下，如果增加 x 单位的物流成本，服务水平将提高 y；而在一个较高的服务水平下，同样增加 x 单位的物流成本，则服务水平的提高只有 y'（$y'<y$）。因此，服务水平的提高不能无限度地放大；否则，物流成本的加速上升会使整个系统的效率下降。

课堂思考

在物流服务中还有哪些二律背反的现象？

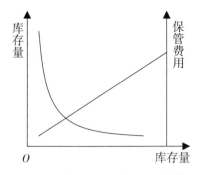
图 3.5　库存量与保管费用的二律背反

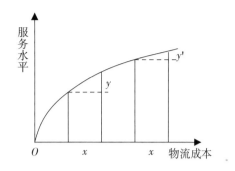
图 3.6　服务水平与物流成本的二律背反

二、质量管理工具与服务质量管理

（一）质量管理工具

1. 质量管理的定义

现代质量管理的领军人物约瑟夫·M.朱兰对质量管理的定义：质量就是适用性的管理、市场化的管理。

全面质量管理的创始人阿曼德·费根堡姆对质量管理的定义：质量管理是"为了能够在最经济的水平上并考虑到充分满足顾客要求的条件下进行市场研究、设计、制造和售后服务，把企业内各部门的研制质量、维持质量和提高质量的活动构成为一体的一种有效的体系。"

国际标准和国家标准对质量管理的定义：质量管理是"在质量方面指挥和控制组织的协调的活动"。

因此，质量管理是指确定质量方针、目标和职责，并通过质量体系中的质量策划、控制、保证和改进来使其实现的全部活动。

2. 几种质量管理工具

（1）控制图。控制图用图形来显示某项重要产品或过程参数的测量数据。控制图显示随时间发展而变化的测量结果，按正态分布，很容易看出实际测量值是否落在这种分布的统计界线之内。在控制图中，上限叫"控制上限"，下限叫"控制下限"。

（2）帕累托图。帕累托图又叫排列图，是一种简单的图表工具，用于统计和显示一定时间内各种类型缺陷或问题的数目，数目结果在图上用不同长度的条形表示。帕累托图的原理源自意大利经济学家维尔弗雷德·帕累托的研究，即各种可能原因中的 20% 造成 80% 左右的问题，而其余 80% 的原因只造成 20% 的问题和缺陷。也就是说，为了使改进措施最有效，必须首先抓住造成大部分质量问题的少数关键原因。帕累托图有助于确定造成大多数问题的少数关键原因，可以用于查明生产过程中最可能产生缺陷的部位。

（3）鱼骨图。鱼骨图也叫因果分析图或石川图，根据最先发明这一工具的日本管理大师石川馨的名字命名。鱼骨图看上去像"鱼骨"，在"鱼头"外标出问题或缺陷（即后果）；在鱼刺上面，按出现机会的多寡列出产生生产问题的可能原因。鱼骨图有助于说明各个原因之间如何相互影响，也能表现出各种可能的原因是如何随时间发展而依次出现的。

（4）走向图。走向图有时也叫趋势图，用来显示一定时间间隔（如一天、一周、一个月等）内所得到的测量结果，然后以测得的数量为纵轴、以时间为横轴将结果绘成图形。

走向图就像不断更改数字的记分牌,主要用于确定各种类型问题是否存在重要的时间模式,从而可以调查其中的原因。例如,按小时或按天绘制次品出现的分布图,就可能发现只要使用某供货商提供的材料就一定会出问题,这表示该供货商提供的材料可能就是原因所在。

(5)直方图。直方图也叫线条图。在直方图上,第一控制类别(对应一系列相互独立的测量值中的一个值)中的产品数量用条线长度表示,并都加有标记,条线按水平或垂直依次排列。直方图可以表明哪些类别代表测量中的大多数,也表示出第一类别的相对大小。直方图给出的是测量结果的实际分布图,可以表现分布是否正常。

(6)分布图。分布图提供了表示一个变量与另一个变量如何相互关联的标准方法。例如,要想知道金属线的拉伸强度与线径的关系,一般是将线拉伸到断裂,记下线断裂时所用力的准确数值,然后以直径为横轴、以力为纵轴将结果绘成图形,这样就可以看到拉伸强度与线径的关系。

(7)流程图。流程图有时也叫输入–输出图,可以直观地描述一个工作过程的具体步骤。流程图对准确了解事情是如何进行的,以及决定如何改进过程极有帮助,可以用于企业直观地跟踪和图解运作的方式。流程图使用一些标准符号代表某些类型的动作,如决策用菱形框表示、具体活动用方框表示,但比这些符号规定更重要的是必须清楚地描述工作过程的顺序。流程图也可用于设计改进工作过程,具体做法是先画出事情应该怎么做,再将其与实际情况进行比较。

课堂思考

在物流服务管理中,如何运用这些工具?

【服务质量管理】

(二)服务质量管理

1. 服务质量的含义

一般来说,服务质量是指服务能够满足规定和潜在需求的特征和特性的总和。可见,服务质量反映的是服务工作能够满足被服务者需求的程度、企业为使目标顾客满意而提供的最低服务水平,以及企业保持这一预定服务水平的连贯性程度。

课堂思考

举例说明服务质量管理的作用。

2. 服务质量的特性

顾客的需求可分为物质需求和精神需求两个部分。评价服务质量时,从被服务者的物质需求和精神需求来看,可以将其特性归纳为以下几个方面:

(1)功能性。功能性是指企业提供的服务所具备的作用和效能的特性,是服务质量的特性中最基本的一个。

(2)经济性。经济性是指被服务者为得到一定的服务所需要的费用是否合理。这里所说的费用是指在接受服务的过程中所需的费用,也即服务周期费用。经济性是相对于所得到的服务质量而言的,与功能性、安全性、时间性、舒适性等密切相关。

(3)安全性。安全性是指企业保证在服务过程中被服务者的生命不受危害,精神不受伤害,物品不受损失。安全性也分为物质和精神两个方面,而改善安全性的重点在于物质方面。

(4)时间性。时间性是指说明服务工作在时间上能否满足被服务者的需求,包含及时、准时和省时等。

（5）舒适性。舒适性是指在满足功能性、经济性、安全性、时间性等方面需求的情况下，被服务者期望服务过程舒适。

（6）文明性。文明性是指在服务过程中满足精神需求的质量特性。被服务者期望得到一个自由、亲切、尊重、友好、自然和谅解的气氛，以及一个和谐的人际关系，在这样的条件下满足自己的物质需求。

3. 服务质量管理的内容

服务质量是顾客感知的对象，既要用客观方法加以制定和衡量，又要按顾客主观的认识加以衡量和检验。服务质量发生在服务生产和交易过程之中，是在服务企业与顾客交易的瞬间实现的，其需要在内部形成有效的管理和支持系统进行提高。

（1）服务水平。好的服务质量不一定是水平最高的服务，管理人员首先要识别企业所要追求的服务水平。只有当一项服务满足其目标顾客的期望时，服务质量就被认为达到了优良水平。

（2）目标顾客。目标顾客是指那些由于存在期望或需要而要求得到一定水平服务的人。随着经济的发展和市场的日益成熟，市场划分越来越细，导致每项服务都要面对不同的需求，企业应当根据每一项产品和服务来选择不同的目标顾客。

（3）连贯性。连贯性是服务质量的基本要求之一，要求服务提供者在任何时候、任何地方都保持同样的优良服务水平。服务标准的执行是最难管理的服务质量问题之一。对于一家企业而言，服务的分销网络越分散，中间环节越多，保持服务水平的连贯性就越困难。

> **知识拓展**
>
> **配送服务质量的要素与表现度量**
>
> 在配送服务质量管理中，有4个传统的客户服务因素，即时间、可靠性、方便性和信息的沟通。这些因素是制定配送服务质量标准的基础。表3-1所列的是客户服务的4个要素及其对应的典型的度量，通常这些表现度量从卖方的角度表示，如订单的准时、完整发送和订单的准备时间等。
>
> **表3-1 客户服务的要素及其表现度量**
>
> | 因 素 | 含 义 | 典型的度量 |
> |---|---|---|
> | 产品的可得性 | 客户服务最常用的度量，一般为用百分比表示的存货 | 百分比可得性 |
> | 备货时间 | 从下达订单到收到物品的时间长度，一般常与产品的可得性结合形成一个标准 | 速度与一致性 |
> | 配送系统的灵活性 | 系统对特殊及未预料的客户需求的反应能力，包括加速和替代的能力 | 对特殊要求的反映应时间 |
> | 配送系统信息 | 配送信息系统对客户的信息需求反应的及时性与准确性 | 对客户的反映速度、准确性 |
> | 配送系统纠错能力 | 配送系统出错恢复的程序、效率与时间 | 应答与需要的恢复时间 |
> | 配送服务后的支持 | 交货后对配送服务支持的效率，包括客户配送方案、配送服务信息的修订与改进 | 应答时间与应答质量 |

在供应链环境下，配送服务质量需要更加严密的度量标准。现在，人们越来越认识到应从客户的角度来进行度量，如订单的及时性和完整性、订单完整无缺的物品比率、订单完成的准确性、账单的准确性等。如果卖方以传统的度量方法衡量和考虑客户服务，则客户可能并不满意；如果问题发生在交货过程中，则客户可能并不知情；而且，客户以传统的度量方法也不可能了解问题的范围和大小。

目前，企业比较注重交货时间的度量，因为它不仅提供了评价的数据来源，而且能对将来发生的问题提出早期的警告。随着零库存（准时化）采购的实施，企业今后对配送服务的准时率要求会越来越高。

应用案例

海运油库是中海集团下属单位，拥有18个油罐共8万立方米的仓容，码头泊位设计年吞吐量200多万吨。随着市场经济的发展，海运油库在集团中的职能发生了变化，由原来不可缺少的、具有辅助功能的库场变为集团主业的成本"包袱"。

针对这种状况，海运油库对自身的市场角色重新定位，对经营流程进行重组调整，实现了成本"瘦身"和利润"扩容"，在实现盈亏平衡之后，基本实现盈利。

海运油库的成本控制和利润增长战略如下：

（1）整合油库的资源优势，开展节支创利的经营创新。海运油库对现有仓储、装卸及其他的物流服务项目进行业务重组，在继续利用原有水运装卸资源优势的同时，开辟陆地装卸新业务，使油库的大量沉没成本得以利用；另外，大胆尝试出租经营的节支创利形式，除扩大原有按吨天收费及首期收费方式外，还采取满罐出租等新的出租方式，提高了库容利用率。

（2）严格控制服务质量，降低油库在经营中的契约成本。海运油库通过培养长期市场占有意识，谋求与供应商的长期合作，并在共同利益的基础上，建立起合作经营方式。例如，增加彼此对市场信息的相互沟通，油库通过对产品的质量和数量进行监控，尤其是在油品损耗控制上对供应商产品的价格和供需情况进行了解，从而达到合作双赢的目的。

（3）加强人力资源管理，挖掘降低成本的潜力。海运油库具有许多传统的劳动密集型仓储企业的特征，人工成本在企业总成本中所占的比例较大。海运油库对人力资源进行调整，使人工成本下降；同时，给油库全员树立战略成本意识，通过长期性的设备维护来延长设备寿命，并加强细化管理关系，极大地节约了成本。

（4）在成本控制基础上，以利润为指导进行资产的有效运作。在扩大利润的前提下，对资产运作进行指导，提供增值服务，凭借专业优势、规模经营优势和个性化服务优势，建成一体化管理系统，并向现代化的油品流通中转站发展。在设备改造上，提高油库设备的机械化、自动化程度，以提高工作效率；在资产运作上，以扩大主业利润为出发点，配置油品质量化验设备，做到对进库的油品质量指标进行监控，稳固库存商的信心，吸引新客户，增加仓储收入和装卸收入；在仓储管理上，进行优化流程、资源共享，以实现信息透明、物畅其流，有效地节省投资和费用，以增强核心竞争力，全面提升油库形象。

（资料来源：吴锡君.仓储企业的成本控制与利润增长：海运油库实例[J]. 珠江水运，2003（9）：16，有改动）

案例思考

仓储企业可以从哪几个方面来控制企业成本，拓展利润增长空间？

实训项目

实训目的

通过企业配送服务水平调查，能够正确处理配送服务与成本的关系，并进行配送服务质量管理。

实训准备

（1）理解配送服务与成本的关系，熟悉配送服务质量管理的内容。

（2）准备配送企业服务水平调查表、配送成本调查表、库存量调查表、订货次数表、配送损失记录表等。

（3）将学生分成若干组，每组选出 1 个组长。
（4）教师对整个实训过程进行监督和控制。

实训实施

（1）教师联系一两家以配送为主业的物流企业，并根据实际情况申请实训经费。
（2）在教师的指导下，学生自愿组合，分组开展任务。
（3）结合该企业的实际情况，选择企业当天的一次配送作业，填制配送企业服务水平调查表、配送成本调查表、库存量调查表、订货次数表、配送损失记录表等。
（4）分析该企业配送服务水平与成本的关系。
（5）教师点评调查方法，确定其可行性。
（6）教师组织学生再次收集信息，对原方案进行调整，确定所选用的方法。
（7）按计划进行实训，记录结果。
（8）整理资料后，进行小组讨论，并以小组为单位撰写实训报告，总结经验教训。

实训考核

实训考核表见表 3-2。

表 3-2　实训考核表

考核人			
考核地点			
考核内容	企业配送服务水平调查		
考核标准	具体内容	分值/分	实际得分
	工作态度	10	
	调查方案的可行性	30	
	调查表制作	40	
	实训报告	20	
合　　计		100	

能力自测

知识能力自测

（1）简述仓库配送服务的要素。
（2）分析配送服务水平与配送成本之间的关系。
（3）什么是二律背反？

双创能力自测

　　古时候，某地民众叛乱，县令调集了大批人马，准备前去平乱。一天早上，探报说叛军即将杀到，县令立即派差役率兵迎敌。差役问道："士兵还没吃饭，怎么打仗？"县令却胸有成竹地说："你们尽管出发，早饭随后送到。"县令并没有开"空头支票"，他立刻带上一些差役，抬着木桶沿街挨家挨户叫道："知县老爷买饭来啦！"当时城内百姓都在做早饭，听说知县亲自带人来买饭，便赶紧将烧好的饭端出来。县令命差役付足饭钱，将热气腾腾的米饭装进木桶就走了。

　　最终，士兵既吃饱了肚子，也不耽误迎敌，还打了一个大胜仗。这位县令既没有亲自持袖做饭，也没有兴师动众而劳民伤财，他只是借别人的人，烧自己的饭。

　　思考： 县令买饭之举算不上高明，看来平淡无奇，甚至有些荒唐，但为什么会取得很好的效果呢？你有更好的解决问题的方法吗？

管理二
客户开发与商务管理

》【思维导图】

》【学习目标】

（1）熟悉客户开发流程及关键控制要点。
（2）能对客户进行调查，并收集客户相关资料。
（3）熟悉仓储合同中的当事人、标的和标的物。
（4）掌握仓储合同双方当事人的权利和义务。

》【学习导入】

某汽车装配厂从国外进口一批汽车零件，准备在国内组装和销售。3月5日，装配厂与某仓储公司签订了一份仓储合同。合同约定，仓储公司提供仓库保管汽车配件，期限10个月，从4月15日起到次年2月15日止，仓储保管费为10万元；任何一方有违约行为，要承担违约责任，违约金为总金额的20%；另外，装配厂应交付仓储公司2000元定金。

合同签订后，仓储公司开始清理仓库，并从此拒绝其他客户的仓储要求。3月27日，仓储公司通知装配厂已经清理好仓库，可以开始送货入库了。但装配厂表示已找到了更便宜的仓库，如果仓储公司能降低仓储保管费的话，它们就送货入仓。仓储公司不同意，但装配厂明确表示不需要对方的仓库。4月2日，仓储公司再次要求装配厂履行合同，装配厂再次拒绝。

4月5日，仓储公司向法院起诉，要求装配厂承担违约责任，交付违约金和定金，并支付仓储费。而装配厂称合同未履行，不存在违约问题。

思考

（1）汽车装配厂违约了吗？为什么？
（2）此案应如何判定？

一、客户开发与管理

（一）客户开发流程

1. 客户开发

在进行客户开发前，先要掌握客户信息，收集与客户开发相关的知识，以及熟悉客户的需求。客户开发的流程如图 3.7 所示。

（1）收集客户资料。根据仓储与配送企业的市场定位和业务方向，广泛收集客户资料。收集客户资料的渠道主要有 3 个：一是面谈，与客户进行交谈，了解客户的生产经营和物流业务需求情况，听取客户的基本看法；二是文献搜索，通过网络及其他途径了解客户的各类情况，并对这些需求情况进行汇总；三是实地调研，走访客户的主要合作伙伴或竞争对手，听取他们对客户的意见和看法。

收集客户资料要坚持 2 个原则：一是信息全面原则，信息的种类包括客户基本情况、信用情况、经营者情况及客户所在行业情况等；二是信息准确原则，客户的信息必须准确，避免信息失真给企业决策造成误导。

（2）确定潜在客户。根据收集到的客户资料进行分析，筛选出潜在客户。选择潜在客户的标准有 3 个：一是具有较强的经济实力；二是具有同本企业一致的物流业务需求；三是没有重大的业务违约和信用事件。

（3）潜在客户的全面调查。对潜在客户进行全面调研，重点了解客户近几年的经营数据、业务合作伙伴、业务负责人的情况、企业文化的特点，以及员工管理水平、素质、工作能力等，从而确定开发成功的难易程度和客户开发的成本策略。

（4）综合评价。根据调研数据对客户进行综合评价，对客户的信用等级、经营能力进行划分，排列出客户开发的先后顺序和难易程度。

（5）制订客户开发计划。根据客户信用等级的划分、经营能力的强弱、管理人员的特点和企业文化模式，分别制订客户开发计划。客户开发计划的主要内容包括客户开发的渠道和方法、客户开发人员的分配情况、客户开发进度安排、客户开发经费预算和分配等。

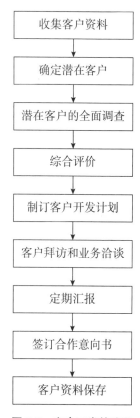

图 3.7　客户开发的流程

（6）客户拜访和业务洽谈。根据客户开发计划，选择恰当的时机对客户进行拜访和业务洽谈。首先，在拜访客户前要明确客户拜访的目的，如引导客户做出决策、对客户的信用状况做出判断、向客户传达资料和服务等信息、考察客户的经营风格和个人品质、创造一个与客户交流的机会、听取客户意见等。其次，要拟定客户访问要点，确定对不同客户的访问计划，内容包括访问的重点、具体的业务、访问的时间和频率，还要编制访问表以合理安排访问时间和确定洽谈的重点内容与对策。再次，拜访客户的时候要注意业务洽谈的技巧，考虑客户的利益并注意倾听，争取给客户留下良好的印象。最后，要做出拜访总结，即对拜访过程进行记录和整理，总结形成客户资料。

根据业务洽谈的结果，采取不同的业务跟踪方式：如果时间紧迫，可以先做物流预案，与客户进行互动完善，让客户尽可能地参与方案的制订过程；如果没有得到相应的信息，则需要进一步跟踪，深入了解客户的想法，找出项目决策人并重点跟踪；如果之前只是业务往来，现在则需要和客户建立朋友关系，进行更深层次的沟通，以建立信任度。

（7）定期汇报。将客户开发进程及时向上级主管汇报，并听取上级主管对开发进程的意见和建议。

（8）签订合作意向书。同开发客户签订合作意向书，就双方的合作范围、合作时间、合作方式、合作报价及付款方式等做出规定。

（9）客户资料保存。对客户资料进行建档、保存并及时更新。

> **课堂讨论**
>
> 某物流企业获悉一个潜在的物流客户开业了，便派企业代表带上企业的宣传手册去拜访，并送上小礼品，如有企业标志的圆珠笔等。但是，第一次拜访没有提及业务。经过一段时间后，企业代表再去上门拜访，或者邀请客户过来考察，了解客户的业务需求，并告知客户能提供什么服务、报价情况。如果客户愿意接受，则表明双方客户关系就建立起来了。之后，该物流企业会定期拜访客户，并且每过一段时期都会举办一些活动。
>
> 请针对案例讨论客户开发的方法和流程。

2. 客户信用调研

客户的信用等级对企业而言是非常重要的，所以必须对客户进行信用调研。掌握客户的信用状况，及时了解客户信用情况的变化，可以降低企业业务往来的风险。

（1）调研机构选择。调研机构分为外部调研机构和内部调研机构。在对客户进行信用调研之前，要选好调研机构，确定是进行外部调研还是内部调研。

① 外部调研。外部调研是指聘请外部的专业机构进行客户信用调研，具体的操作方法有聘请金融机构、专业资信调研机构、同行业组织等。需要注意的是，不同外部调研机构的优缺点不一（表3-3），选择外部调研机构时要根据企业实际情况来定。

表3-3 外部调研机构的优缺点

外部调研机构	优 点	缺 点
金融机构	可信度比较高； 所需费用少； 通过委托调研，有利于提高本方信用	难以把握具体细节； 因客户的业务银行不同，需要花费较长时间才能得出调研结果
专业资信调研机构	按本方提出的意图调研； 能够在短时间内完成调研	调研人员的素质和能力对调研结果影响较大，而且经费支出较大
同行业组织	熟悉本行业情况，可进行深入具体的调研	真实情况与虚假信息混杂，难辨真伪； 因竞争关系，许多信息会秘而不宣，难以把握； 受到地域限制

② 内部调研。内部调研是指企业自行对客户进行调研，或利用网络信息等进行分析。一般来说，企业较少利用内部调研机构进行客户信用等级调研。

（2）调研内容。调研客户的信用等级一般从经营者、企业内部状况、企业资金筹措能力和企业支付情况这几个方面进行：

① 经营者调研。从经营者的家庭生活、工作态度、经营能力、团队建设等方面进行调研，对经营者及其团队的经营能力、品行等进行综合评价。经营者调研的主要内容见表3-4。

表 3-4　经营者调研的主要内容

调 研 类 别	详 细 内 容
家庭生活	家庭生活氛围如何； 是否有不良嗜好
工作态度	是否对工作有热情； 是否对工作放任自流，不闻不问； 是否热衷于社会兼职和名誉职务； 是否与企业经营的理念、方针相悖； 是否努力工作，锐意进取； 是否高高在上，只管发号施令； 是否不拘小节
经营能力	是否确定了合适的继任者，有无权力争夺之虞； 是否制定出明确的经营方针； 是否为筹措资金而伤神； 指令是否朝令夕改； 是否难觅其踪； 是否整日疲惫不堪； 经营者是否对主要经营指标一无所知或一知半解
团队建设	经营者之间是否存在财产争夺的隐患； 经营者之间是否存在面和心不和、相互掣肘的情况； 员工见到经营者打电话时是否经常窃窃私语

② 企业内部状况调研。从员工工作态度、员工沟通协作、员工任务分配、内部管理秩序、员工管理水平等方面进行调研，对企业内部的管理和员工进行综合评价。企业内部状况调研的主要内容见表 3-5。

表 3-5　企业内部状况调研的主要内容

调 研 类 别	详 细 内 容
员工工作态度	劳动纪律是否松懈； 是否从事第二职业； 是否崇尚团队精神，团结一致； 是否服从上级主管，做到令行禁止； 经营者不在时，是否表现出兴高采烈的表情
员工沟通协作	是否将牢骚、不满向企业外部人员倾诉； 员工是否在已知总经理行踪的情况下仍对询问故作不知
员工任务分配	是否每日无所事事； 是否能按时、按质完成分配的工作
内部管理秩序	生产场所、办公场所是否经常有身份不明的外来者； 办公区域、仓库等地是否杂乱无章、一片狼藉
员工管理水平	辞职率是否居高不下； 对不良行为是否放任自流； 员工是否违反规定损公肥私

③ 企业资金筹措能力调研。从企业的资金充裕情况及与金融机构的关系等方面进行调研，对企业资金筹措能力进行综合评价。企业资金筹措能力调研的主要内容见表 3-6。

表 3-6 企业资金筹措能力调研的主要内容

调 研 类 别	详 细 内 容
资金充裕情况	是否要求票据转期； 延期支付债务； 提前收回赊销款； 出现往来融通票据； 为筹措资金低价抛售； 取消公积金和交易保证金； 将票据贴现，将证券折成现款； 出现预收款融资票据和借入性融通票据； 现金不足，提前回收货款以解资金不足之急
与金融机构的关系	银行账户是否被冻结； 是否频繁更换业务银行； 票据是否被银行拒收； 是否与其他债权人关系紧张； 是否与业务银行关系紧张； 经营者和财务负责人是否经常奔走于各类金融机构

④ 企业支付情况调研。从企业的支付态度和支付行为等方面进行调研，对企业的信用履约情况、偿债能力、盈利情况等方面进行综合评价。企业支付情况调研的主要内容见表 3-7。

表 3-7 企业支付情况调研的主要内容

调 研 类 别	详 细 内 容
支付态度	不能如约付款； 推迟现金支付日，无故推迟签发票据； 受到银行的强制性处分； 对一部分供货商消极应付； 对催付货款搪塞应付，缺乏诚意； 要求延长全部票据的支付期限； 经常托辞本企业的付款通知未到； 再次督促支付货款却杳无音信，连表示其信用和诚意的小额货款都拒不支付
支付行为	要求票据延期； 开始进行小额融资； 每天进行票据结算； 由支票变为票据支付； 变更支票和票据的签发银行； 收到新业务银行签发的票据； 支付货款构成中，现金（或票据）所占比例过小

（3）客户信用调研结果运用。调研人员应及时将客户信用调查结果编制成信用调研报告，如果发现客户的信用等级发生变化，应及时向上级主管报告，并采取一定的办法进行调整。

（二）投标管理

招投标是在市场经济条件下进行大宗物品买卖及服务项目采购与提供时所采用的一种交易方式。招投标要遵循保密原则，诚实信用原则，公开、公平、公正的原则。

1. 投标工作的管理流程

投标管理流程如图3.8所示。

（1）获取招标信息。通过各种渠道获取招标信息。

（2）参加资格预审。企业向招标委员会提交资格预审申请书和相关文件，填写投标申请书。

（3）组织投标小组。成立投标小组，负责投标事宜。

（4）购买标书和相关资料。投标小组根据招标公告的要求在规定的时间内购买标书和相关资料，并根据需要缴纳保证金。

（5）市场调研和现场考察。投标小组针对投标要求进行市场调研，通过调研评价项目的成本、技术要求等条件；投标小组参加由招标方组织的现场考核，深入了解招标标的。

（6）参加标前说明会。投标小组参加由招标方组织的标前说明会，重点就标的的各种问题回答投标方的问题。

（7）编制投标文件。投标小组编制投标文件，投标文件包括投标函，投标人资格、资信证明文件，投标项目方案及说明，投标价格，投标保证金或者其他形式的担保，以及招标文件要求提供的其他文件。

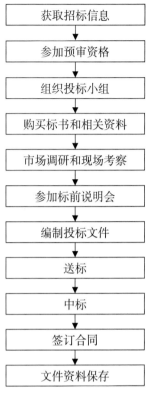

图3.8　投标管理流程

（8）送标。投标小组根据招标方要求的清单和份数，将投标方的资格文件和报价文件进行包装，并在招标公告规定的截止日期前密封送达投标地点。招标人或者招投标中介机构对在提交投标文件截止日期后收到的投标文件，应不予开启并退还。招标人或招投标中介机构应对收到的投标文件签收备案，投标人有权要求招标人或者招投标中介机构提供签收证明。投标人可以撤回、补充或者修改已提交的投标文件，但是应当在提交投标文件截止日之前，书面通知招标人或招投标中介机构。

（9）中标。通过招标人或招投标中介机构开标和评标，招标委员会或招投标中介机构从评标委员会确立的中标候选人中确定最终中标者，招标委员会或招投标中介机构编制并向中标者送达中标通知书。

（10）签订合同。招标方同中标方签订项目合同，对双方的责任、权利、价格及违约、争议等进行约定。

（11）文件资料保存。投标小组对投标过程中形成的各类资料进行汇总保存，并及时交档案管理部门进行备案。

2. 招投标过程中的主要文件

（1）招标文件封面示例。

（正本）

招标文件（示例）

招标项目名称：××电子有限公司区域仓储与配送
招标人：××电子有限公司
地址：××省××市××工业区
投标人：××物流有限公司
地址：××省××市××工业区
联系人：
电话：　　　　　　　　　　　　传真：

（2）投标报名表示例。

××项目投标报名表（示例）

××电子有限公司：
　　我单位报名参加贵公司家电产品区域配送投标，愿恪守信誉，并提供良好的合作。现附上基本情况表一份。

企业名称				企业性质		
详细地址						
主管部门		法人代表		职　务		
联系人姓名				电　话		
注册资本		联系方式		传　真		
自有车辆数量				手　机		
营运时间				电子信箱		
企业简介						
企业物流运输的优势和特长						
重要客户概况						
企业基本情况	职工总数					
	流动资金		□资金来源 □银行贷款		自有资金	
	固定资产	原值	万元			
		净值	万元			
	近3年销售额			近3年盈利情况		
设备配置情况	设备名称	购入时间		数　量		设备状态
备　注						

主管领导签字：　　　　　　　　　　日　期：

（3）投标书示例。

在制作投标书之前，首先，应该认真研究招标文件，分析招标内容，提出招标文件中的质疑问题，并做好询标工作；其次，要分解招标内容，组成解决各个有关内容的工作小组；最后，编制投标文件，确定项目实施的资源、人力及费用等，进行投资效益分析、可行性研究等。

投 标 书（示例）

投标单位名称：××物流有限公司

投标项目：××电器销售有限公司家电产品区域配送

我公司按照贵公司物流部《××公司家电产品区域仓储配送招标书》的要求进行投标，我公司能够严格做到和遵守《××公司家电产品区域仓储配送招标书》和《20××年××产品区域仓储配送基本要求》的要求，为更好地为贵公司服务，特制订此运输方案和投标报价，详见附件。请予收标。

单位地址：　　　　　　　联系方式：

项目负责人：　　　　　　电　话：

传　真：　　　　　　　　电子信箱：

投标时间：

附件：

一、公司基本情况介绍（企业性质、注册资本、员工数目、员工素质）

二、运输能力（车辆来源、计划响应速度、车辆检查、装车业务、在途跟踪、运费结算、事故处理）

三、仓储能力（仓库情况、仓库设施、仓库管理、安全措施）

四、配送能力（配送车辆、配送半径、服务内容、集货分货能力）

五、管理状况（物流理念、公司的流程制度、公司是否有质量保证体系）

六、财务状况

七、信息化水平（信息系统的应用、信息传递手段）

八、主要客户群（主要客户、业务量）

九、公司信誉

十、公司优势

十一、可提供的增值服务

十二、相关运作流程方案

二、合同管理

（一）仓储合同

1. 仓储合同概述

（1）仓储合同的定义。

仓储合同又叫仓储保管合同，是保管人储存存货人交付的仓储物，存货人支付仓储费的合同。根据《中华人民共和国民法典》（下文简称《民法典》）第九百零四条规定："仓储合同是保管人储存存货人交付的仓储物，存货人支付仓储费的合同。"

仓储合同具有以下法律特征：

① 仓储合同为诺成合同。为约束仓储合同双方的行为，更好地维护双方

【合同的基本知识】

利益，仓储合同自双方达成合意时起成立，而不需要存储物品的实际交付。仓储合同自成立时起生效。

② 保管人必须是拥有仓储设备并从事仓储保管业务的人。保管人必须是经工商行政管理机关核准，依法从事仓储保管业务的法人。

③ 仓储合同为双务有偿合同。由于仓储业是一种商业营业活动，所以仓储合同的双方当事人互担给付义务，保管人提供仓储服务，存货人给付报酬和其他费用。这与一般的保管合同不同，因为保管合同既可有偿也可无偿。

（2）仓储合同的种类。

① 一般保管仓储合同。一般保管仓储合同是指仓库经营人提供完善的仓储条件，接受存货人的仓储物进行保管，在保管期届满，将原先收保的仓储物原样交还给存货人而订立的仓储保管合同。一般保管仓储合同的仓储物为确定物，保管人需要原样返还。一般保管仓储合同特别重视对仓储物的特定化，且保管人严格承担归还原物的责任，包括仓储物在仓储期间自然增加的孳息。

② 混藏式仓储合同。混藏式仓储是指存货人将一定品质数量的种类物交付给保管人，保管人将不同存货人的同样仓储物混合保存，存期届满时，保管人只需以相同种类、品质、数量的商品返还给存货人，并不需要原物归还的仓储方式。这种仓储方式常见于粮食、油品、矿石或保鲜期较短的商品的储藏。混藏式仓储合同的标的物为确定种类物，保管人严格按照约定的数量、质量承担责任，且没有合理损耗的权利。混藏式仓储合同具有保持仓储物价值的功能。

③ 消费式仓储合同。存货人在存放商品时，同时将商品的所有权转移给保管人，保管期满时，保管人只需将相同种类、品质、数量的替代物归还给存货人。存放期间的商品所有权由保管人掌握，保管人可以对商品行使所有权。消费式仓储合同的特点是涉及仓储物所有权转移到保管人，自然地保管人需要承担所有人的权利和义务。

④ 租赁合同。租赁是指所有人将所拥有的仓库以出租的方式开展经营仓储，由存货人自行保管商品的仓储经营方式。仓储人只提供基本的仓储条件，进行一般的管理，如环境管理、安全管理等，并不直接对所存放的商品进行管理。从严格意义上来说，仓库租赁合同不是仓储合同，只是财产租赁合同，但是由于出租方负有部分仓储保管的责任，所以租赁合同具有仓储合同的一些特征。

⑤ 多种经营合同。多种经营是指仓储企业为了实现经营目标，采用多种经营方式，如在开展仓储业务的同时，还开展运输中介、产品交易、配载与配送、仓储增值服务等业务。用于多种经营的仓储合同就是多种经营合同。

2. 仓储合同的订立

仓储合同是双方对委托仓储经协商达成一致意见的结果，需要经过要约和承诺的过程，承诺一旦生效，合同便成立。要约是指向特定人发出的订立合同的意思表示，发出要约的当事人成为要约人，而要约所指向的当事人则成为受要约人。一般来说，在仓储合同中，要约的内容至少包括标的物数量、质量、仓储费用，即使没有具体的数量、质量和仓储费用表述，也可以通过具体的方式来确定这些内容。承诺是指受要约人做出的同意要约内容的意思表示，承诺必须在要约的有效期限或合理期限内做出，并与要约的内容一致。

根据相关规定，合同可以采取书面形式、口头形式或其他形式，因而仓储合同也可以采用书面形式、口头形式或其他形式，订立仓储合同的要约和承诺也可以是书面、口头或其他形式。

3. 仓储合同的内容

仓储合同的内容即仓储合同的主要条款，是经存货人和保管人双方协商一致订立的、规定双方的主要权利和义务的条款，也是检验合同的合法性、有效性的重要依据。

（1）物品的品名或品类。一般来说，仓储合同的标的物是存货人交付的，由保管人保管的物品，而且是特定物或特定化的种类物。保管人不仅应妥善保管，以免发生损毁，而且在保管期满后应当按约定将原物及孳息交还给存货人。因此，双方当事人必须在合同中对物品的品名和种类做出明确详细的规定。如果存放的是易燃易爆、易渗雨、有毒等危险物品或易腐、超限等特殊物品，还必须在合同中加以特别注明。

（2）物品的数量、质量、包装。在此条款中，物品的数量应使用标准的计量单位，计量单位应准确到最小的计量单位；物品的质量应使用国家或有关部门规定的质量标准，也可以使用经批准的企业或行业标准。在没有这些质量标准时，可以由存货人与保管人在仓储合同中自行约定质量标准。至于物品的包装，一般由存货人负责，有国家或专业标准的，按照国家或专业标准执行；没有国家或专业标准，应根据物品的性能和便于保管、运输的原则由保管人与存货人双方约定。

（3）物品验收的内容、标准、方法、时间。验收存货人的物品是保管人的义务和责任，合同中应明确约定验收的内容、标准。物品验收是入库的重要工作，通常验收的内容、标准包括 3 个方面：一是无须开箱拆捆，即直观可见的质量情况，验收项目主要有物品的品名、规格、数量、外包装状况等；二是包装内的物品品名、规格、数量，以外包装或者物品上的标记为准，无标记的，以供货方提供的验收资料为准；三是散装物品按国家有关规定或合同的约定验收。验收的方法有全验和按比例抽验两种，具体采用哪种方法，双方当事人应在合同中明确写明。验收的期限自物品和验收资料全部送达保管人之日起，至验收报告送出之日止，日期以运输或邮电部门的戳记或直接送达的日期为准。超过验收期限所造成的实际损失由保管人负责。如果保管人未能按照合同约定或法律法规规定的内容方法、期限验收仓储物或验收不准确，就应当承担因此所造成的损失；如果存货人未能提供验收资料或提供资料不齐全、不及时，应对此所造成的损失负责。

（4）物品保管条件和保管要求。仓储合同的标的物即存货人委托储存保管的物品，种类繁多，性质各异，因而对保管和保管要求也各不相同，许多物品需要特殊的保管条件和保管方法，在合同中应做出相应的约定。必要的时候，存货人还应向保管人提供储存、保管、运输等方面的技术资料，以便保管人根据物品的性能，按国家或合同规定的要求操作、储存危险品和易腐物品。

（5）物品入出库手续、时间、地点、运输方式。双方应当详细约定物品入出库的具体的交接事项，以便分清责任。合同对物品入库，应明确规定是由存货人或运输部门、供货单位送货到库，还是由保管人到供货单位、车站、码头等处提取物品。入库时，保管人要根据合同规定的数量、质量、品种、规格等对入库物品进行清点、验收和接收。验收无误后，向存货人开出仓单，并报仓库会计统计入账、登记。同样，物品出库一定要当面交接清楚，并做好记录，对物品出库，也应明确规定是由存货人、用户自提还是由保管人代送、代办发运手续。

（6）物品损耗标准和损耗的处理。物品损耗标准是指物品在储存运输过程中，由于自然因素（如干燥、风化、散失、挥发等）和物品本身的性质或度量衡的误差原因，产生的一定数量破损或计量误差，所以双方当事人应当在合同条款中约定物品在储存保管和运输过程中的损耗标准和磅差标准。这类标准有国家或行业标准的，采用国家或行业标准；无国家或行业标准的，双方协商确定标准。在物品储存期间，损耗量在法律规定或约定标准范围内，保管人不承担责任；超过标准范围的，保管人应当承担责任。

（7）计费项目、标准和结算方式，银行，账号，时间。计费项目和计费标准是最终计算保管人收取的仓储费用的根据，只有明确了计费项目和计费标准，才能准确地确定存货人的支付义务。计费项目包括保管费、转仓费、出入库装卸搬运费、车皮、站台、包装整理、商品养护等费用。此条款除了明确上述费用由哪一方承担以外，还应对计费标准、支付方式、支付时间、地点、开户银行、账号等项目做出明确规定。

（8）责任划分和违约处理。仓储合同可以从物品的入库、验收、保管、包装、出库几个方面明确双方当事人的责任。同时，双方应约定，什么性质的违约行为承担什么性质的违约责任，并且明确约定承担违约责任的方式，即支付违约金、赔偿金及赔偿实际损失等，约定赔偿金的数额和计算方法。

（9）合同的有效期限。合同一般应规定仓储物的保管期限，即合同的有效期限。保管期限届满，保管人应当将仓储物返还给存货人，存货人应及时取仓储物。有的合同也可以不规定有效期限，只要存货人按日或按月支付保管费用，即可继续有效。

（10）变更和解除合同的期限。存货人和保管人变更、解除合同的，应当事先通知对方当事人，双方达成一致即可变更或解除合同。但是，一方要变更或解除合同的，必须在法律规定或约定的期限内提出。

上述内容，是仓储合同通常所应具备的主要条款。另外，合同当事人根据双方的利益考虑，可以对其他事项做出约定，如争议的解决方式、合同的履行地点等，只要不违反法律法规的强制性规定，即为有效。

4. 仓储合同当事人的权利和义务

仓储合同一经成立，即发生法律效力。存货人和保管人都应严格按照合同的约定履行自己的法律义务。

（1）保管人的义务。

① 给付仓单的义务。存货人交付仓储物的，保管人应当给付仓单。仓单既是存货人已经交付仓储物的凭证，又是存货人或仓单持有人提取仓储物的凭证。因此，保管人在存货人交付仓储物时给付仓单就成为一项重要的义务。

② 仓储物入库时的验收义务与通知义务。保管人应当按照约定对入库仓储物进行验收，保管人验收时发现入库仓储物与约定不符合的，应当及时通知存货人；保管人验收后，发生仓储物的品种、数量、质量不符合约定的，保管人应当承担损害赔偿责任。保管人在接受存货人交存的物品入库时，应当按照合同的约定对物品进行验收。一般来说，保管人的正常验收项目包括物品的品名、规格、数量、外包装的状态。在验收中发现仓储物与合同约定不相符合的，保管人有及时通知存货人的义务；如果保管人怠于通知，视为仓储物符合合同的约定。保管人验收后，发生仓储物的品格、数量、质量不符合约定的，保管人应承担损害赔偿责任。

③ 妥善保管储存物品的义务。保管人应当按照合同约定的保管条件和保管要求，妥善保管仓储物。保管人储存易燃易爆、有毒、有腐蚀性、有放射性等危险物品的，应当具备相应的保管条件。在保管期间，保管人应按合同议定的储存条件和保管要求保管物品，并定期进行检查，使保管的物品不短缺、不损坏、不污染、不灭失，处于完好状态；发现物品出现异状，应及时通知存货人处理。未经存货人允许，保管人无权委托第三方代管。

④ 危险通知义务。保管人对入库仓储物发现有变质或者其他损坏的，应当及时通知存货人或者仓单持有人。一般来说，仓储物出现危险时的处置如下：

A. 如果第三人对其保管的物品主张权利而起诉或扣押时，保管人有义务通知存货人。
B. 储存的物品发现有变质或其他损坏的，保管人应及时通知存货人。
C. 储存的物品发现有变质或其他损坏，危及其他仓储物的安全和正常保管的，应通知并催告存货人处理。如果保管人违反通知义务，给他人的储存物造成腐蚀、污染等损害的，存货人不承担责任。

⑤ 返还仓储物的义务。储存期届满，存货人或者仓单持有人应当凭仓单提取仓储物。存货人或者仓单持有人逾期提取的，应当加收仓储费；提前提取的，不减收仓储费。由此可见，保管期限届满，或因其他事由终止合同时，保管人应将储存的原物返还给存货人或仓单持有人，保管人不得无故扣押仓储物。

⑥ 送货与发货的义务。如果合同约定在仓储期限届满后，由保管人送货上门的，保管人应按照合同规定的时间、数量，将物品送至存货人，如果合同约定由保管人代办运输的，保管人应负责向运输部门申报运输计划，办理托运手续。

（2）存货人的义务。

① 按照合同的约定付存物品入库。存货人应当按照合同约定的品种、数量、质量、包装等将物品交付给保管人入库，并在验收期间向保管人提供验收资料，存货人不能全部或部分按照约定入库储存物品的，应当承担违约责任。存货人应按照合同的约定负责物品的包装，因包装不符合要求而造成物品损坏的，由存货人负责。

② 如实告知物品情况的义务。储存易燃易爆、有毒、有腐蚀性、有放射性等危险物品或者易变质物品，存货人应当说明物品的性质，提供有关资料。存货人违反前款规定的，保管人可以拒收仓储物，也可以采取相应措施以避免损失的发生，因此产生的费用由存货人承担。由此可见，储存易燃易爆、有毒、有放射性等危险物品或者易腐等特殊物品的，存货人应当向保管人说明预防物品发生危险、腐烂的方法，提供有关的保管运输等技术资料，并采取相应的防范措施。保管人因存货人未将危险物品情况告知而接受该物品造成损害的，存货人应承担损害赔偿责任。

③ 支付仓储费。仓储费是保管人因其保管行为所取得的报酬。一般来说，仓储费应在存货人交付仓储物时提前支付，而非提取物品时支付。因此，存货人应依仓储合同或仓单规定的仓储费，按时交纳给保管人。另外，如果存货人提前领取仓储物，保管人不减收仓储费；如果存货人逾期提取的，应当加收仓储费。

④ 偿付其他必要费用。所谓其他必要费用，主要指为了保护存货人的利益或避免损失发生而支出的费用。这些必要费用包括运费、修缮费、保险费、转仓费等，请求存货人支付上述费用时保管人应出示有关清单和登记簿。如果仓储合同中规定的仓储费包括必要费用时，存货人不必再另行支付。

⑤ 按照合同的约定及时提取物品。仓储合同期限届满，存货人应及时提取储存物品。存货人应当凭借仓单提取仓储物，提取仓储物后应缴回仓单。

（3）仓储合同中的特殊权利。

① 存货人对仓储物的检查权。在仓储期间，保管人负责保管存货人交付的仓储物，对仓储物享有占有权，但仓储物的所有权仍然归属于存货人。存货人为了防止物品在储存期间变质或有其他损坏，有权随时检查仓储物或提取样品，但在行使检查仓储物或提取样品的权利时，不得妨碍保管人的正常工作。

② 保管人对仓储物的提存权。所谓提存，是指由于债权人的原因而无法向其交付合同标的物时，债务人将该标的物交给提存机关而消灭债务的一种制度。根据相关规定，保管人提存保管物的条件为：一是仓单持有人无正当理由在仓储物储存期间届满时，不

提取仓储物；二是保管人催告仓单持有人在合理期限内提取而不提取；三是提存须依法定程序，如果保管人违反法定条件提存仓储物，属不法的提存，应负赔偿责任。

课堂讨论

6月3日，A家用电器公司向B储运公司发出一份函电称："由B储运公司为A家用电器公司储存保管家用电器，保管期限自7月10日至次年7月10日，仓库租金是全国统一价每月12元/平方米。任何一方违约，均需支付违约金20000元。如无异议，一周后正式签订合同。"合同签订后，B储运公司即开始清理其仓库，并拒绝其他单位在仓库存货的要求。后来，另一家储运公司以更低的价格招揽A家用电器公司。于是，7月8日，A家用电器公司书面通知B储运公司：因故我公司家电不需要存放贵公司仓库，双方于6月3日所签订的仓储合同终止履行，请谅解。B储运公司接到A家用电器公司书面通知后，遂电告A家用电器公司：同意仓储合同终止履行，但贵公司应当按合同约定支付违约金20000元。A家用电器公司拒绝支付违约金，双方因此产生纠纷。

讨论应怎样处理这次合同纠纷？

5. 仓单

（1）仓单的概念。所谓仓单，是指由保管人在收到仓储物时向存货人签发的表示已经收到一定数量的仓储物的法律文书。仓单实际上是仓储物所有权的一种凭证，是仓单持有人依仓单享有对有关仓储物品的所有权的法律凭证。仓单是仓储合同存在的证明，也是仓储合同的组成部分。

（2）仓单的法律性质。

① 仓单是要式证券。仓单上必须记载保管人的签字及必要条款，以此来确定保管人和存货人各自的权利和义务。

② 仓单是物权证券。仓单持有人依仓单享有对有关仓储物品的所有权，行使仓单上载明的权利或对权利进行处分。实际占有仓单者可依仓单所有权请求保管人交付仓单上所载的储存物品。

知识拓展

抵押和质押的区别

抵押是指债务人或第三人不转移对其特定财产的占有，将该财产作为对债权的担保，在债务人不履行债务时，债权人有权依法以该财产折价或以拍卖、变卖的价金优先受偿的物权。例如，仓单抵押由存货人占有物品，并支付仓储费，保管人对存货人负责。

质押是指债务人或第三人将其特定财产移交给债权人占有，作为债权的担保，在债务人不履行债务时，债权人有依法以该财产折价或拍卖、变卖的价金优先受偿的物权。例如，仓单质押由银行占有物品，并支付仓储费，保管人对银行负责。

③ 仓单是文义证券。仓单上的权利和义务的范围以仓单的文字记载为准，即使仓单上记载的内容与实际不符，保管人仍应按仓单上所载文义履行责任。

（3）仓单的内容。

仓单正面、反面示例如下：

仓　单（正面）

公司名称：
公司地址：
电　　话：　　　　　　　　　　　　　传　　真：
账　　号：　　　　　　　　　　　　　批　　号：
储 货 人：　　　　　　　　　　　　　发单日期：
货主名称：　　　　　　　　　　　　　起租日期：
兹收到下列物品，依本公司条款储仓。

| 唛头及号码 | 数量 | 所报物品 | 每件收费 | 每月仓租 | 进仓费 |

总 件 数：
总 件 数：（大写）
备　　注：
核 对 人：

仓　单（反面）

日　期	提单号码	提货单位	数　量	结　余	备　注

储货条款：
　　一、本仓库所载之物品种类、唛头、箱号等，均系按照储货人所称填写，本公司对物品内容、规格等概不负责。
　　二、物品在入仓交接过程中，若发现与储货方填列内容不符，我公司有权拒收。
　　三、本仓库不储存危险物品，客户保证入库物品绝非危险品，如果因储货人的物品危及我公司其他物品造成损失时，储货方必须承担因此而产生的一切经济赔偿责任。
　　四、本仓单有效期为一年，过期自动失效。已提货之分仓单和提单档案保留期也为一年。期满尚未提清者，储货人须向本公司换领新仓单。本仓单须经我公司加盖硬印方为有效。
　　五、客户（储货人）凭背书之仓单或提单出货。本公司收回仓单和提单，证明本公司已将该项物品交付无误，本公司不再承担责任。

登记仓单的注意事项：
① 保管人的签字或者盖章。
② 存货人的名称及住所。
③ 仓储的品种、数量、质量、包装、件数和标记等物品状况，以便作为物权凭证，代物流通。
④ 仓储物的损耗标准。
⑤ 储存场所和储存期间。
⑥ 仓储费及仓储费的支付与结算事项。
⑦ 若仓储物已经办理保险的，仓单中应写明保险金额、保险期限及保险公司的名称。
⑧ 仓单的填发人、填发地和填发的时间。

课堂讨论

中国建设银行上海分行开展"标准仓单质量抵押"业务。某企业拥有上海期货交易所指定仓库现货，急需短期运营资金，可以其自有且允许在交易所交易的标准仓单质押，向这家银行申请短期融资，融资期限为10～180天，质押率高达80%。

另据消息，仓单质押业务在中国物资储运行业开展了多年，是解决仓库库存客户资金紧缺、保证银行放贷安全和增加储运仓库资源的有效途径，可以取得一举三得的效果。当前，这项从仓库延伸出来的新业务受到行业内营业仓库的认可。

讨论案例反映了仓单的哪些职能？仓储又如何为仓单的这些职能提供保证？

（二）配送合同

1. 配送合同概述

（1）配送合同的概念。

配送合同是指配送经营人与配送委托人确定配送服务的权利和义务的协议；或者说是配送经营人收取费用，将委托人委托的配送物品，在约定的时间和地点交付给收货人而订立的合同。委托人可以是收货人、发货人、贸易经营人、商品出售人、商品购买人、物流经营人、生产企业等配送物的所有人或占有人，也可以是企业、组织或者个人。

（2）配送合同的性质。

① 无名合同。配送合同需要依据相关规定，并参照运输合同、仓储合同、保管合同的有关规范，通过当事人签署的完整的合同调整双方的权利和义务关系。

② 有偿合同。配送是一种服务，配送经营人需要投入相应的物化成本和劳动力才能实现产品的生产。独立的配送经营是为了盈利，需要在配送经营中获得利益回报。配送经营的营利性决定了配送合同为有偿合同。委托人需要对接收的配送产品支付报酬。配送经营人收取报酬是其合同的权利。

③ 诺成合同。诺成合同表示合同成立即可生效。当事人对配送关系达成一致意见时配送合同就成立，合同也就生效。配送合同成立后，配送方需要为履行合同组织力量，安排人力、物力，甚至要投入较多的资源，去购置设备、聘请人员，如果说合同还不能生效，显然对配送经营人极度不公平。因此，配送合同必须是诺成合同。当事人在合同订立后没有依据合同履行义务，就构成违约。当然，当事人可以在合同中确定合同开始履行的时间或条件，时间未到或条件未成熟时虽然合同未开始履行，但并不等同于合同未生效。

④ 长期合同。配送活动具有相对时间长的特性，配送过程都需要持续一段时间，以便开展有计划、小批量、不间断的配送，以实现配送的经济目的。如果只是一次性的送货，则是运输关系而非配送关系。因此，配送合同一般是期限合同，确定一段时期的配送关系或者一定数量的产品的配送，需要持续较长的时间。

（3）配送合同的种类。

① 独立配送合同。独立配送合同是指由独立经营配送业务的配送企业或个人或兼营配送业务的组织与配送委托人订立的仅涉及配送服务的独立合同。独立配送合同仅仅用于调整双方在配送过程中的权利和义务关系，以配送行为为合同标的。

② 附属配送合同。附属配送合同是指在加工、贸易、运输、仓储或者其他物质经营活动的合同中，附带地订立配送活动的权利和义务关系，配送活动没有单独订立合同的独立合同。附属配送合同主要包括仓储经营人与保管人在仓储合同中附属配送协议、运输合同中附属配送协议、销售合同中附属配送协议、物流合同中附属配送协议、生产加工合同中附属配送协议等。

③ 配送合同的其他分类。根据合同履行的期限，配送合同可以分为定期配送合同和

定量配送合同。定期配送合同是指双方约定在某一期间，由配送人完成委托人的某些配送业务而订立的合同。定量配送合同则是指配送人按照委托人的要求，对一定量的物品进行配送，直到该数量的物品配送完毕合同终止的一种合同。

按照配送委托人身份的不同，配送合同可以分为批发配送、零售配送、工厂配送等合同；按照配送物的不同，配送合同可以分为普通商品配送、食品配送、水果蔬菜配送、汽车配送、电器配送、原料配送、零部件配送等合同；按照配送地理范围的不同，配送合同可以分为市内配送、地区配送、全国配送、跨国配送、全球配送等合同。

2. 配送合同的订立

配送合同是双方对委托配送服务经协商达成一致意见的结果，经过要约和承诺的过程，承诺一旦生效，合同即成立。目前在我国，配送合同订立时往往需要配送经营人首先做出要约，向客户提出配送的整体方案，指明配送业务对客户产生的利益和配送实施的方法，以便客户选择接受配送服务并订立合同。

配送合同的要约和承诺可以采用口头形式、书面形式或其他形式，配送合同也可以采用口头形式、书面形式或其他形式。但由于配送时间延续较长、配送所涉及的计划管理性强，及时性配送所产生的后果可大可小，甚至会发生诸如生产线停工、客户流失等重大损失，而且配送过程受环境因素的影响较大，如交通事故等，所以为了便于双方履行合同、利用合同解决争议，签订完整的书面合同最为合适。

3. 配送合同的主要内容

无论是独立的配送合同还是附属配送合同，都需要对配送活动的当事人的权利和义务进行协商达到意见一致，并通过合同条款准确地表达。

（1）合同当事人。合同当事人是合同的责任主体，是所有合同都必须明确表达的项目。

（2）配送合同的标的。配送合同的标的就是将配送物品有计划地在确定的时间和地点交付收货人的行为。配送合同的标的是一种行为，因而配送合同是行为合同。

（3）配送方法。配送方法也称配送要求，是双方协商同意配送所要达到的标准，也是合同标的完整细致的表达，根据委托方的需要和配送方的能力商定。配送方法有定量配送、定时配送、定时定量配送、及时配送、多点配送等多种，需要在合同中明确时间及其间隔、发货地点或送达地点、数量等配送资料。配送方法还包括配送人对配送物处理的行为约定，如虚拟配装、分类、装箱。配送方法变更的方法有订单调整等。

（4）标的物。标的物即被配送的对象，可以是生产资料或生活资料，但必须是动产、有形的财产。配送物的种类（品名）、包装、单重、尺寸体积、性质等决定了配送的操作方法和难易程度，必须在合同中明确。

（5）当事人的权利和义务。当事人的权利和义务是指在合同中明确的双方当事人需要履行的行为或者不为的约定。

（6）违约责任。违约责任是指双方约定任何一方违反合同约定时需向对方承担的责任。违约责任包括约定违约行为需支付的违约金及数量、违约造成对方损失的赔偿责任及赔偿方法、违约方继续履行合同的条件等。

（7）补救措施。补救措施本身是违约责任的一种，但由于未履行配送合同可能产生极其严重的后果，为了避免损失的扩大，合同约定发生一些可能产生严重后果的违约补救方法，如采取紧急送货、就地采购等措施。

（8）配送费和价格调整。配送费是配送经营人订立配送合同的目的。配送人的配送费应能弥补其开展配送业务的成本支出并获取可能得到的收益。合同中需要明确配送费的计费标准、计费方法或总费用,以及费用支付的方法。由于配送合同持续时间长,在合同期间如果构成价格的成本要素价格发生变化,如劳动力价格、保险价格、燃料电力价格、路桥费等发生变化,为了使配送方不至于亏损,或者委托方也能分享成本降低的利益,允许对配送价格进行适当调整,要在合同中订立价格调整条件和调整幅度。

(9)合同期限和合同延续条款。对于按时间履行的配送合同,必须在合同中明确合同的起止时间,并用明确的日期方式表达。由于大多数情况下配送关系建立后,都会保持很长的时间,所以会出现合同不断延续的情况。为了使延续合同不至于发生较大的变化,简化延续合同的订立程序,往往要在合同中确定延续合同的订立方法和基本条件要求,如提出续约的时间、没有异议时自然续约等。

(10)合同解除的条件。配送合同都需要持续较长时间,为了使履约过程中一方不因另一方能力不足或没有履约诚意而招致损害,或者在合同没有履行必要和履行可能时也不至于违约,在合同中约定解除合同条款,包括解除合同的条件、解除合同的程序。

(11)不可抗力和免责。不可抗力是指由于自然灾害、当事人不可抗拒的外来力量所造成的危害,如风暴、雨雪、地震、洪水等自然灾害,还包括政府限制、战争、罢工等社会现象。不可抗力是法律规定的免责条件,但法律没有限定不可抗力的具体现象。虽然法律实践对于一般认可的不可抗力已形成共识,但对影响配送行为的特殊不可抗力的具体情况,如堵车等,以及需要在合同中陈述的当事人认为必要的免责事项,需要在合同中详细明确。不可抗力条款还包括发生不可抗力时的通知、协调方法等约定。

(12)其他约定事项。配送物种类繁多、配送方法多样,当事人在订立合同时应充分考虑到可能发生的事件和合同履行的需要,并达成一致意见。这是避免发生合同争议的最彻底的方法,特别是针对涉及成本、行为的事项,更需要事先明确:

① 配送容器的使用。约定在配送过程中需要使用的容器或送料箱等的尺寸、材料质地;配送容器是免费使用还是有偿使用,以及如何使用;在使用中发生损害的维修责任及赔偿约定;空容器的运输;合同期满时容器的处理方法;等等。

② 损耗。约定在配送中发生损失时,允许耗损的程度、耗损的赔偿责任及配送物超过耗损率时对收货人的补救措施。

③ 退货。发生收货人退货时的处理方法,一般约定由配送人现行接收和安置,先委托人汇报再要求委托人进行处理并费用承担。与退货相类似的,还可能约定配送废弃物、回收旧货等的处理方法,以及配送溢货的处理方法。

④ 信息传递方法。约定双方使用的信息传递系统、传递方法、报表格式等,如可约定采用生产企业的信息网络、每天传送存货报表等。

(13)争议处理。合同约定发生争议处理方法,主要是约定仲裁、仲裁机构,或者约定管辖的法院。

(14)合同签署。合同由双方的法定代表人签署,并加盖企业合同专用章。私人订立合同的由其本人签署。合同签署的时间为合同订立时间,若两方签署的时间不同,则后签时间为订立时间。

4.配送合同当事人的权利和义务

配送合同双方应该严格履行合同,任意一方不得擅自改变合同的约定,这是双方的基本义务。此外,依据配送合同的目的,确定合同中没有约定的双方当事人还需要分别承担的一些责任。

(1)配送委托人保证配送物适宜配送。配送委托人需要保证由其本人或者其他人提交的配送物适宜配送和配送作业。对配送物进行必要的定型保证;标明标志并保证能与其他商品相区别；保证配送物可以按配送要求进行分拆、组合；配送物能用约定的或者常规的作业方法进行装卸、搬运作业；配送物不是法规禁止运输和仓储的禁品；对于限制运输的物品，需要准予运输的证明文件；等等。

（2）配送经营人选择合适的方法。配送经营人所使用的配送中心具有合适的库场，适宜配送物的仓储、保管、分拣等作业；采用合适的运输工具、搬运工具、作业工具，如干杂货使用厢型车运输，使用避免损害物品的装卸方法、大件重货使用吊机或拖车作业；对运输工具进行妥善记载，使用必要的装载衬垫、绑扎、遮盖；选择合理的配送运输线路；使用公认的或者习惯的理货计量方法，保证理货计量准确；等等。

（3）配送人提供配送单证。配送经营人在送货时必须向收货人提供配送单证、配送清单。配送清单为一式两联，详细列明配送物的品名、等级、数量等信息，经收货人签署后，收货人和配送人各持一联，以备核查和汇总。配送人需要在一定期间向收货人提供配送汇总表。

（4）收货人收货。委托人保证收货人正常地接收物品，不会无故拒收；收货人提供合适的收货场所和作业条件。收货人有义务对接收的配送物进行理货查验，并签收配送单和注明收货时间。

（5）配送人向委托人提供存货信息和配送报表。配送人需在约定的期间（如每天）向委托人提供存货信息，并随时接受委托人的存货查询。定期向委托人提交配送报表，包括收货人报表、残损报表等汇总材料。

（6）配送人接收配送物并承担仓储和保管义务。配送经营人需按合同的约定接收委托人送达的物品，承担查验、清点、交接、入库登记、编制报表的义务；安排合适的地点存放物品，妥善堆积或上架；对库存物品进行妥善的保管、照料，防止存货受损。

（7）配送人返还配送剩余物，委托人处理残料。配送期满或者配送合同履行完毕，配送经营人需要将剩余的物品返还给委托人，或者按委托人的要求交付给其指定的其他人。配送人不得无偿占有配送剩余物。同样，委托人有义务处理配送残余物或残损废品、回收物品、加工废料等。

应用案例

仓储租赁及物品保管协议（示例）

合同编号：20××1101001
存货人（甲方）：A家用电器集团
保管人（乙方）：B仓储公司
根据法律有关规定，存货人和保管人就双方责、权、利等有关事项，经双方友好协商，达成如下协议。

第一条 甲方委托乙方储存、保管物品。
1. 甲方委托乙方储存、保管甲方指定地区的物品保管工作，具体交接计划及实施方案见附件。
2. 乙方提供完好仓库租给甲方存货。

第二条 储存物品的品名、品种、规格、数量、质量、包装。
1. 物品品名：××彩电等系列产品。
2. 品种规格：××彩电等系列产品的各种规格。
3. 数量：按照甲方的计划数量。
4. 质量：按照国家标准。
5. 物品包装：按照国家标准。

第三条 物品验收的内容、标准、方法、时间、资料。
1. 物品验收时，乙方必须核对物品与送货单据上列明的型号、数量是否相符，产品包装是否完好、受损。

2. 如有包装破损，物品短少、损坏，乙方仓库必须填写物品验收一览表，详细、准确列明物品验收情况。

3. 送货车辆抵达目的仓库2h内，乙方必须安排卸车收货。

4. 乙方按照物品台数清点、核收。

5. 乙方收货后，必须填制甲方要求的产品入库单。

第四条 物品保管条件和保管要求。

1. 乙方做到库房设施完善，具备防雨、防潮等条件，消防器材和照明设备保持良好状态。

2. 乙方必须严格按照包装箱标示要求的高度、层数、方向堆码，不得倒置，产品摆放整齐有序，便于清点、盘存和检查。

3. 物品堆垛科学，有效利用仓库库容，库容状态接受甲方的监督。

第五条 物品入库和出库手续、时间、地点、运输方式。

1. 产品入库开具甲方要求的入库单，保管员签名确认。

2. 甲方的客户到仓提货，必须持有甲方开具的有效的提单，提单必须盖有甲方指定的提货专用章、财务签名。

3. 乙方必须保证收到提单后1h内准时发货。

4. 产品出库严格按照甲方开具的提单所列的品种、规格、数量安排发货，"白条"或口头通知等一律不准发货；否则，因此而发生的一切损失由乙方承担。

5. 产品退换必须有甲方指定负责人签名的书面通知；否则，一律不准退换。

6. 退货产品乙方必须严格验收，列明包装破损、残次品，编制备查流水账。在物品退货单上退货单位必须签字确认，必要时由甲方代表现场确认。

第六条 物品的损耗标准和损耗处理。

1. 除原有包装、经甲方批准退货或运输等损坏外，所有因保管责任引起的损坏、产品短缺均由乙方负责。

2. 在包装箱完好无损、无开启痕迹的情况下，客户开箱后发现产品型号不符、部件有短缺、质量等问题，乙方不承担任何责任，但有义务配合存货人查明原因。

3. 由保管人承担的物品损失，按照甲方销售价格、加物料成本、加运输费用、加维修处理费计算。

第七条 计费项目、标准和结算方式。

1. 甲方租用乙方仓库的仓库租金是全国统一价：每月12元/平方米。

2. 按照双方确认的平均库存台数（每天的实物库存台数累加除以当月天数）计算仓租面积，每平方米可存放3.6台彩电（折合数），即当月仓租＝平均库存台数÷3.6×12元。

3. 仓租按月结算。

4. 甲方向乙方支付装卸费，装卸费按件计算：21寸0.65元/台、25寸0.8元/台、29寸1元/台、34寸1.45元/台计费，分月结算。

5. 结算方式：月结上述费用，甲方收到乙方发票和结算明细账（对账单）之日（以邮戳为准）起，15天内应予承付（以货款划出日为准）。如遇特殊情况，应由甲乙双方友好协商解决。

第八条 合同效力与期限。

本合同自甲乙双方签订之日起生效。

合同有效期为壹年，即20××年7月10日至20××年7月10日。如需续约，双方另行商议。

第九条 其他约定事项。

运输破损由乙方出具验收报告，送交甲方确认，并保留由承运方代表签字认可的原始记录，方便日后备查。

任何一方违约，均需支付违约金贰万元。

第十条 合同纠纷解决方式。

本合同发生争议，由当事人双方协商解决。协商不成，任何一方可向××市人民法院提起诉讼。

第十一条 本合同一式四份，双方各执两份。

甲方（章）： 乙方（章）：
法定代表人： 法定代表人：
委托代理人： 委托代理人：
电话： 传真： 电话： 传真：
开户行： 开户行：

账号：　　　　　　　　　　　　　　账号：
日期：　　　　　　　　　　　　　　日期：
（附件略）

问题思考

本示例中的仓储租赁条款是否有需要修改的地方？如果有，应该如何修改？

实训项目

实训目的

（1）熟悉仓储合同的格式。
（2）掌握仓储合同的内容。
（3）能够独立签订仓储合同。

实训准备

（1）掌握仓储合同的相关知识，熟悉合同仓单的条款和法律意义。
（2）将学生分组，每组 5～10 人，分别扮演存货人和保管人。
（3）实训安排 4 学时。

实训实施

（1）在教师指导下，学生自愿组合完成角色扮演。
（2）存货人与保管人进行要约与承诺，存货人向保管人提出订立仓储保管合同的建议和要求，保管人对此做出承诺。
（3）双方制订仓储合同条款，确定标的物，对合同条款进行谈判，并签订仓储合同。
（4）仓储公司保管仓储物，仓储公司保管人对仓储物进行核查。
（5）制作仓单。
（6）教师点评，指出学生实训过程中存在的问题。
（7）整理资料后，进行小组讨论，并以小组为单位撰写实训报告，总结经验教训。

实训考核

实训考核表见表 3-8。

表 3-8　实训考核表

考核人		被考核人	
考核地点			
考核内容	仓储合同制作与签订		
考核标准	具体内容	分值/分	实际得分
	工作态度	10	
	仓储合同的内容	30	
	合同签订的过程	20	
	仓单的制作	20	
	实训报告	20	
合　　计		100	

能力自测

知识能力自测

（1）A食品厂与B配送中心签订配送合同，将物品存储在配送中心。3月20日，A食品厂需要将20箱薯片从B配送中心配送到C超市。到货后，超市收货人在未验货情况下签收配送单。3月21日，超市人员发现该批薯片大部分由于长期保存不当受潮，且在送货途中颠簸碎裂。C超市遂向A食品厂进行索赔，但A食品厂要求B配送中心进行赔偿，并扣压支付给B配送中心的各项费用。B配送中心不服，将剩余物品强行占有，并以超市已签单为由，拒不归还。请分析在此案例中，配送人、委托人、收货人三方具有的权利和义务分别是什么。

（2）甲乙双方于2018年4月20日签订了仓储租赁合同。甲方将自己的仓库租给乙方使用，租赁期限为3年，从2018年5月10日至2021年5月10日，如一方违约须向另一方支付违约金30万元并赔偿损失。乙方向甲方支付定金2万元。乙方在租赁期间的经营效益很好，平均每月有5万元的利润收入。甲方于2019年3月10日突然提出，将原租赁给乙方的仓库收回。那么，乙方此时应提出什么索赔要求？

（3）某玩具生产厂于2019年9月5日向仓库公司发出要约，希望和对方签订仓储合同。仓储公司则于2019年9月10日向玩具生产厂发出承诺，承诺中又提出要与玩具生产厂于2019年9月20日签订正式仓储合同。而玩具生产厂于2019年9月16日与另一家仓储公司签订了仓储合同，原因是仓储保管费更便宜。请分析玩具厂是否违约。为什么？

双创能力自测

创业至今，戴尔切身领悟到了许多宝贵的管理经验。戴尔开始创业时，还在大学念书，习惯晚睡晚起，所以公司刚成立时，每天必须早起就是一件很痛苦的事情。而戴尔又是唯一拥有公司钥匙的人，因此每次只要睡过头了，他一到公司附近，远远地就会看到二三十个人在门口晃荡，等着他来开门。一开始，公司很少在9：30以前开门，后来逐渐提早到9：00。到最后，公司终于改成8：00上班，而戴尔也把钥匙交给别人了。但要交出去的，还不止公司大门的钥匙。有一次，戴尔正在办公室忙碌，有个员工走进来，抱怨说他的硬币被自动售货机吃掉了。戴尔问他："这种事为什么要告诉我？"那个员工说："因为贩卖机的钥匙是您保管的。"那一刻，戴尔才知道，自己也应该把自动售货机的钥匙交给别人保管。

思考： 戴尔把钥匙交出去意味着什么？如果是你，你会怎么做？

管理三
库存控制与成本管理

【思维导图】

```
                ABC分类法的含义
                ABC分类法的基本程序 ┐ ABC库存
                ABC分类法的库存策略 ┘ 管理方法 ┐
                                            │                    ┌ 安全库存的含义
                                            │         安全库存管  │ 确定需要安全库存的物料
                                   库存控制与├─────── 理与控制 ────┤ 影响安全库存的因素
                                   成本管理  │                    └ 安全库存量的确定
                定量订货法的基本原理 ┐        │
                控制参数确定        ├ 定量库存┘
                定量订货法的适用范围 ┘ 管理方法
```

【学习目标】

（1）掌握ABC分类法的具体实施过程。
（2）掌握安全库存的计算方法。
（3）熟悉定期和定量库存管理方法的应用范围。
（4）掌握定期订货法控制参数的确定。
（5）理解仓储成本及配送成本的构成。
（6）掌握仓储成本及配送成本的控制方法。

【学习导入】

据测算，我国每降低1%的物流成本，就等于增长了100亿美元的经济效益；而美国每年的经济规模为10万亿美元，如果降低1%的成本，就相当多出1000亿美元的效益。可见，降低物流成本是提高效益的重要措施。

假如我国是1万亿美元的经济规模，那么降低1%的物流成本就等于增长了100亿美元的效益。美国物流成本约占GDP的10%，成本计算方法独到。美国物流成本占GDP的比重在20世纪90年代保持在11.4%～11.7%，而在20世纪最后10年，这一比重有了显著下降，由11%以上下降到10%左右，甚至下降到9.9%，但物流成本的绝对数量还在一直上升。美国的物流成本管理经验对我国物流业有着重要启示。

美国的物流成本主要由3个部分组成：一是库存费用；二是运输费用；三是管理费用。比较美国近20年来的变化可以看出，运输成本在GDP中的比例大体保持不变，而库存费用比重降低是导致其物流总成本比例下降的最主要原因。这一比例由过去接近5%下降到不足4%。由此可见，降低库存成本、加快周转速度是美国现代物流发展的突出成绩，也就是说，利润的源泉集中在降低库存、加速资金周转等方面。

（资料来源：http://www.chinatat.com/new/201009/zh48773148201 42901027913.shtml，有改动）

思考

（1）结合案例分析物流成本的作用？
（2）美国降低物流成本的做法对我国有什么启示？

一、ABC 分类法

（一）ABC 分类法概述

【ABC 分类法的内涵】

1. ABC 分类法的含义

ABC 分类法（Activity Based Classification）全称为 ABC 分类库存控制法，又叫帕累托分析法，是成本控制中广泛采用的一种方法。其基本原理是，按成本比重高低将各成本项目分为 A、B、C 这 3 类，对不同类别的成本采取不同控制方法。这一方法符合"抓住关键少数""突出重点"的原则，是一种比较经济合理的管理方法。一般来说，库存与资金占用之间存在这种现象：少数库存物品价值昂贵，占用大部分的资金；相反，大多数库存物品价格便宜，仅占用很小部分的库存资金。因此，可根据库存种类数量与所占用库存资金比重之间的关系，将库存分为 A、B、C 这 3 类，并根据其特点分别采用不同的管理方法。

2. ABC 分类法的标准

对 A、B、C 这 3 类进行划分并没有一个固定的标准，每家企业都可以按照各自的具体情况来确定，划分的界限也视不同的具体情况而定。分类的操作方法十分简单，只需要掌握全部库存的品种标志、年平均用量、单位成本，再经过运算即可完成。列入 A 类的物品，其使用量不超过总用量的 20%，而使用金额占总金额的 70% 左右；列入 B 类的物品，其使用量不超过总用量的 30%，而使用金额占总金额的 20% 左右；列入 C 类的物品，其使用量超过总用量的 50% 以上，但使用金额仅占总金额的 10% 左右。各类物品分类的标准见表 3–9。

表 3–9　各类物品分类的标准

级　别	年消耗金额	品　种　数
A	60%～80%	10%～20%
B	15%～40%	20%～30%
C	5%～15%	50%～70%

对于 A 类物品，应列为物品管理的重点对象，实行定期订购的控制方式，对库存盘点、来料期限、领发料等要严格要求；对于 B 类物品，企业可根据自己物品管理的能力和水平，选择综合或连续、定期的控制方法；对于 C 类物品，则定为物品管理的一般对象，采用比较粗放的管理方法，即定量订购的控制方式，可以适当加大保险储备量。

（二）ABC 分类法的基本程序

1. 进行分析

（1）收集数据。即确定构成某一管理问题的因素，收集相应的特征数据。以库存控制涉及的各种物品为例，如拟对库存物品的销售额进行分析，则应收集年销售量、物品单价等数据。

（2）计算整理。即对收集的数据进行加工，并按要求进行计算，包括计算特征数值。特征数值占总计特征数值的百分数，累计百分数；因素数目及其占总因素数目的百分数，累计百分数。

（3）根据一定的分类标准，进行 ABC 分类，列出 ABC 分析表，见表 3-10。

表 3-10 ABC 分析表

物品名称	品目数累计	品目数累计百分数	物品单价	平均库存	物品单价乘以平均库存	平均资金占用额累计	平均资金占用额累计百分数	分类结果

（4）绘制 ABC 分析图。以累计因素百分数为横坐标，累计主要特征值百分数为纵坐标，按 ABC 分析表所列示的对应关系，在坐标图上取点，并连接各点成曲线，即绘制成 ABC 分析图。除利用直角坐标绘制曲线图以外，也可绘制成直方图。

2. 实施对策

根据 ABC 分类结果，权衡管理力量和经济效果，制定 ABC 分类管理标准表，对 3 类对象进行有区别的管理。这是"分类管理"的过程。

（三）ABC 分类的库存策略

将物品进行 ABC 分类，其目的在于根据分类结果对每类物品采取适宜的库存控制措施。对于 A 类物品，应尽可能从严控制，保持完整和精确的库存记录，给予最高的处理优先权等；对于 B 类物品，按销量时松时紧控制存量；而对于 C 类物品，则可以尽可能简单控制。例如，从订货周期来考虑的话，A 类物品可以控制得紧些，每周订购一次；B 类物品可以两周订购一次；C 类物品则可以每月或每两个月订购一次。值得注意的是，ABC 分类与物品单价不一定有关。不同类物品的库存控制策略见表 3-11。

表 3-11 不同类物品的库存控制策略

分类项目	A 类物品	B 类物品	C 类物品
管理重点	将库存量压缩到最低	按销量时松时紧控制存量	以比较高的库存来节省订货费用
订货方式	定期订货	定量订货	双堆法
定额水平	按品种规格控制	按大类品种控制	按总金额控制
检查方式	经常检查	一般检查	按年/季度检查
统计方法	按品种规格详细统计	按大类品种一般统计	按总金额统计

注：在计划平衡、资金分配、采购订货、组织供货等方面，应做到重点突出、兼顾一般、统筹安排、控制有方，确保各类物品供应，以缓解资金压力。

课堂思考

根据表 3-12 的数据，对商品进行 ABC 分类管理。

表 3-12　参考数据

品名	库存金额/千元	库存金额累计/千元	库存金额比例	库存金额累计比例	品种	品种累计比例
a	44	44	1%	1%	5%	5%
b	46	90	1%	2%	5%	10%
c	48	138	1%	3%	5%	15%
d	120	258	3%	6%	5%	20%
e	280	538	7%	13%	5%	25%
f	1200	1738	30%	43%	5%	30%
g	40	1778	1%	44%	5%	35%
h	30	1808	1%	45%	5%	40%
i	1000	2808	25%	70%	5%	45%
j	220	3028	6%	76%	5%	50%
k	160	3188	4%	80%	5%	55%
l	32	3220	1%	81%	5%	60%
m	28	3248	1%	82%	5%	65%
n	320	3568	8%	90%	5%	70%
o	180	3748	4%	94%	5%	75%
p	70	8818	2%	96%	5%	80%
q	46	3864	1%	97%	5%	85%
r	50	3914	1%	98%	5%	90%
s	44	3958	1%	99%	5%	95%
t	42	4000	1%	100%	5%	100%

二、安全库存管理与控制

（一）安全库存概述

安全库存是指那些除了预期的客户需求以外，为满足在紧急、未预料需求或未预期的运输延迟等情况发生时所准备的最少量的额外库存。可见，保持安全库存是为了防止在生产或销售过程中可能产生的原材料未能及时到位、销售超过预期量而出现的停工待料或缺货脱销等意外情况的出现。

许多不确定因素给库存分析带来影响，其中常见的是需求量和订货提前期的变化。当单位时间内的需求量和订货提前期都是常数时，固定订货量系统的订货点就等于订货提前期内的需求。订货点是一个不变的量。当库存余额达到订货点时发出订单，在库存为零时正好到货，就不会发生缺货现象。但若出现如下情况，就会发生缺货现象：

（1）单位时间内的需求量不变，但实际订货提前期大于期望订货提前期。例如，实际订货提前期为 10 天，而期望订货提前期为 8 天，在订货 8 天后库存余额为零，这时应该马上到货，但实际上是订货 10 天后到货，这时就发生 2 天时间的缺货。

（2）实际订货提前期等于期望值，但订货提前期内的需要量超过其期望值。例如，实际订货提前期为 10 天，而期望订货提前期也为 10 天，但在订货提前期内的需求发生了变化，比预计的需求增加了 10 个单位，即预计在订货提前期内需求为 100 单位，但实际需求变为 110 个单位，这时在订货到达前，就发生 10 个单位的缺货。

如果上述两种缺货同时出现，情况将会更加复杂。在理想的库存模型中，由于需求率和前置时间固定，在一批订货到达后，库存量均匀下降，所以在各个周期内库存量变化曲线相同。在这种情况下，安全库存永远不会被动用。在实际的库存模型中，由于前置时间内的需求率往往是可变的，库存量变化曲线呈现为台阶型的折线，且各个订货间隔期内的曲线形状各不相同。在实际的库存模型中，对于某一订货周期而言，可能出现以下 3 种情况：

（1）前置时间内的需求量很大，不仅用完了安全库存，而且发生了缺货现象。
（2）前置时间内的需求量小于其期望值，没有动用安全库存。
（3）前置时间内的需求量大于其期望值，动用了部分安全库存。

安全库存用来补偿在补充供应的前置时间内，实际需求量超过期望需求量或实际订货提前期超过期望订货提前期所产生的需求。中转仓库和零售业备有安全库存是为了在用户的需求率不规律或不可预测的情况下，有能力满足用户的需求；工厂成品库持有安全库存是为了零售和中转仓库的需求量超过期望值时，有能力补充自身的库存。

如果没有安全库存，当前置时间内的需求量超过其期望值，便会产生缺货现象。这时每追加一个单位安全库存，都会对缺货起到预防作用。超过期望需求量的第一个单位的安全库存，对缺货的预防作用最大；第二个单位的安全库存对缺货的预防作用比第一个单位稍小。以此类推，当安全库存量增加到一定程度，继续增加一个单位的安全库存所提供的对缺货的预防作用将很不明显。这种现象又称为报偿递减原理。安全库存量增加使前置时间内缺货的概率减少，从而降低缺货费用，但会引起储存费用的上升。在某一安全库存水平下，缺货费用与储存费用之和达到最小值，这个水平便是最优水平。高于或低于这个水平，都会使安全库存费用增加。

用户对缺货的反映可以分为延期付货或失销两种类型。发生延期付货型的缺货现象时，企业一般会采取措施以加速订购物品的到货或进行临时订货。和正常进货相比，会产生一些额外的费用，如加速费用、手续费用、附加运输费用和包装费用等。在失销的情况下，会失去用户，物品的供应由竞争对手取而代之，销售利润损失和难以定量估计的商誉损失便构成了失销费用。如果是流水生产线所需的物品缺货，就会导致停工待料，造成很大的经济损失。通常制造企业的缺货费用很大，以至于一般不允许缺货。显然，无论是哪种形式的缺货费用，对于不同情况下的不同的物品来说，都可能有很大的差别，应根据用户或内部使用的具体情况来定。在这 4 种情况下要保持较高的安全库存量，以尽力避免缺货：一是缺货成本高或服务水平要求较高；二是储存成本较低；三是需求量的波动较大；四是前置时间的波动较大。安全库存的存在既使企业的缺货费用降低，又使储存费用增加，因此，需要确定合理的安全库存量。

(二)如何确定需要安全库存

如何确定哪些物品需要保持安全库存？需要运用 ABC 分类法。关于 ABC 分类法，前面已介绍，此处不再赘述。

(三)影响安全库存的因素

1. 存货需求量的变化、订货间隔期的变化及交货延误期的长短

预期存货需求量变化越大，企业应保持的安全库存量也就越大；同样，在其他因素相同的条件下，订货间隔期、订货提前期的不确定性越大，或预计订货间隔期越长，则存货的中断风险就越高，安全库存量也就越大。

2. 存货的短缺成本和储存成本

一般来说，存货短缺成本的发生概率或可能的发生额越高，企业需要保持的安全库存量就越大。增加安全库存量，尽管能减少存货短缺成本，但会给企业带来储存成本的额外负担。在理想条件下，最优的订货和储存模式可以求得，但在实际操作过程中，订货成本与储存成本反向变化，不确定性带来的风险使得这个问题一直没有得到有效的解决。

3. 前置时间或安全库存综合征和存货削减综合征

企业既要处理物流，又要处理信息流。但是，部门之间的隔阂影响了信息的有效流通，信息的成批处理使得企业内的"加速原理"生效，需求信息经常被扭曲或延迟，从而引起采购人员和生产计划制订者的第一种效应——前置时间或安全库存综合征。如果这种效应继续加强，直到增加过量，那么相应的成本会随之上升。

如果过剩的生产能力不断蔓延至整条供应链，那么扭曲的需求数据便开始引起第二种效应——存货削减综合征。厂商不得不选择永久降低产品的销售价格，这样就会侵蚀企业的盈利。前置时间或安全库存综合征引起过量的存货，企业为了谋求出路又导致存货削减综合征，如果不进行流程改变，这两种效应将持续存在并互相推动。

在市场成长期，这两种效应的结合所带来的后果常被增长的需求所掩盖，企业可以生存甚至兴旺而不顾及震荡周期的存在：在一段时间内，全力处理存货；而在另一段时间内，却又不顾成本地加速生产。当市场进入平稳发展期或下降期后，企业开始一步一步走向衰亡。可见，在目前企业与企业存在隔阂，甚至企业内部门之间也存在隔阂的情况下，信息传递滞后、反应缓慢、成批处理和不确定性是造成上述两种效应的深层原因，应对的根本措施也在于减少组织隔阂、加强信息疏导，并应做到迅速反应。

(四)安全库存量的确定

安全库存量的大小主要由顾客服务水平（或订货满足率）来决定。所谓顾客服务水平，是指对顾客需求情况的满足程度，用公式表示为

顾客服务水平 =（年缺货次数/年订货次数）× 100%

顾客服务水平越高，说明缺货发生的情况越少，缺货成本就越小，但因增加了安全库存量而导致库存的持有成本上升；而顾客服务水平较低，说明缺货发生的情况越多，缺货成本就越高，安全库存量水平就越低，库存持有成本也就越小。因此，必须综合考虑顾客服务水平、缺货成本和库存持有成本之间的关系，最后确定一个合理的安全库存量。

对于安全库存量的计算，一般借助数量统计方面的知识，对顾客需求量的变化和提前期的变化做一些基本的假设，在顾客需求发生变化、提前期发生变化及两者同时发生变化

的情况下，分别求出各自的安全库存量。

1. 需求发生变化，提前期为固定常数的情形

先假设需求的变化情况符合正态分布，由于提前期是固定的数值，所以可以直接求出在提前期的需求分布的均值和标准差。或者，可以通过直接的期望预测，以过去提前期内的需求情况为依据，从而确定需求的期望均值和标准差。这种方法的优点是能够让人容易理解。

当提前期内的需求状况的均值和标准差一旦被确定，可以利用下面的公式获得安全库存量（SS）。

$$SS = Z \times \text{SQRT}(L) \times STD$$

式中：STD——在提前期内，需求的标准方差；
　　　L——提前期的长短；
　　　Z——一定顾客服务水平需求化的安全系数。

2. 提前期发生变化，需求为固定常数的情形

如果提前期内的顾客需求情况是确定的常数，而提前期的长短是随机变化的，在这种情况下的计算公式为

$$SS = Z \times STD2 \times d$$

式中：$STD2$——提前期的标准差；
　　　Z——一定顾客服务水平需求化的安全系数；
　　　d——提前期内的日需求量。

3. 需求情况和提前期都是随机变化的情形

在大多数情况下，提前期和需求都是随机变化的，此时可假设顾客的需求和提前期是相互独立的，则 SS 的计算公式为

$$SS = Z \times \text{SQRT}(STD \times STD \times L + STD2 \times STD2 \times D \times D)$$

式中：　Z——一定顾客服务水平下的安全系数；
　　　$STD2$——提前期的标准差；
　　　STD——在提前期内，需求的标准方差；
　　　D——提前期内的平均日需求量；
　　　L——平均提前期水平。

三、定量订货法与定期订货法

（一）定量订货法

1. 定量订货法的基本原理

定量订货法是流行比较广泛的传统的库存管理方法，预先确定一个订货点和订货批量，随时监控货物库存，当库存量下降到一定水平（订货点），就发出一个订货批量进行订货。该方法的关键在于计算出订货点的储备量，对于某些物品来说，当订货点和订货量确定后，就可以实现库存的自动管理。

定量订货法的关键点是：预先确定一个订货点，在销售过程中如果库存下降到 Q 时，就发出一个订货批量 Q^*，一般取经济批量 EOQ（Economic Order Quantity）。

2. 定量订货法的控制参数

实施定量订货法有两个参数需要确定：一个是订货点，即订货点库存量；另一个是订货数量，即经济批量。

（1）订货点的确定。

$$订货点 = 平均日需求量 \times 平均订货周期 + 安全库存$$

> **课堂思考**
>
> 某商品在过去3个月中的实际需求量分别为1月份126箱、2月份110箱、3月份127箱，最大订货提前期为2个月，缺货概率根据经验统计为5%。试求该商品的订货点。

（2）经济批量的确定。

$$EOQ = \sqrt{\frac{2RS}{CK}}$$

式中：K——保管费用率；
R——年物品需要量；
S——一次订购费用；
C——物品单价。

3. 定量订货法的适用范围

（1）单价比较便宜，而且不便于少量订货的物品。
（2）比较紧缺、订货较难、管理复杂的物品。
（3）特别适合均匀稳定需求物品的订货。
（4）需求预测比较困难的物品。

4. 定量订货法的优缺点

（1）定量订货法的优点。
① 订货点、订货批量一经确定，则定量订货法的操作就很简单。
② 订货量一定，便于安排仓库内的作业活动，节约理货费用。
③ 充分发挥了经济订货批量的作用，可以使平均库存量和库存费用最低。

（2）定量订货法的缺点。
① 不便于对库存进行严格的管理，花费较大的人力和物力。
② 订货之前的各项计划比较复杂。

> **课堂思考**
>
> 某商品的年需求量为1600件，去年4个季度的实际需求量分别为162件、180件、177件、173件，最大订货提前期为2个月，缺货概率根据经验统计为10%，该商品的单位年保管费为4元，每次订货成本为80元。试求该商品的订货点和经济订货批量。

（二）定期订货法

1. 定期订货法的基本原理

定量订货法是从数量上控制库存量，虽然操作简单，但需要每天检查库存量，费时费力。特别是在仓库大、品种多而人员少的情况下，无论是检查货物还是检查账本，工作量都很大，都是比较困难的，而定期订货法很好地解决了这个问题。

定期订货法是基于时间的订货控制方法，它设定订货周期和最高库存量，从而达到库存控制的目的。只要订货周期和最高库存量控制得当，既不会造成缺货，又可以达到节省库存费用的目的。

定期订货法的关键点是：预先确定一个订货周期 T 和最高库存量 Q_{max}，周期性地检查库存，根据最高库存量、实际库存、在途订货量和待出库商品数量，计算出每次订货批量，发出订货指令，组织订货。订货批量的大小应使得订货后的"名义"库存量达到额定的最高库存量 Q_{max}。

2. 定期订货法的核心问题

（1）确定订货周期 T^*。订货周期实际上是定期订货的订货点，其间隔时间总是一致的。订货间隔期的长短直接决定最高库存量有多少，即库存水平的高低，库存成本的多少进而也被决定。因此，订货周期不能太长，否则会增加库存成本；也不能太短，太短会使订货次数增加，使得订货费用增加，进而增加库存总成本。从费用方面来看，如果要使总费用降到最低，订货周期可以采用经济订货周期的方法来确定，其计算公式为

$$T^* = \sqrt{\frac{2S}{C_i R}}$$

式中：T^*——经济订货周期；
　　　S——一次订购费用；
　　　C_i——单位商品年储存成本；
　　　R——单位时间内库存商品需求量（销售量）。

课堂练习

某商品年需求量为 16000 箱，单位商品年保管费用为 20 元，每次订货成本为 400 元。试求经济订货批量 Q^*、经济订货周期 T^*。

（2）确定最高库存量。定期订货法的最高库存量的作用是满足（$T+T_k$）期内的库存需求，可以用（$T+T_k$）期间的库存需求量为基础，考虑位随机发生的不确定性需求，一定的安全库存也需要被设置，这样就可以简单地求出最高库存量，其计算公式为

$$Q_{max} = R(T+T_k) + Q_s$$

式中：Q_{max}——最高库存量；
　　　R——（$T+T_k$）期间的库存需求量平均值；
　　　T——订货周期；
　　　T_k——平均订货提前期；
　　　Q_s——安全库存。

（3）订货量的确定。定期订货法每次的订货数量不是固定的，有不少订货批量都是由当时的实际库存量的大小决定的，考虑到订货点时的在途到货量的数量和已发出出货指令尚未出货的待出货数量，可用下面的公式来计算每次订货的订货量。

$$Q_i = Q_{max} - Q_{ni} - Q_{ki} + Q_{mi}$$

式中：Q_i——第 i 次订货的订货量；
　　　Q_{max}——最高库存量；
　　　Q_{ni}——第 i 次订货点的在途到货量；
　　　Q_{ki}——第 i 次订货点的实际库存量；
　　　Q_{mi}——第 i 次订货点的待出库货物数。

课堂练习

某商品订货周期18天，平均订货提前期3天，平均库存需求量为每天120箱，安全库存量360箱。某次订货时，在途到货量600箱，实际库存量1500箱，待出库货物数量500箱。试求该商品的最高库存量，以及该次订货时的订货批量。

3. 定期订货法的适用范围

（1）消费金额高且需要实施严格控制管理的物品。
（2）需要经常调整生产或采购数量的物品。
（3）需求量变动幅度大，而其变动具有周期性，可以正确判断的物品。
（4）需要定期制造的物品等。

4. 定期订货法的优缺点

（1）定期订货法的优点。

① 以固定的时间间隔进行补充订货。这给管理带来了很大的方便，尤其是在库存控制属于某一员工若干职责之一的情况下，有些员工更愿意以一种有一定规律的时间间隔将精力集中在工作上。固定时间间隔对于运输管理也有好处，运输管理部门可以日、周或月等有规律的时间间隔来安排取货或送货，从而使不同运输地点之间的运输路径标准化。

② 可以将多个订单组合起来。类似产品如果都来自同一个供应商，又在同一时间订货，就可以将其组成一个订单。订单的组合可以节省采购人员的工作量，从而降低订货成本，这种方法还使得后续的开放订货变得容易。当采购人员要求供应商确认某一产品的订单处理情况时，也可同时要求确认同一组合订单中其他产品的情况。从供应商的角度来看，供应商可能更喜欢同一组合订单，因为同一组合订单中的所有产品有可能同时发运，从而减少运输成本，增加车辆的利用率。

③ 只在观测时刻知道库存水平即可。在定量控制系统中，需要连续检查库存水平，以便判断是否到了再订货点，为此需要频繁地更新库存记录。而定期控制系统则没有这种必要，这对于中小企业及手工控制库存的企业来说非常合适。但是，当一个库存系统实行计算机控制后，每一项进货、出货的记录都十分迅速时，定期控制系统的这一优势就不再存在。

（2）定期订货法的缺点。

① 安全库存量大。
② 没有利用经济订货批量进行订货，不能发挥经济订购的优势。

课堂思考

某公司为实施定期订货策略，对某商品的销售进行了分析研究，发现用户需求服从正态分布，过去9个月的销售量分别是11、13、12、15、14、16、18、17、19（吨/月）。如果他们组织资源进货，则订货提前期为1个月，一次订货费用为30元，1t物品1个月的保管费为1元。如果要求库存满足率为90%，根据这些情况应当如何制定定期订货法策略？而在实施定期订货法策略后，第一次订货检查时，发现现有库存量为21t，已订未到物品为5t，已经售出但尚未提货的物品为3t，那么第一次订货时应该订多少？

四、仓储成本控制

（一）仓储成本的构成

仓储成本是发生在货物储存期间的各种费用支出。其中，一部分是用于仓储的设施设备投资和维护货物本身的自然损耗，另一部分则是用于仓储作业所消耗的物化劳动，还有一部分是货物存量增加所消耗的资金成本和风险成本。本书将仓储成本分为两个部分：一是仓储运作成本；二是仓储存货成本。仓储运作与存货控制是紧密相关的，要联系起来分析和控制。

1. 仓储运作成本

（1）仓储运作成本的构成。仓储运作成本是指发生在仓储过程中，为保证商品合理储存，正常出入库而发生的与储存货物运作有关的费用。仓储运作成本包括库房、设备折旧，库房租金，水、电、气费用，设备维修费用，人工费用等一切发生在库房中的费用。仓储运作成本可以分为固定成本和变动成本两个部分，见表3-13。

表3-13 仓储运作成本的构成

构 成	含 义	范 围
固定成本	一定的仓储存量范围内，不随出入库量变化的成本	库房折旧、设备折旧、库房租金、固定人工工资等
变动成本	仓库运作过程中与出入库货物量有关的成本	水、电、气费用，设备维修费，工人加班费用，货物损坏成本

（2）仓储运作成本的计算。

① 固定成本的计算。仓库固定成本在每月的成本计算时相对固定，与日常发生的运作、消耗没有直接的关系，在一定范围内与库存数量也没有直接关系。固定成本中的库房折旧、设备折旧、库房租金和固定人工工资从财务部可以直接得到。库房中的固定费用可以根据不同的作业模式得到不同的内容，包括固定取暖费、固定设备维修费、固定照明费用等。

② 变动成本的计算。库房运作变动成本根据实际发生的运作费用进行计算。包括按月统计的实际运作中发生的水、电、气费用，设备维修费用，由于货量增加而发生的工人加班费和货物损坏成本等。

2. 仓储存货成本

仓储存货成本是指由于存货而发生的除运作成本以外的各种成本，包括订货成本、资金占用成本、存货风险成本、缺货成本、在途存货成本等。

（1）订货成本。订货成本是指企业为了实现一次订货成本而进行的各种活动费用，包括处理订货的差旅费、办公费等支出。订货成本与订货规模的关系如图3.9所示。订货成本中有一部分与订货次数无关，如常设机构的基本支出等，称为订货的固定成本；另一部分与订货

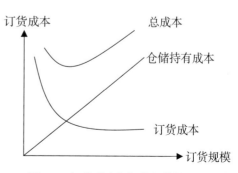

图3.9 订货成本与订货规模的关系

次数有关，如差旅费、通信费等，称为订货的变动成本。具体来讲，订货成本包括检查存货费用、编制并提出订货申请的费用、对多个供应商进行调查比较而选择合适的供应商的费用、填写并发出订单的费用、填写并核对收货单的费用、验收货物费用、筹集资金和付款过程中产生的各种费用。

（2）资金占用成本。资金占用成本是指购买货品和保证存货而使用的资金成本。资金成本可以用公司投资的机会成本或投资期望来衡量，也可以用资金实际来源的发生成本来计算。为了简化和方便，一般资金成本用银行贷款利息来计算。

（3）存货风险成本。存货风险成本是指发生在货品持有期间，由于市场变化、价格变化、货品质量变化所造成的企业无法控制的商品贬值、损坏、丢失、变质等成本。

（4）缺货成本。缺货成本是指由于库存供应中断而造成的损失，包括原料供应中断造成的停工损失、产成品库存缺货造成的延迟发货损失和丧失销售机会的损失（还应包括商誉损失）。如果生产企业以紧急采购代用材料来解决库存材料的中断之急，那么缺货成本表现为紧急额外购入成本（紧急采购成本与正常采购成本之差）。当一种产品缺货时，客户就会购买该企业的竞争对手的产品，这就会对该企业产生直接利润损失；如果失去客户，还可能为企业造成间接或长期成本。另外，如果原材料、半成品或零配件的缺货，则意味着设备空闲，甚至停产。

（5）在途存货成本。上面介绍的主要是仓库货品的运作和存货成本，但在途存货成本也必须加以考虑。在途存货成本与选择的运输方式有关。如果企业以目的地交货价销售商品，则意味着企业要负责将商品运达客户，当客户收到订货商品时，商品的所有权才转移。从财务的角度来看，商品仍是销售方的库存。因为这种在途商品在交给客户之前仍然属于企业所有，运货方式及所需的时间是储存成本的一部分，企业应该对运输成本与在途存货持有成本进行分析。在途库存的资金占用成本一般等于仓库中库存资金的占用成本。仓储运作成本一般与在途库存不相关，但要考虑在途货物的保险费用。选择快速运输方式时，一般货物过期或变质的风险要小一些，所以仓储风险成本较小。一般来说，在途存货成本要比仓库中存货成本小，而在实际中，只有对每一项成本进行分析，才能准确计算出实际成本。

（二）仓储成本的核算

仓储成本是企业物流成本中的重要组成部分，其高低直接影响企业的利润水平。因此，合理控制仓储成本，加强仓储成本管理是企业物流管理的一项重要内容。

1. 仓储成本的计算范围

在计算仓储成本之前，需要明确仓储成本的计算范围。计算范围取决于成本计算的目标，如果要对所有的仓储物流活动进行管理，就需要计算出所有的仓储成本。同样是仓储成本，目标所包括的范围不同，计算结果也就不一样。如果只考虑仓库本身的费用，不考虑仓储物流其他领域的费用，则不能全面地反映仓储成本的全貌。而且，每家企业在统计仓储费用时的口径不一，往往缺乏可比性。在讨论仓储成本的时候，首先应该明确成本计算的范围。

在计算仓储成本时，原始数据主要来自财务部门提供的数据，应该把握按支付形态分类的成本。在这种情况下，对外支付的保管费可以直接作为仓储物流成本全额统计，但对于企业内部发生的仓储费用与其他部门发生的费用混合在一起的，需要从中剥离出来，如材料费、人工费、物业管理费、管理费、营业外费用等。

（1）材料费。与仓储有关的包装材料、消耗工具、器具备品、燃料等费用，可以根据材料的出入库记录，将此期间与仓储有关的消耗量计算出来，再分别乘以单价，便可得出仓储材料费。

（2）人工费。人工费可以从物流人员的工资、奖金、补贴等报酬的实际支付金额得到，以及由企业统一负担部分按人数分配后得到的金额计算出来。

（3）物业管理费。物业管理费包括水、电、气等费用，可以根据相关设施所记录的用量来获取数据，也可以根据建筑设施的比例和物流人员的比例简单计算。

（4）管理费。管理费无法从财务会计方面直接得到相关数据，可以按人头比例简单计算。

（5）营业外费用。营业外费用包括折旧、利息等费用。折旧费用根据设施设备的折旧年限、折旧率计算；利息费用根据物料相关资产的贷款率计算。

2. 仓储成本的计算方法

（1）购进存货成本的计算方法。存货的形式主要有外购和自制两种。从理论上讲，企业无论是从何种途径取存货，凡与存货形成有关的支出，均应计入存货的成本。流通企业由于其行业的特殊性，在购进商品时，按照进价和按规定应计入商品成本的税金作为实际成本，采购过程中发生的运输费、装卸费、保险费、包装费、仓储费等费用，运输途中发生的合理损耗、入库前的挑选整理费等，都应直接计入当期损益。

流通企业加工的商品，以商品的进货原价、加工费用和按规定应计入成本的税金作为实际成本。

（2）销售存货成本的计算。仓储管理中的销售存货的成本计算是比较复杂的。对于种类众多、销售时间敏感的商品，必须选用正确的存货计算方法。所谓的商品销售，是指企业以现金或转账结算的方式，向其他企业销售商品，同时商品的所有权发生转移的一种交易活动。

物流企业将商品销售出去以后，既要及时反馈商品的销售收入，又要计算已售存货的成本，以便据以计算商品的销售成果。正确计算存货发出的成本，不仅影响当期的经营损益，而且影响期末存货价值的真实值。

① 个别认定法。个别认定法也叫个别计价法、分批认定法、具体辨认法等，是指某批材料购入时，以实际单位成本作为该批材料发出时的实际成本的存货计价方法。这种方法适用于大件物品、贵重物品，使存货的成本流动与实物流动完全一致，因而能准确地反映销货成本和期末存货成本。

② 加权平均法。加权平均法是指期末用期初结存和本期入库存货的实际成本之和，据以计算加权平均成本作为期末存货成本和销货成本的存货计价方法。

③ 移动加权平均法。移动加权平均法是指平时入库存货根据当时库存存货总成本与总数量计算平均单位成本，作为下一次收入存货以前发出存货时的单位成本的存货计价方法。采用移动加权平均法，存货的计价和明细账的登记均在日常进行，可以随时了解存货占用资金的动态，但日常核算工作量较为烦琐。

④ 先进先出法。先进先出法是指假定先购进的存货先耗用或先销售，期末存货就是最近入库的存货，那么，先耗用或先销售的存货按先入库存货的单位成本计价，后耗用或后销售的存货按后入库存货的单位成本计价的存货计价方法。

⑤ 后进先出法。后进先出法是指假定后入库的存货先耗用或先销售，那么，耗用或销售的存货按最近入库存货的单位成本计价，期末存货按最早入库存货的单位成本计价的存货计价方法。需要注意的是，后进先出法在实地盘存制度和永续盘存制度下均可使用。但是，在不同的盘存制度下采用不同的方法，计算的期末存货成本的销货成本是不同的。

（3）仓储成本的不同计算方法。为了合理地计算仓储成本，有效地监控仓储过程中发生的费用来源，可以按仓库支付形式、按仓储活动项目或按适用对象等不同方法来计算仓储成本。

① 按支付形式计算仓储成本。将仓储成本分别按仓储搬运费、仓储保管费、材料消耗费、人工费、仓储管理费、仓储占用资金利息等支付形态分类，就可以计算出仓储成本的总额。这样可以了解花费最多的项目，从而确定仓储成本管理的重点。这种计算方法先从月度损益表中管理费用、财务费用、营业费用等各个项目中，取得一定数值乘以一定的比率（物流部门比率，分别按人数平均、台数平均、面积平均、时间平均等计算出来）算出仓储部门的费用，再将仓储成本总额与上一年度的数值作比较，弄清楚增减的原因并制订整改方案。

② 按仓储活动项目计算仓储成本。按仓储活动项目计算仓储成本是将仓库中的各个运作环节发生的成本分别进行统计，如入库费用、出库费用、分拣费用、检查费用、盘点费用等。在仓库众多的情况下，采用按活动项目计算仓储成本的方法可以比较容易地进行相互之间的比较，从而达到有效管理的目的。

③ 按适用对象计算仓储成本。仓储成本的计算也可以按照仓库商品所适用的对象，按产品、地区的不同分别计算仓储成本。按照不同地点的仓储发生成本，计算出各单位仓储成本与销售金额或毛收入所占比例，及时发现仓储过程存在的问题，并加以解决。

（三）仓储成本控制方法

1. 影响仓储成本的因素

构成仓储成本的重要部分是仓储存货成本，仓储存货增加，既增大了仓库的占用面积和运作量，也占用了大量的资金。存货的存量多少是仓储费用的决定因素，那么决定货物的存量就成了控制成本的重要一环。对于不稳定的商品，易燃易爆、易变质和时尚性强的商品，库存量要小一些，以避免在仓储过程中发生质变和商品贬值；对于时尚性不强的商品、耐存储的商品的库存量，可以提高一些。从货物管理方面来看，运输条件的便利与否也是影响因素之一。从交通方面来看，对于运输周期长的商品，可以保持较小的库存量。从货物的使用和销售方面来看，一般销售量增加，相应的库存量也要增加；反之，销售量减少，库存量也要减少。一般确定采购批量和存货数量时需要考虑以下因素：

（1）取得成本。取得成本主要包括在采购过程中所发生的各种费用的总和。这些费用大体可以归结为两类：一是随采购数量的变化而变化的变动费用；二是与采购数量多少关系不大的固定费用。

（2）存储成本。一般情况下，生产销售使用的各种货物都应该有一定的储备量。只要储备就会有费用发生，这种费用可以分为两类：一是与储备资金多少有关的成本，如储备资金的利息、相关的税金、仓储货物合理损耗成本等；二是与仓储货物数量有关的成本，如仓库设施维护修理费、货物装卸搬运费、仓库设施折旧费、仓库管理人员工资、福利费、办公费等。

（3）缺货成本。由于计划不周或环境条件发生变化，导致企业在仓促中发生了缺货现象，从而影响生产的顺利进行，造成的生产或销售上的损失和其他额外支出称为缺货损失。所以，为了防止缺货损失，在确定采购批量时，必须综合考虑采购费用、存储费用等相关因素，以确定最佳的经济储量。

（4）运输时间。在商品采购过程中，要做到随要随到是有条件的。一般情况下，从商品采购到企业仓库总是要一定的时间，在商品采购时，需要将运输时间考虑在相关因素中。

只有对上述影响商品采购批量的因素进行分析之后，才能确定商品的最佳经济采购量，从而确定合适的货品仓储数量。

2. 降低仓储成本的对策

降低仓储费用首先要对仓储费用的组成要素进行分析，有针对性地找出对费用影响大的因素加以控制，以达到对症下药的目的。

（1）降低存货发生成本。

① 排除无用的库存。定期核查仓库中的货品，将长期不用、过期、过时的货品及时进行清理。无用的库存既占用空间，又浪费库房运作费用，要建立制度对无用库存货品及时处理。

② 减少库存量。仓储费用的发生与库存数量成正比关系，在满足存货包装功能前提下，将存货数量减到最低，无疑是减少仓储成本的最直接办法。

③ 重新配置库存时，有效、灵活地运用库存量。

（2）降低产品包装成本。

① 使用价格低的包装材料。

② 使包装作业机械化。

③ 使包装简单化。

④ 采用大尺寸的包装。

（3）降低装卸成本。

① 使用集装箱和托盘，通过机械化来实现省力化。

② 减少装卸次数。

这些合理的对策，可以单独实施，也可以同时实施。但在实施时，要充分掌握费用的权衡关系，必须在降低总的物流费用中研究其合理化的效果。

五、配送成本控制

（一）配送成本的构成

配送成本是指在配送活动的备货、储存、分拣、配装、送货及配送加工等环节所发生的各项费用的总和，是配送过程中所消耗的各种活劳动和物化劳动的货币表现。

将配送费用，诸如人工费用、作业消耗、物品消耗、利息支出、管理费用等，按照一定的标准进行汇集，就构成了配送成本。配送成本的高低直接关系配送中心的利润，进而影响连锁企业利润的高低。因此，如何以最少的配送成本"在适当的时间将适当的产品送到适当的地方"，是摆在企业面前的一个重要问题，对配送成本进行控制就变得十分重要。

1. 配送运输费用

配送运输费用在配送成本中占据主要地位，是影响物流费用的主要因素，主要包括以下几个方面：

（1）车辆费用。车辆费用是指从事配送运输生产而发生的各项费用，包括职工工资及福利费、燃料、轮胎、修理费、车船使用税、行车事故损失等。

（2）间接费用。间接费用是指配送运输过程中为管理和组织配送运输生产所发生的各项管理费用和业务费用，包括配送运输管理部门管理人员的工资及福利费、配送运输部门为组织运输生产活动所发生的管理费用及业务费用，如水电费、办公费、差旅费、保险费等。

2. 分拣费用

分拣费用是指分拣机械及人工完成货物分拣过程中发生的各种费用，包括分拣直接费用、分拣间接费用。

（1）分拣直接费用。分拣直接费用是指从事分拣工作的作业人员及有关人员工资、奖金、补贴等费用的总和。

（2）分拣间接费用。分拣间接费用是指分拣机械设备的折旧费用、修理费用，以及分拣管理部门为管理和组织分拣生产需要由分拣成本负担的各项管理费用和业务费用。

3. 配装费用

配装费用是指完成配装货物过程中发生的各种费用，包括配装材料费用、配装辅助费用。

（1）配装材料费用。配装材料费用是指配装过程中消耗的各种材料，常见的配装材料有木材、纸、塑料等。这些包装材料的功能不同，成本相差也很大。

（2）配装辅助费用。除上述费用以外，还有在一些配装过程中使用的一些辅助材料如包装标记、标志的印刷，拴挂物费用等支出，这些都算作配装辅助费用。

4. 配装人工费用

配装人工费用是指从事包装工作的工人及有关人员的工资、奖金、补贴等费用总和。

5. 流通加工费用

（1）流通加工设备费用。流通加工设备因流通加工形式不同而不同，购置这些设备所支出的费用，以流通加工费用的形式转移到被加工产品中去。

（2）流通加工材料费用。流通加工材料费用是指在流通加工过程中，投入加工过程中的一些材料消耗所需要的费用。

（3）流通加工人工费用。流通加工人工费用是指在流通加工过程中从事加工活动的管理人员、工人及有关人员工资、奖金等费用的总和。

在实际中，应该根据配送的具体流程汇集成本。在不同的配送模式下，配送成本构成差异较大；即使在相同的配送模式下，由于配送物品的性质不同，配送成本构成差异也很大。

（二）配送成本的核算

1. 按支付形态计算配送成本

将配送成本分别按运费、保管费、包装材料费、企业内部配送费、人工费、配送管理费、利息等支付形态记账，就可以计算出配送费的总额。这样就可以了解花费最多的项目，从而确定配送成本管理中的重点。

2. 按功能计算配送成本

按上面所讲的支付形态进行配送成本分析，虽然可以得出总额，但是不能充分说明配送的重要性。若想降低配送费用，就应把这个总额包含的包装费、装卸费、输送费等项目详细列出来，以便掌握配送的实际状态，了解在哪些功能环节上有浪费，达到控制成本的目的。这种分别按配送、保管、搬运、信息流通、物流管理等功能计算配送费用的方法，就是按功能计算配送成本的方法。

3. 按适用对象计算配送成本

按不同功能的配送成本来计算，不仅实现了降低成本，而且能分别掌握按产品、地区、顾客的不同而产生的配送成本，由此可以分析产生配送成本的不同对象。

（1）按营业单位计算配送成本。这种方法就是要算出各营业单位的配送成本、销售金额或毛收入的对比，用以了解各营业单位配送成本中存在的问题，以便加强管理。

（2）按顾客计算配送成本。这种方法又可以分为按标准单价计算和按实际单价计算两种计算方式。按顾客计算配送成本，可用来选定顾客，也可作为根据配送服务水平来制定顾客战略的参考要素。

（3）按商品计算配送成本。这种方法是按功能划分配送费，并以各自不同的基准分配给各类商品，以此计算出配送成本。这种方法可以用来分析各类商品的盈亏，但在实际应用中，要考虑进货和出货差额的毛收入与商品周转率之间的交叉比率。

（三）配送成本的控制

1. 配送的计划性

在配送活动中，临时配送、紧急配送或无计划的随时配送都会大幅度增加配送成本，因为这些配送会使车辆不满载，浪费里程。为了加强配送的计划性，需要建立与各配送对象之间的配送申报制度。在实际工作中，应针对商品的特性，制定不同的配送申请和配送制度。

（1）对于鲜活商品，应定时定量申请，定时定量配送，一般一天申请一次，商品的采购量应以当天全部售完为宜。

（2）对于普通商品，应定期向配送中心订货，订货量为两次订货的预计需求量，并实行定期审批，预测订货周期内的需求量，以降低经营风险。

2. 确定合理的配送路线

由于配送方法的不同，配送运输的过程也不尽相同，所以应采用科学的方法，确定合理的配送路线。这是配送活动中的一项重要工作。但是，确定配送路线的方案很多，一般应对各个方案进行比较，择优选择，而且必须考虑以下因素：

（1）满足所有客户对商品品种、规格和数量的要求。
（2）满足所有客户对货物送到时间范围的要求。
（3）在交通管理部门允许通行的时间内送货。
（4）各配送路线的商品量不能超过能够的容积及载重量。
（5）在配送中心现有运力及可支配运力的范围内配送。

3. 进行合理的车辆配载

由于配送货物的品质、特性各异，为提高配送效率、确保货物质量，在接到订单后，首先必须将货物按照特性进行分类，分别选取不同的配送方式和运输工具，如按冷冻食品、散装货物、箱装货物等分类配装；其次，配送货物也有轻重缓急之分，必须按照先急后缓的原则，合理组织配送运输。

4. 运用信息管理系统

在物流作业中，分拣、配货、增减库存占全部作业流程的大部分，而且容易出差错。因此，配送企业可以通过信息管理系统来控制配送成本，加强自动识别技术的开发和应用，提高入货和发货时商品检验的效率。例如，在拣货配货过程中可以应用条形码，这样可使得拣货准确、快速，配货简单、高效，从而提高生产效率，节省劳动力，降低物流成本。又如，推广电子标签的使用，因为电子标签采用射频技术，可以不需要卸货、开箱就能在几秒钟之内完成整车货物的验收。

▍应用案例

某摩托车专营店是一家批发和零售各种型号摩托车及零配件的商店，过去几年产品畅销，商店效益好，但是管理比较粗放，主要靠经验管理。由于商店所在地离生产厂家距离较远，且过去几年铁路运输比较紧张，所以为避免缺货，商店经常保持较高的库存量。而近些年来，当地同类商店数量增加，市场竞争十分激烈。

于是，商店聘请张三担任销售主管。张三具有本科管理专业学历，又有几年在百货商店工作的经验。他上任以后，就着手了解情况，寻求提高经济效益的途径。摩托车采购的具体方式是参加生产厂家每年一次的订货会议，签订下年度的订货合同，然后按期到生产厂办理提货手续，组织进货。张三认为应当按照库存控制理论，在保证市场供应的前提下，尽量降低库存，这是提高经济效益的主要途径。

该专营店销售不同型号的摩托车，张三首先以 A 公司生产的产品为例，计算经济订购批量。他为计算 A 公司供应的摩托车的经济批量，收集了以下数据：

（1）每年对 A 公司生产的摩托车需用量为 3000 辆，平均每辆价格为 4000 元。

（2）采购成本。采购成本主要包括采购人员处理一笔采购业务的交通费、住宿费等。以往采购人员到 A 公司出差，乘飞机、住宾馆、坐出租车，一次采购平均耗时 16～24 天，采购人员各项支出每人平均为 6700 元，每次订货去 2 名采购员，采购成本为 6700×2=13400（元/次）。

（3）每辆摩托车的年库存维持费用。

① 所占用资金的机会成本。每辆摩托车平均价格为 4000 元，银行贷款利率年息为 6%。所占用资金的机会成本 =4000×6%=240［元/（辆·年）］。

② 房屋成本（仓库房租及折旧、库房维修、库房房屋保险费用等平均每辆摩托车分担的成本）。该专营店租用一座仓库，年租金 52000 元。仓库最高库存量为 700 辆，最低库存量不足 100 辆，平均库存量约为 400 辆。因此，每辆车年房屋成本可取为 130 元/（辆·年）。

③ 仓库设施折旧费和操作费。吊车、卡车折旧和操作费平均 10 元/（辆·年）。

④ 存货的损坏、丢失、保险费用平均为 20 元/（辆·年）。

以上各项合计年保存维持费用为 240+130+10+20=400［元/（辆·年）］。

张三将以上数据代入经济订购批量计算公式，计算得出：

（1）经济订购批量 =448（台）。

（2）每年订购次数 =3000÷448 ≈ 7（次）。

（3）订购间隔期。专营店每周营业 7 天，除春节放假 5 天外，其他节假日都不停业。年营业日为 360 日，订购间隔可用公式算出订购间隔期 =360÷7 ≈ 52（天）。若采用定期订购方式，订购间隔为 52 天，即每隔 52 天订购一次。

（4）订购点。若采用定量订购方式，则要计算出订购点。张三为计算订购点量，需要订货提前期的有关数据。他了解到订货提前期由表 3–14 所列的几个部分组成。

表 3–14 订货提前期的组成

采购准备时间	与供应商谈判时间	供应商提前期	到货验收
4 天	4 天	15 天	2 天

其中，采购准备时间包括了解采购需求、采购员旅途时间，以及供应商提前与供应商结束谈判到摩托车入库所需的时间。由表 3–14 可算出，订购提前期为 25 天。

若安全库存为 40 辆，可用下式算出订购点：订购点 =（25×3000÷360）+40≈249（辆）。

（5）年库存维持费用。年库存维持费用等于年订购成本与年保存费用之和，即年库存维持费用 =7×13400+（448÷2+40）×400=199400（元/年）。

经过上面的分析与计算，张三对库存各种费用的大体情况，以及在哪些方面可以采取措施来降低费用，有了一个初步的认识。

案例思考

张三的计算有什么不合理的地方？他建议的改进措施是否可行？为什么？

实训项目

实训目的

通过对模拟企业的仓储成本分析，熟悉仓储成本的构成，掌握仓储成本的计算；通过分析和计算仓储成本，知道如何采取相应的措施进行成本控制。

实训准备

（1）了解仓储成本的内容。
（2）准备相关的表格。
（3）将全班学生分成若干组。
（4）实训安排2个学时。

实训实施

（1）在教师指导下，自愿组合，分组完成任务。
（2）教师提供实训资料。

某制造企业规模日益扩大，对仓储需求越来越迫切，打算建立一座专业仓库以满足自身的仓储需求。要求各小组成员能对该企业的仓储成本做一个预算，可参考表3-15，以供管理者决策。

表3-15 仓储费用预算表

编制部门			编制日期			
第 张，共 张			预算期间			
序号	费用项目	预算依据	上旬	中旬	下旬	全月合计
1	燃料动力					
2	劳动保护费					
3	非计件人员工资					
4	非计件人员福利					
5	折旧费					
6	修理费					
7	办公费					
	其中包括：电话费					
	低值易耗品					
	邮递费					
	交际应酬费					
	文具纸张等杂费					
8	物料消耗					
9	装卸搬运费					
10	其他					
	其中包括：租赁费					
	差旅交通费					
	教育培训费					
	员工保险支出					
	费用合计					
	减：非付现费用					
	现金支出的费用					

审批：　　　　　　　　　　　　　　制表：

（3）结合该企业的实际情况，在教师的指导下，编制合适的预算表。
（4）教师点评学生选用的方法，确定其可行性。
（5）组织学生收集信息，对原预算进行调整，确定所选用的方法。
（6）整理资料后，进行小组讨论，并以小组为单位撰写实训报告，总结经验教训。

实训考核

实训考核表见表3-16。

表3-16 实训考核表

考核人			
考核地点			
考核内容	企业仓储成本分析和控制		
考核标准	具体内容	分值/分	实际得分
	工作态度	10	
	仓储成本分析	30	
	仓储成本预算表填写	15	
	库存控制分析	25	
	实训报告	20	
合　　计		100	

能力自测

知识能力自测

（1）某产品的年需求量为1万箱，单次订货成本为2元/次，单位产品的库存成本为1元/箱一年。请求经济订货批量、最小总成本。

（2）某产品的年需求量为1000件，订货成本为5元/次，单价为12.5元/件，储存费率为10%，提前期为5天。请求订购批量、总订购成本、订货点。（注：一年按照365天计算）

（3）某配送中心对某商品的年需求量为36万箱，单位商品年平均储存费用为4元，订货费用每次为50元，订货提前期为5天。请求经济订货批量、总成本、订货点。

双创能力自测

母狐狸养了一窝小狐狸，小狐狸长到能独自捕食的时候，母狐狸把它们统统赶了出去。小狐狸很恋家，不愿意出去，母狐狸就又咬又追，毫不留情。小狐狸中有一只瞎眼的，母狐狸也没有对它特殊照顾，照样把它赶得远远的。因为母狐狸知道，没有谁能养它们一辈子。小狐狸们从这一天起便长大了，而那只瞎眼的小狐狸也终于学会了靠嗅觉来觅食。

思考：成长是痛苦的，也是必要的。面对物流行业的发展，你怎样才能做到适者生存？

管理四 安全管理

> 【思维导图】

> 【学习目标】

（1）掌握运输安全与风险管理的知识。
（2）熟悉运输安全与风险的防控措施。
（3）了解仓库安全工作的重要性。
（4）掌握仓库防火、防盗、抗台风、防雨汛的管理和方法。

> 【学习导入】

提及马德里的火灾多发区，大多数人首先想到的肯定是 F 仓库区。由于仓库中都有易燃物品，再加上防火措施不健全、忽视安全条例、设备老化等原因，F 仓库区成了火灾的重灾区。

在过去几年中，F 仓库区几乎每年都会发生严重的火灾。尤其 2008 年那场大火，烧掉几个商家的心血。而就在几年后的几乎同一时间，F 仓库区 L 大街的一家华人仓库发生大火，导致 450m² 的仓库及仓库中 50 万欧元的货物付之一炬。

惨痛的损失让生活在这里的华商谈火色变。尽管火灾敲响仓库区防火的警钟，但是总会有人疏于防范，从而引发严重的后果。

思考
（1）仓库发生火灾的原因通常有哪些？
（2）如何防范仓库火灾的发生？
（3）仓库安全管理工作有哪些？

一、运输安全与风险管理

（一）运输安全

【运输安全】

运输安全是指在运输过程中使运输对象完好无损地实现位移，涉及装卸、储存、保管等工作的安全和行车安全几个方面。

1. 影响运输安全的因素

（1）道路条件。道路条件是运输安全的基本因素。道路是各种车辆和行人通行的工程设施（包括道路配套设施、道路交通设施等硬件），也是道路交通安全、畅通的基本通行条件。道路条件对于公路交通安全的影响尤为突出。

（2）车辆技术性能和保修质量。车辆技术性能是交通安全的关键因素。车辆的动力、刹车、轮胎、传动、转向要经常检查和维护，否则将成为事故隐患。企业要对车辆严格进行维修和保养，做到不合格的车辆不出场、不上路。

（3）驾驶员的操作技术水平和责任心。大多数交通事故是人为因素造成的，所以要做好驾驶员在法规、技能、体能等方面的培训与监控工作，以确保车辆驾驶安全。加强对驾驶员的教育和管理是确保道路交通安全的前提。

（4）装卸工作质量。车辆科学合理的装载是货物安全的重要因素，超限装载、非法装载、不合理装载都会成为事故隐患。

2. 运输安全的危险源

运输过程中存在各种危险源，有的可能直接导致事故的发生，如车辆故障等；而有的则可能是事故发生的深层次原因或根本原因，如企业管理不善等。

（1）人的不安全行为。人的不安全行为包括驾驶员性格、心理缺陷、驾驶员生理问题，驾驶员车辆驾驶技术不熟练，驾驶员酒后驾驶、疲劳驾驶，其他交通参与者的不安全行为等。

（2）物的不安全因素。物的不安全因素包括轮胎上有裂纹或磨损严重、车辆结构和技术状态的不安全因素、车载物品的不安全因素等。

（3）道路的不安全因素。道路的不安全因素包括典型道路的不安全因素、特殊路段的不安全因素、路面通行条件不佳等。

（4）行车环境的不安全因素。夜间、雨雪雾等特殊天气、结冰的道路、崎岖的山路等自然环境等都会影响运输安全，容易引发道路交通事故。

（5）运输企业安全管理不完善。运输企业分为国有企业、股份制企业及其他类型的企业等。各种类型的企业自身性质各不相同，决定了各自运输安全管理的模式也不相同，因此会在制度构建上不完善或存在各种缺陷。这些因素也会成为运输安全的危险源。

（二）运输风险

风险是指自然界和社会所发生的自然灾害和意外事故，即动态风险和静态风险。企业的运输风险主要包括货物运输合同风险、货物运输环节风险、货物包装环节风险、货物装卸环节风险和货物仓储环节风险。

1. 货物运输合同风险

货物运输合同的条款是否完整、准确，决定了合同能否成立、生效及顺利地履行。承运商提供的运单一般比较简略，而且存在许多对托运人不利的免责条款，导致托运人承受不合理的风险。对于托运人而言，如果托运的货物数量大、价值高，应主动要求与承运商订立更为周密、公平的运输合同，以使自己的合法权益得到维护。

2. 货物运输环节风险

货物运输环节风险主要是货物灭损的风险和货物延时到达的风险。

3. 货物包装环节风险

货物包装环节风险包括包装条款不明确的风险、包装条款履行不当的赔偿风险、包装检验检疫不合格的风险。

4. 货物装卸环节风险

货物装卸环节风险主要是指因为不断地对货物装上、卸下，可能会出现操作人员疏忽、野蛮装卸及装卸设备质量问题等原因导致货物毁损的风险。在物流活动中，装卸搬运活动频繁发生，是货物损坏的重要原因之一。

5. 货物仓储环节风险

货物仓储环节风险主要是指仓库的损坏、进水、通风不良，没有定期整理和维护，没有对特殊物品采用专用仓库或特种仓库进行存放而引起货物的串味、变质等风险。这个环节的风险也会引起货物的灭损。

（三）运输风险防范

1. 调查资信资料，谨防上当受骗

签订运输合同前，要对合作方的工商登记、资产、信誉及经营状况认真进行调查，谨防上当受骗。对于公民个人开办或控制、无资产、操作不规范的企业，要尽量规避。对于资信情况不明但确有合作必要的企业，要通过严格财物控制、同时履行、对方提供担保等方式予以防范和化解风险。

2. 签署运输合同，重视履约责任

签署运输合同时，应注意合同条款约定的权利和义务是否合理，对不合理的部分要及时提出，应注意合同的合理性、完善性、可行性和经济性等。同时，密切关注合同履行过程，确保合同履行善始善终。合同一经签订，即具有法律效力，必须按照合同的约定履行。如需变更合同，要经双方当事人协商一致，否则就要承担相应的后果。

3. 投保责任险，获得保险理赔

运输企业必须认识到责任险的重要性，因为责任险不仅能够转移、分散企业的责任风险、减少亏损、增加盈利，而且能够通过保险公司的介入，增强企业风险分散、控制的能力，从而从源头上减少责任风险和支出，形成良好的经营和运行模式。

4. 成立应急中心，处理突发事件

运输企业应成立处理突发事件的应急中心，坚持预防与应急相结合，加强对突发应急事件的预防、预测、预警和预报，做好应急预案、机制准备和常态下的风险评估、物资储备、队伍建设等工作，增强应急救援能力。

5. 完善规章制度，强化内部监控

运输企业在具体运作过程中造成经营风险的一个重要原因就是制度和管理的问题，因此要制定一套适合自身实际的管理制度和程序，始终强调运用制度来加强企业管理，要求做到凡事有章可循、凡事有据可查、凡事有人负责、凡事有人监督。

在经营活动中，规避和防范经营风险是企业永恒的主题。运输企业必须建立起涵盖所有业务和所有过程的风险防范管理模式，有效地预防和规避经营风险，确保资金安全，避免企业资金和其他财产损失，以促进企业持续、健康地发展。

二、防火与防盗

(一)仓库火灾基础知识

1. 燃烧的基本原理

【仓库火灾】

燃烧是指可燃物分解或挥发出的可燃气体,与空气中的氧剧烈化合,同时发光热的反应过程。燃烧必须同时具备 3 个要素,即可燃物、助燃物和着火源,并且这 3 个要素只有相互作用时,燃烧才能发生。可燃物是指在常温条件下能燃烧的物质,包括一般植物性物料、油脂、煤炭、蜡、大多数有机合成物等;助燃物是指支持燃烧的物质,包括空气中的氧气、释放氧离子的氧化剂;着火源则是指物质燃烧的热能源,实质上就是引起易燃物燃烧的热能。

根据引发燃烧的能量种类,可将着火源分为机械火源、热火源、电火源和化学火源 4 类。机械火源包括摩擦、撞击火花等;热火源包括高温表面或炽热物体等;电火源包括电火花、静电火花和雷电火花等;化学火源包括明火、自燃发热、化学反应热等,如电气焊割火花、炉火、煤的堆积等。

2. 仓库火灾的种类

(1)普通火。普通火是指普通可燃固体所引发的火灾,如木料、棉花、化纤、煤炭等燃烧引发的火灾。普通火虽然燃烧扩散较慢,但燃烧较深入,货堆内部都在燃烧,灭火后重燃的可能性极高。普通火较适合用水扑灭。

(2)油类火。油类火是指各种油类、油脂发生燃烧所引起的火灾。油类密度较小,会漂浮在水面并随水流动,因此不能用水灭火,只能用泡沫、干粉等灭火。

(3)电气火。电气火是指电器、供电系统漏电所引起的火灾,以及具有供电的仓库发生的火灾。

(4)爆炸性火灾。爆炸性火灾是指具有爆炸性的货物,或者火场内爆炸性物品,如易发生化学爆炸的危险品、会发生物理爆炸的密闭容器等引发的火灾。爆炸不仅会加剧火势,扩大燃烧范围,而且会危及人身安全。发生这类火灾时,首要工作是保证人身安全,先要迅速撤离在场人员。

3. 仓库火灾的特点

(1)易发生,损失大。由于仓库物资储存集中,一旦遇到着火源,极易发生火灾。仓库发生火灾不仅会使库存物资付之一炬,而且会对仓库的建筑、设施设备等造成破坏,甚至引起人身伤亡。

(2)易蔓延扩大。由于仓库物资储存物品较多,火势发展较快,着火后火势迅速蔓延扩大。而且,仓库火灾会产生高温,一般仓库燃烧中心温度往往在 1000℃以上,化学危险物品燃烧的温度更高。高温不仅会使火势蔓延速度加快,而且会造成库房倒塌,如果在库外风力的影响下,情况将更加严重。

(3)扑救困难。由于仓库物资堆放数量大,发生火灾后,燃烧时间长,加之许多仓库远离城区,供水和道路条件较差,消防能力有限,这就增加了扑救的难度。库房平时门窗关闭,空气流通较差,如果发生不完全燃烧,还会产生大量烟雾,影响消防人员的视线和正常呼吸,给扑救造成困难。

(二)防火与灭火

1. 防火措施

(1)易燃、易爆场所的要害区域严禁烟火,人员不得随便进入。

（2）火灾爆炸危险较大的库房内，应尽量避免明火作业，最好将检修的设备转移到安全地点进行检修。当条件不允许而必须在原地检修时，一定要按照动火的有关规定进行检修，必要时还需要请消防队进行现场监护。

（3）在积存可燃气体的管沟、下水道、深坑、死角等区域附近动火时，必须检验确认无火灾危险后，方可按规定动火。

（4）火灾爆炸危险场所应禁止使用明火烘烤结冰管道设备，宜采用蒸汽、热水等化冰解堵。

（5）对于混合接触能发生反应引起自燃的物质，严禁混存混运。对于吸水易引起自燃或自然发热的物质，应保持使用和储存环境的干燥。对于容易在空气中剧烈氧化放热自燃的物质，应密闭储存或浸在合适的中性液体中储放，避免与空气接触。

（6）易燃、易爆场所必须使用防爆型电气设备，还应做好电气设备的维护保养工作。

（7）易燃、易爆场所的操作人员必须穿戴防静电服装鞋帽，严禁穿钉子鞋、化纤衣物进入，在操作中严防铁器撞击地面。

（8）对于有静电火花产生的火灾爆炸危险场所，应适当提高环境湿度，会有效减少静电的危害。

（9）可燃物的存放必须与高温器具、设备的表面保持足够的防火间距，高温表面附近不宜堆放可燃物。

（10）应掌握各种灭火器材的使用方法。

（11）不能用水扑灭碱金属、金属碳化物、氢化物火灾，因为这些物质遇水后会发生剧烈化学反应，并产生大量可燃气体，释放大量的热，使火灾进一步扩大。

（12）不能用水扑灭电气火灾，因为水可以导电，容易发生触电事故；也不能用水扑灭比水轻的油类火灾，因为油浮在水面上，反而容易使火势蔓延。熔渣、炉渣等高热物要安全处置，防止落入可燃物中。

2. 灭火方法

根据物质燃烧的原理，灭火的基本方法有4种：降低燃烧物的温度——冷却灭火法；隔离与火源相近的可燃物——隔离灭火法；减少空气中的含氧量——窒息灭火法；消除燃烧中的游离基——抑制灭火法。

（1）冷却灭火法。冷却灭火法就是将灭火剂直接喷洒在燃烧着的物体上，将可燃物的温度降低到燃点以下，从而使燃烧终止。这是扑救火灾最常用的方法。冷却的方法主要是采取喷水或喷射二氧化碳等其他灭火剂，将燃烧物的温度降到燃点以下。灭火剂在灭火过程中不参与燃烧过程中的化学反应，属于物理灭火。在火灾现场，除用冷却法直接扑灭火灾外，在必要的情况下，可用水冷却尚未燃烧的物质，防止达到燃点而起火；还可用水冷却建筑构件、生产装置或容器设备等，以防止它们受热结构变形、扩大灾害损失。

（2）隔离灭火法。隔离灭火法就是将燃烧物体与附近的可燃物质隔离或疏散开，使燃烧停止。这种方法适用扑救各种固体、液体和气体火灾。采取隔离灭火法的具体措施有：将火源附近的可燃、易燃、易爆和助燃物质，从燃烧区内转移到安全地点；关闭阀门，阻止气体、液体流入燃烧区；排除生产装置、设备容器内的可燃气体或液体；设法阻拦流散的易燃、可燃液体或扩散的可燃气体；拆除与火源相毗连的易燃建筑结构，形成防止火势蔓延的空间地带；采用泥土、黄沙筑堤等方法，阻止流淌的可燃液体流向燃烧点；等等。

（3）窒息灭火法。窒息灭火法就是阻止空气流入燃烧区，或用不燃物质冲淡空气，使燃烧物质断绝氧气的助燃而熄灭。这种灭火方法适用扑救一些封闭式的空间和生产设备装置的火灾。在火场上运用窒息的方法扑灭火灾时，可采用石棉布、浸湿的棉被、湿帆布等不燃或难燃材料，覆盖燃烧物或封闭孔洞；用水蒸气、惰性气体充入燃烧区域内；利用建筑物上原有的门、窗及生产设备上的部件，封闭燃烧区，阻止新鲜空气进入；在无法采取其他扑救方法而条件又允许的情况下，可采用水或泡沫淹没（灌注）的方法进行扑救；等等。

（4）抑制灭火法。抑制灭火法是将化学灭火剂喷入燃烧区使之参与燃烧的化学反应，从而使燃烧反应停止。采用这种方法可使用的灭火剂有干粉和卤代烷灭火剂及替代产品。灭火时，一定要将足够数量的灭火剂准确地喷在燃烧区内，使灭火剂参与和阻断燃烧反应；否则，将起不到抑制燃烧反应的作用，达不到灭火的目的。同时，要采取必要的冷却降温措施，以防止复燃。采用哪种灭火方法实施灭火，应根据燃烧物质的性质、燃烧特点和火场的具体情况，以及消防技术装备的性能进行选择。有些火灾，往往需要同时使用几种灭火方法，这就要注意掌握灭火时机，搞好协同配合，充分发挥各种灭火剂的效能，才能迅速有效地扑灭火灾。

3. 消防设施和灭火器

（1）仓库建筑的防火设计。新建、改建和扩建的仓库建筑设计，应符合《建筑设计防火规范》（GB 50016—2022）的规定，并经公安消防监督机关审核和验收。仓库、货场必须与生活区、维修工房分开布置。易燃、可燃物品的露天堆垛与烟囱、明火作业场所，架空电力线等的安全距离应当符合《建筑设计防火规范》的规定。储存易燃物品库房地面应当采用不易打出火花的材料修建。库区的加工车间和保管人员办公室应当单独修建，或用防火墙与库房隔开。仓库区域内应当按《建筑设计防火规范》有关规定，设置消防车通道。储存易燃和可燃物品的库房、货场应当根据防雷的需要，装置避雷设备。

（2）消防设施的设置和管理。各类物资仓库应按照《建筑设计防火规范》的有关规定设置、安装室内外消防给水设备。无市政供水的地区，可利用天然河流，或设置消防蓄水池，保证消防供水。各类仓库的库区和库房，应根据储存物资的性质，成组配备相应灭火器，一组灭火器不应少于4只；一般物资仓库可按仓间面积每$100m^2$配备1只灭火器的标准设置；单层库房的灭火器宜布置在库房出入口的外墙上，多层库房的灭火器宜布置在每层楼梯的平台处。大型易燃物资仓库应设置烟雾、感温等火警自动报警设备。储存贵重物品、易燃物资的仓库和高层可燃物品的仓库及高架仓库，除应设置火警自动报警设备外，还应设置自动灭火装置。

各类大型专业仓库应与辖区就近的公安消防监督机关设置直线电话。仓库的各类消防器材设备和防火设施应有专人负责管理，任何人不准擅自拆除、移位和挪作他用。消防车辆报废，须经上级主管部门批准和公安消防监督机关同意。库区内的消火栓、消防水池、消防管道、自动报警和自动灭火系统、安全疏散楼梯、通道等应保持畅通和正常使用。

（3）灭火器。灭火器是一种轻便的容器，里面装有灭火剂，可以用来扑灭小型火灾，是应急灭火的最重要的器材。灭火器应布置在仓库的各个出入口附近的指定位置。根据灭火器内装灭火剂的不同，灭火器分为清水灭火器、酸碱灭火器、化学泡沫灭火器、空气泡沫灭火器、二氧化碳灭火器、干粉灭火器、卤代烷灭火器等。必须有针对性地选用灭火器，才能起到有效灭火的目的。

① 清水灭火器。这类灭火器内充装的灭火剂主要是清洁水；有的加入适量的防冻剂，以降低水的冰点；也有的加入适量润湿剂、阻燃剂、增稠剂等，以增强灭火性能。

② 酸碱灭火器。这类灭火器内充装的灭火剂是工业硫酸和碳酸氢钠水溶液。

③ 化学泡沫灭火器。这类灭火器内充装的灭火剂是硫酸铝水溶液和碳酸氢钠水溶液，再加入适量的蛋白泡沫液。如果再加入少量氟表面活性剂，可增强泡沫的流动性，提高灭火能力，故称高效化学泡沫灭火器。

④ 空气泡沫灭火器。这类灭火器内充装的灭火剂是空气泡沫液与水的混合物。空气泡沫的发泡是由空气泡沫混合液与空气借助机械搅拌混合生成，又称空气机械泡沫。空气泡沫灭火剂有许多种，如蛋白泡沫、氟蛋白泡沫、轻水泡沫、抗溶泡沫、聚合物泡沫等。由于空气泡沫灭火剂的品种较多，所以空气泡沫灭火器又按充装的空气泡沫灭火剂的名称分为蛋白泡沫灭火器、轻水泡沫灭火器、抗溶泡沫灭火器等。

⑤ 二氧化碳灭火器。这类灭火器内充装的灭火剂是液化二氧化碳气体。

⑥ 干粉灭火器。这类灭火器内充装的灭火剂是干粉。干粉灭火器根据内部充装的干粉的不同分为碳酸氢钠干粉灭火器、磷酸铵盐干粉灭火器、氨基干粉灭火器。

⑦ 卤代烷灭火器。这类灭火器内充装的灭火剂是卤代烷灭火剂。使用卤代烷灭火器灭火时，对着火物释放，通过降温、隔绝空气、形成不燃覆盖层而达到灭火目的，灭火效率极高，适合于油类火灾、电气火灾的扑灭。

（三）仓库消防管理

仓库消防管理的方针是"预防为主、防治结合"。仓库的消防管理工作包括仓库建设时的消防规划、消防管理组织、岗位消防责任、消防工作计划、消防设备配置和管理、消防检查和监督、消防日常管理、消防应急、消防演习等。当前，适用于仓库消防管理的相关法律法规有《中华人民共和国消防法》《建筑工程消防监督审核管理规定》《商业仓库消防安全管理办法》《仓库防火安全管理规定》等。

（四）仓库防盗报警系统

仓库防盗报警系统主要是由防盗报警传感器和防盗报警控制器构成。前者设在保护现场，用来对被监视目标进行探测；后者放在值班室，除了接收传感器送来的盗情信息，进行声、光报警外，还有其他功能，如报警部位指示、报警时间记忆、对报警设备自身故障进行监控等。如果仓库防盗报警系统较复杂、监控对象多，也可以进行分级控制，一般分为两级，即一台报警控制总机控制多台报警分机，而每一台报警分机连接许多传感器。总机放在值班室，具有防盗报警控制器的各种相应功能；分机设在现场的传感器附近，除了接收传感器的盗情信号外，还能及时把这些信号发送给总机。

1. 单机防盗报警系统

单机防盗报警系统主要由将传感器和控制器装在一起的报警机组成，结构简单，价格低廉，设置也方便。把单机防盗报警系统设置在需要监护场所的隐蔽处，一旦有盗情，立即发出报警声音，同时向附近执勤人员发出信息。这类报警器只要使用得当，也能起到一定的防盗报警效果，还可以进行适当改进，如增加与总机的信号联系、作为分机用于分级控制的报警系统中等。

2. 有线防盗报警系统

有线防盗报警系统是指采用导线传感器和控制器，将分机和总机连接起来所组成的报警系统。它适用于保护区域和控制器安装地点固定不变的情况。这种方式虽然需要铺设导线、增加投资，但比较稳定可靠、抗干扰性能好。因为电话线也可以传输报警信号，所以就出现了电话—防盗报警系统，它利用内部电话线路，在下班或夜间改为报警信号传输线路。

3. 无线防盗报警系统

无线防盗报警系统是指用无线电通信方式把传感器和控制器连接起来组成的报警系统。它安装、使用灵活方便，避免了有线防盗报警系统安装后不易移动的缺点，适用于防范区域经常发生变动的场合，甚至可以应用于火车、汽车等可移动物体上。当然，其位置应处于无线电信号可以覆盖的范围之内。在无线防盗报警系统中，为了区分报警部位，一般采用频分制、时分制或编码方式。

4. 混合防盗报警系统

在混合防盗报警系统中，既有有线防盗报警系统，又有无线防盗报警系统。其常见的设置形式：传感器同分机之间距离较近，采用有线方式；分机与总机之间的距离较远，采用无线方式。

（五）常用防盗报警传感器

防盗报警传感器是防盗报警系统的关键，其性能好坏及选用是否恰当，在很大程度上决定了防盗报警系统在投入使用后能否达到预定目的。

1. 断线式传感器

断线式传感器把细导线布置在盗贼必经之路的隐蔽处，一旦被绊断，便立即报警。这种传感器因容易暴露，现在已不多用。

2. 人体感应传感器

人体感应传感器一般布置在门窗附近，当有人靠近时立即报警。这种传感器容易受环境、气候影响，调整较麻烦，误报也较多。

3. 光电式传感器

光电式传感器分为光束发射和接收两个部分。当有物体通过其间，光束被遮挡，便立即报警。为便于隐蔽，光束多采用激光或红外线，并采用脉冲发射，瞬时功率大，作用距离远，也容易排除其他连续光源的干扰。在防范区域四周和主要道口，常用这种传感器构成封锁线。对于这种传感器，为了区分是飞虫、飞鸟还是人体遮挡了光束，以排除误报，通常需要对遮挡时间进行鉴别。

4. 微波传感器

微波传感器利用多普勒效应原理，对移动目标进行探测。这种传感器类似于一个小型简易多普勒雷达，所防范的区域是一个立体空间，因此常用在走廊或库房内部。

5. 开关传感器

开关传感器分为有触点和无触点两类。有触点开关传感器多安装在门窗上，当门窗被打开时，人手触及其敏感部位，人体感应电流使晶体管由截止变为导通，开关动作并报警，如微动开关传感器和磁控开关传感器；无触点开关传感器主要用来对金属物体进行探测，如接近开关传感器和触摸开关传感器，可以用作触锁报警。

6. 闭路电视和电锁

闭路电视和电锁经常用于防盗系统中，而且有着特殊效果。闭路电视再配备微光摄像机，可以在夜间对出事地点进行连续观察和录像。电锁一般由值班室控制，既可以防外盗，又可限制内部人员下班后随意开门进库。

三、抗台风与防雨汛

（一）抗台风

1. 台风的产生与危害

台风是热带风暴的最高级形式，是发生在热带或副热带洋面上的低压涡旋，是一种强大而深厚的热带天气系统。台风给广大的地区带来了充足的雨水,成为与人类生活和生产关系密切的降雨系统。但是,台风具有突发性强、破坏力大的特点,也会带来各种破坏,是最严重的自然灾害之一。

2. 抗台风工作组织

(1)积极防范。台风并不是年年都在一个地区登陆,防台风工作是一项防患未然、有备无患的工作。企业要对员工,特别是领导干部进行防台风宣传和教育,保持警惕,不能麻痹。

(2)全员参与。台风对仓库的损害不仅涉及仓储物质,而且涉及仓库建筑、设施设备、场地、树木,以及物料备料、办公设施等一切财产,甚至会危及人员生命安全、造成环境污染危害。防台风、抗台风工作是所有员工的工作,需要全员参与。

(3)不断改善仓库条件。为了能够抗台风,仓库需要有较好的硬件设施和条件,提高设施设备的抗风、防雨、排水、防水浸的能力;减少使用简易建筑,及时拆除危房危建,及时维修加固老旧建筑、围墙;提高仓库、货场的排水能力,注意清除仓库外围对排水的阻碍因素;购置和妥善维修水泵等排水设备,备置堵水物料;牢固设置仓库、场地的绑扎固定绳桩。

知识拓展

某公司《暴雨、台风防损公告》节选

(1)在暴雨、台风等灾害性天气期间,企业管理层对抗灾防损工作应加强重视和防范力度,并配备相应的人力和物力,做好预防措施。厂内应组建抗灾防损应急预案和执行小组;具体抗灾防损工作要落实到专人负责。相应的抗灾防损演练工作应安排到议事日程上。该预案应至少包括以下内容:

① 专人负责监听灾害性天气预报,了解天气变化信息及时采取预防及抗灾防损措施。

② 在灾害性天气来临前,执行小组成员要实地检查并列出场所内所有可能受灾害影响的位置及易受损的库存、设备;采取相应预防措施。

③ 认真执行相应的防灾预防计划,尽可能避免灾害侵袭;在灾害性天气期间,执行小组应有专人在各处巡逻并了解预防及抗灾防损措施工作状态以备不测。

④ 针对消防灭火设施的检查工作更加强,包括如水源、室内外消火栓系统、喷淋系统、灭火器和其他特殊灭火系统报告,火灾报警系统、红外线防盗报警系统和有线电视监控录像系统,屋顶漏水,防火门、防火卷帘是否按设计要求关闭等。

⑤ 减小灾害影响的应变计划。万一发生水浸时,应有相应的应变计划将贵重的库存和机械设备转移到安全地点。

⑥ 紧急联络电话。所有防灾人员及相应承包商的电话必须及时更新;所有防灾人员和后备人员应及时待命。

(2)建筑物墙壁与屋顶连接处等应予以牢固连接和完整防水覆盖。整个屋顶防水层应当固定、压实并确保完好。对于坐落于底层的车间、厂房和仓库等应配备有足够的防洪沙袋和防洪挡板(尤其是历史上有水淹经历的场地,做到有备无患)。有水损风险的设备和库存应垫高,离地面高度至少为10cm。厂内应开拓必要的排水沟渠,并配备抽水机或排水泵。

在大风大雨即将到来前后,要有专人检查、值班;发现危险、隐患,及时整改。

(3)屋顶上的杂物应及时清理掉,落水管应保持畅通以免屋顶积水。对于有渗漏的屋顶和侧壁等应予以及时维修。如无足够的时间修整,可采用临时补救措施以减少财物的水损,如布置屋顶防雨布和室内防水罩、移开漏水处下方的设备和库存。

(4)对于建筑物已有的各类防雷设施(如避雷针等),应当尽快要求专业人员对其避雷性能进行一次全面测试。如建筑物的防雷设施存在缺陷,应当立即修复。建筑物的脚手架、临时易燃易爆物品仓库和塔吊、打桩机等机械设备,应设临时避雷装置。

(5)对于高耸的搭建物(如广告牌、雨棚、脚手架、机电设备和临时线路等物件),尤其是临时设施应有良好的固定防风设施。并应对防风缆绳及其地锚和机械设备的连接处予以检查,从而杜绝上述物品的倒坍、压人及触电事故的发生。应尽可能拆除那些临时搭建物，以降低风险发生的可能。

（6）江河沿岸的单位，应在防汛墙保护范围内做一次普查，杜绝违法装卸作业、堆放货物、带缆泊船和安装吊机等行为。各单位应成立防洪抗汛领导小组和制订应急计划，并应加强值班巡逻工作，保安人员应受过安全防汛应急培训。万一发生灾害，要在第一时间通知相关部门或其他救援单位。保安人员要定期巡逻并做记录，巡逻人员至少应有两人。巡逻范围应包括厂区内所有重要区域和设备。

（7）台风季节天气潮湿，各种电器设备及电线应采用防潮措施，以免电器短路，伤及人员并引起火灾。应进行安全检查以保证线路绝缘良好和电器的正确接地。每天下班前必须将不使用的电器开关关闭，并切断电源。

（二）防雨汛

1. 建立组织

雨汛到来之前，要成立临时性的短期工作机构，在仓库负责人的领导下，视情况具体组织防汛工作。

2. 积极防范

平时要加强宣传教育，提高职工对雨汛灾害的认识；在汛期安排职工轮流守库，职能机构定员驻库值班，领导现场坐镇，以便在必要时统一指挥，积极组织抢救。

3. 加强联系

仓库防汛组织要主动汇报上级主管部门的领导，并与气象广播电台联系了解汛情动态，预见汛情发展，克服盲目性，增强主动性。

4. 改造设施

对于老仓库，要注意对排水设施进行改造，并适当提高货位；对于新建仓库，应根据历年的汛情进行改造，使库场设施能抵御雨汛的影响。

应用案例

对于一个依靠制造火药起家的归属高危行业的公司来说，杜邦公司的安全生产管理被称为全球工业典范，这看起来有些不可理解，但事实如此。杜邦公司认为，一切事故都可以避免。杜邦公司召开新闻发布会时，主持人第一件事情就是提醒与会者留意安全通道出口的方位；对于参观者，一定会有人全程陪同；在巴士上，提醒你抓好扶手、系好安全带的人，也许就是杜邦公司的员工。对于杜邦公司来说，安全已经成为一种文化，延伸到工作和生活的每一个细节当中。杜邦公司还致力于把这种理念及经验传播到其他企业当中，这也使得安全生产管理成为杜邦公司的一门生意。

作为全球精简业务结构的一部分，杜邦公司曾宣布将业务调整为电子和通信技术、高性能材料、涂料和颜料技术、农业与营养、安全防护五大业务平台。安全防护是其新增的业务平台，作为对外提供安全生产管理咨询服务的业务，占相应部门收入5%的份额。

1. 黑火药的教训

杜邦是法国人，1802年从法国移民到美国，建立了杜邦公司，开始以生产黑火药为主的产品。到1880年为止，黑火药一直是杜邦公司的主要产品。

黑火药生产是一个特别危险的行业，在19世纪初，当时保险业还没有形成，许多失误和偶发的灾难都可能导致一家企业的失败，而且火灾在几个小时之内就可以将一个人一生的财富毁掉。出于原材料、便于运输和易发火灾等因素的考虑，杜邦将厂址选在白兰地河边。对于生产危险品的车间来说，通常需要建厚厚的砖墙和结实的房顶，但杜邦却坚持要建三面砖墙，在靠河的一面只建薄薄的砖墙，再加上向河倾斜的薄薄的屋顶。他如此考虑的理由是，如果发生意外，这种设计会减少损失，将爆炸的威力导向上方和河流，这样可以避免伤及其他车间和工人。

但这并没能避免事故的发生，这些事故造成包括杜邦的几位亲人在内的多人丧生。最大的一次事故是100多名员工中有40多名员工伤亡,导致公司面临破产。但杜邦公司的黑火药技术当时处于世界领先地位,刚好美国当时开发西部,需要大量炸药,因此政府主动出面贷款给杜邦,要他把企业做下去。经历这些事故,杜邦体会到如果不抓安全,公司就不可能存在,但仅仅是设备和厂房上的注意是不够的,必须有制度的设计和意识上的强化。在接受政府贷款支持的情况下,他做出了3个决策:

(1)建立管理层对安全负责的制度。安全生产必须由生产管理者直接负责,从总经理到厂长、部门经理到组长都必须对安全负责,而不是由安全部门负责。

(2)建立公积金制度。从员工工资中拿出一部分,公司拿出一部分,建立公积金,万一发生事故在经济上有个缓冲。

(3)健全对员工的关怀制度。凡是在事故中受伤的员工的家属,公司会进行抚养,小孩抚养到工作为止,如果他们愿意到公司工作,公司将优先考虑。

杜邦在建立这些制度时还规定,最高管理层在亲自操作之前,任何员工不得进入一个新的或重建的工厂去操作。在当时规模不太大的情况下,杜邦要求凡是建立一个新的工厂,厂长、经理要先进行操作,目的是体现对安全的重视和承诺。

2. 杜邦公司的"安全宪法"

到1912年,杜邦公司建立了安全数据统计制度,安全管理从定性管理发展到定量管理。

到20世纪40年代,杜邦公司提出了"所有事故都是可以防止的"理念,因为在这之前的100年发展中,很多人认为事故总是要发生的,所有一切的努力只是推迟事故的发生。杜邦认为这样的思想并不可取,一定要树立"所有的事故都是可以防止的"理念,因为事故是在生产中发生的,而随着技术的进步、管理的提高、人为的重视,这些事故一定是有办法防止的。

到20世纪50年代,杜邦公司把这个安全理念延伸到工作以外的日常生活中,将工作外的安全事故也计算在安全数据统计制度中。随着安全管理的不断深入,杜邦公司感觉到在8h内对员工进行安全教育不足以满足强化员工安全意识的需要,于是推出工作外安全方案。杜邦公司认识到员工在8h外受伤对安全的影响与在8h内受伤对安全的影响实质上没有区别,假如公司某一位老总、业务人员、销售人员拿到一个大订单,无论是8h以内还是8h以外,只要发生安全事故,对公司造成的损失都是一样的。

杜邦公司从这个角度,提出了8h以外预案,对员工的教育就变成了每天24h的要求。当然,员工在8h以外有各种隐私,杜邦公司则想方设法让员工积极参与各种安全教育,如旅游如何注意安全、运动如何注意安全、用气如何注意安全等。

在整个发展历程中,杜邦公司的安全管理形成了十大基本原则(见附录)。杜邦公司之所以生存这么久,把安全作为引导企业成功的核心价值之一就是其中一个强劲的理由。杜邦公司的安全目标是,坚信所有工伤和职业病、安全和环境事故都是可以防止的。因此,安全生产成为考核的重要内容之一。如果出现安全事故,相关人员的业绩会受到严重影响,甚至影响到其在杜邦公司的"仕途"。在杜邦公司,最为严格的就是事故报告制度,任何一个地区的任何一座工厂,对于安全事件,24h之内必须通过事业部领导报告给杜邦公司的全球CEO。但从某年的统计来看,杜邦公司全球80%的工厂在年度没有出现安全事件,30%的工厂连续超过10年没有伤害记录。

3. 杜邦公司的新生意

多年前,杜邦公司的全球CEO希望把近200年的安全生产经验同更多的人分享,并主张设置了安全生产管理咨询公司。这个公司的业务虽然从零开始,但发展非常迅猛,每年以25%的业务量增长,并被整合到五大业务平台的安全防护平台当中,成为该平台的业务部门之一。这个业务部门的职责在于帮助别的客户建立安全生产体系,提高员工的安全生产意识,并将安全上升为客户的企业文化之一。因为无论安全体系多完善,安全设备有多先进,要是员工没有意识到安全的重要性,什么体系和设备都不可能发挥作用。

附录:

杜邦公司安全管理十大基本原则

所有的安全事故是可以防止的;

各级管理层对各自的安全直接负责;

所有安全操作隐患是可以控制的;

安全是被雇用的条件;

员工必须接受严格的安全培训;

各级主管必须进行安全检查;

发现安全隐患必须及时消除；
工作外的安全和工作内安全同样重要；
良好的安全就是一门好的生意；
员工的直接参与是关键。

（资料来源：http://biz.163.com/05/0606/17/1LJ399DF00020QDS.html，有改动）

案例思考

杜邦公司是如何在实践中体现出"所有事故都是可以防止的"的理念？

实训项目

实训目的

正确使用二氧化碳灭火器，安全文明操作。

实训准备

（1）要求学生掌握二氧化碳灭火器的操作方法。
（2）实训安排4学时。

实训实施

（1）做好灭火前的各种准备工作，包括器材、场地等。
（2）学生集中在待考区域，根据教师的指令依次进入灭火现场进行实训。
（3）现场必须配备必要的消防设施，严防火灾或伤人事故的发生。

实训考核

实训考核表见表3-17。

表3-17 实训考核表

考核人		被考核人	
考核地点			
考核内容	正确使用二氧化碳灭火器		
考核标准	考核内容	分值/分	实际得分
	做好灭火准备	20	
	操作二氧化碳灭火器	60	
	清理现场	20	
合计		100	

能力自测

知识能力自测

一、单项选择题

1.（　　）是仓库消防的主要灭火器。
A. 水　　　　　　　B. 沙土　　　　　　C. 二氧化碳灭火器　　D. 干粉灭火器

2. 在灭火器的型号中，MF中的F表示（　　）。
A. 泡沫灭火剂　　　B. 二氧化碳　　　　C. 干粉灭火剂　　　　D. 甲烷卤代物

3. 自然灾害和某些社会现象是（　　）。
A. 不可抗力　　　　　　　　　　B. 仓储物自然特性
C. 存货人的过失　　　　　　　　D. 合同约定的免责
4. 泡沫灭火器最适宜于扑灭的火灾类型是（　　）。
A. 电器火灾　　　　B. 油类火灾　　　　C. 火灾　　　　D. 气体火灾
5. 二氧化碳灭火器适用于扑灭（　　）。
A. 油类、可燃气体、电气设备等的火灾
B. 油类、火油、柴油、苯、香蕉水、松香水等易燃液体火灾
C. 油类、有机溶剂、精密仪器等的火灾
D. 贵重仪器、图书档案、电气设备及其他忌水物资的火灾
6. 将灭火剂喷洒在可燃物上，使可燃物的温度降低到自燃点以下，从而使其停止燃烧的灭火方法称为（　　）。
A. 冷却灭火法　　　B. 隔离灭火法　　　C. 窒息灭火法　　　D. 抑制灭火法

二、多项选择题
1. 火种方面的隐患包括（　　）。
A. 外来火种和易燃品因检查不严带入库区　　B. 在库内吸烟
C. 库内擅自使用明火　　　　　　　　　　　D. 易燃物未及时清理
2. 起火必须具备的条件有（　　）。
A. 可燃物　　　　　　B. 助燃物　　　　　　C. 一定温度
D. 一定风力　　　　　E. 着火源
3. 仓库火灾的特点包括（　　）。
A. 易发生，损失大　　B. 易蔓延扩大　　　　C. 隐蔽性强
D. 危险性大　　　　　E. 扑救困难
4. 消防设施包括（　　）。
A. 水塔　　　　　　　B. 供水管道　　　　　C. 水泵
D. 消防泵　　　　　　E. 水池

三、简答题
（1）仓库火灾的种类有哪些？
（2）仓库防火的措施有哪些？灭火的方法有哪些？
（3）常用的灭火器有哪几种类型？它们分别适用于哪类火灾？
（4）运输企业在经营过程中都有哪些风险？如何去防范这些风险？
（5）仓库必须遵循怎样的消防管理制度？仓库的消防管理工作包括哪些？
（6）如何做好仓库防汛工作？

双创能力自测

有一只蜗牛总是对一只青蛙很有成见。

有一天，忍耐许久的青蛙问蜗牛："蜗牛先生，我是不是有什么地方得罪你了，所以你这么讨厌我。"

蜗牛说："你们有4条腿可以跳来跳去，而我却必须背着沉重的壳，贴在地面爬行，所以心里很不是滋味。"

青蛙说："家家都有本难念的经。你只是看见我们的快乐，而没有看见我们的痛苦。"

这时，有一只老鹰突然来袭，蜗牛迅速地躲进壳里逃过一劫，青蛙却被老鹰一口吃掉了。

思考： 这个故事对你的创新创业有什么启示？

【自测习题】

管理五
绩效管理

【思维导图】

```
                成本控制的意义 ┐
                成本控制的原则 ├ 仓储与配送
                成本的分析和控制┘ 成本控制                  ┌ 绩效管理的意义
                                          ┌ 绩效管理的  │ 绩效管理的目标
                              仓储与配送 ┤  目标和原则  │ 绩效管理的原则
                                绩效管理  │           └
                绩效考核指标体系┐          │
                绩效评估的程序和内容├ 绩效考核└
                绩效管理的突破点 │  与评价
                提高绩效的策略  ┘
```

【学习目标】

（1）掌握仓储与配送成本控制的原则、策略和措施。
（2）掌握仓储与配送绩效管理的意义、目标和原则。
（3）掌握仓储与配送绩效考核指标体系的构成。
（4）掌握仓储与配送绩效评估的程序和分析方法。

【学习导入】

全部库房只丢过一根电缆；半年一次的盘库，由公证处做第三方机构检验，统计结果是只差了几分钱；仓库损坏率为 0.3‰；运作成本不到营业额的 1%……这些数据都出自拥有 15 个仓储中心、库存货品上千种、价值达 5 亿元人民币的"英迈中国"。它是如何创造这些奇迹的呢？

1. 几组数据

0.123元："英迈中国"库房中所有的货品在摆放时，货品标签一律向外，没有一个倒置。这是在进货时就按操作规范统一摆放的，目的就是出货和清点库房时查询方便。运作部曾统计过，如果货品的标签都向内，即使是一个熟练的库房管理人员要将其全部恢复标签向外，也需要 8min，而这 8min 的人工成本就是 0.123 元人民币。

3kg："英迈中国"的每个库房中都有一本重达 3kg 的行为规范指导，细到怎样检查销售单、怎样装货、怎样包装、怎样存档等。在这样一本指导书上有流程图和文字说明，任何受过基础教育的员工都可以从规范中查询和了解到每一个环节的操作规范说明，并遵照执行。

5min：统计和打印出"英迈中国"上海仓库或全国各地仓库的劳动力生产指标，包括人均收货多少单、人均收入多少钱等，只需要 5min。在操作系统中，劳动力生产指标实时在线，可随时调出。如果没有这一系统的支持，类似的指标统计至少需要 1 个月的时间才能获取。

10cm:"英迈中国"的仓库空间是经过精确设计和科学规划的,甚至货架之间的过道也是经过精确的计算的。为了尽量增大库存可使用面积,即使是运货叉车,也仅获得10cm的空间,因此叉车司机的驾驶技术必须熟练。

20min:仓库员工从接到订单到完成取货,规定的时间是20min。仓库对每一个货位都标注了货号标志,并输入操作系统,系统将发货产品自动生成产品货号,货号与仓库中的货位一一对应,所以仓库员工在发货时就像邮递员寻找投递对象的门牌号码一样便捷。

1个月:"英迈中国"的库房是根据中国市场的现状和公司业务需求而建设的。每个地区的仓库经理们都能在1个月内完成一个新增仓库的考察、配置与实施,保证了物流支持系统能够被快速启动。他们的经营理念是"如果人没有准备,有钱也没有用"。

2. 几件小事

(1)"英迈中国"库房中的很多记事本都是收集已经打印过一次的纸张装订而成的,即使是高级经理使用也不例外。

(2)所有物品进出库房都必须严格按照流程进行,如果违反操作流程,即使总经理签字也不行。

(3)货架上的货品号码标志用的都是可以重复使用的磁条,这样是为了节约成本。

(4)要求合作伙伴必须在所有运输车辆的厢壁上安装薄木板,以避免货品包装在途受到损伤。

"英迈中国"的运作优势是不断改进每一个操作细节,日积月累而形成的。然而,"英迈中国"的系统能力和后勤服务能力在"英迈国际"的评估体系中仅得到62分,刚刚及格;在美国的专业物流市场中,"英迈国际"也只能拿到70~80分。

(资料来源:邬星根,李荏,2005.仓储与配送管理[M].上海:复旦大学出版社,有改动)

思考

(1)分组讨论"英迈中国"是从哪几个方面提升管理绩效的?

(2)从这个案例中可以得到什么启示?"英迈中国"还可以如何改进?

一、仓储与配送成本控制

(一)仓储成本控制

1. 仓储成本控制的意义

在物流管理体系中,仓储是唯一的静态环节,被称为时速为零的运输。随着经济的发展,市场需求出现了个性化、多样化的改变,生产方式也变为多品种、小批量的柔性生产方式。仓储的功能也从重视保管效率逐渐变为重视流通功能的实现。仓储成本管理水平的高低,对整个物流成本管理来说具有重要的意义。

仓储成本控制是指运用以成本会计为主的各种方法,预定仓储成本限额,按限额分配储存成本和储存费用,通过实际仓储成本与仓储成本限额的比较来衡量仓储活动的成绩和效果,并以例外管理原则纠正不利的差异,以提高工作效率,实现超过预期的仓储成本控制限额。仓储成本控制的目标是实现仓储成本合理化,即用经济的办法实现仓储的功能。

> **课堂思考**
>
> 美国的联合加工公司在南部和西部的农场收获各种农产品,并进行加工;而在北部地区,它们需要在收获季节来临之前就收获各种农产品,并在销售旺季到来之前形成供应能力。以前,联合加工公司将农产品用卡车运往销售地之前,先在产地进行存储;后来,改用运送时间较长的铁路运输,在很多情况下,联合加工公司可在作物收获以后立即装运,而产品抵达市场时需求旺季刚好开始。铁路运输的过程起到了仓库的作用,使仓储成本和运输成本都大大降低。结合案例思考联合加工公司如何对仓储成本进行控制。

仓储成本控制的意义主要体现在以下几个方面：

（1）仓储成本控制能提高企业利润水平，直接服务于企业最终经营目标。增加盈利是企业的目标之一，也是社会经济发展的原动力。无论在什么条件下，成本降低都会带来利润增加。在收入增加的情况下，降低成本可使利润更快增长；在收入下降的情况下，降低成本可抑制利润的下降。

（2）仓储成本控制是中小企业抵抗内外压力，求得生存和发展的保证。企业在生产经营活动中，内有职工改善待遇和股东要求分红的压力，外有同业竞争和经济环境逆转等不利因素，可通过降低各种成本、改善产品和服务质量、加强管理、增加研发投入和开发新产品等措施，抵御内外压力。降低仓储成本能提高企业价格竞争能力，使企业在经济调整时继续生存下去。提高售价会引发经销商和供应商相应的提价要求，并增加流转税负担，而降低仓储成本可减少这类压力。

（3）仓储成本控制是企业实现可持续发展的前提。只有把仓储成本控制在同行业先进水平，才能赢得发展的先机，这也是企业赖以竞争的基础。仓储成本下降了，可以削减售价并扩大销售，销售扩大后经营基础就稳固了，才有可能去提高产品质量，设计开发新产品，寻求新的发展。许多企业陷入困境的重要原因之一，就是在仓储成本失去控制的情况下，一味地在扩大生产和开发新产品上冒险，一旦市场萎缩或决策失误，企业没有抵抗能力，很快就垮下去了；同时，仓储成本一旦失控，就会造成大量资金沉淀，严重影响企业的正常生产经营活动。

2. 仓储成本控制的原则

（1）权、责、利一致原则。从根本上来看，降低仓储成本对国家、企业、消费者都是有利的，但如果在仓储成本控制过程中采用不当手段损害国家和消费者的利益，就是极端错误的，应予以避免。因此，控制仓储成本时要注意国家利益、企业利益和消费者利益三者的协调关系。

（2）经济性原则。经济性原则主要强调仓储成本控制要起到降低成本、纠正偏差的作用，并控制发生的费用支出，使其不应超过因缺少控制而丧失的收益。

（3）全面性原则。企业要兼顾质量和成本的关系，在保证企业提供的服务前提下，适当地控制仓储成本，从而保证企业低成本、高效率、高质量地进行仓储作业。同时，由于仓储成本涉及企业管理的方方面面，所以仓储成本控制要进行全员控制、全过程控制、全方位控制。

（4）分级归口原则。进行仓储成本控制必须把成本目标层层分解、层层落实，具体到每一个小组、每一个人，只有这样才能使各有关责任单位明确责任范围，使仓储成本控制真正落到实处。

（5）例外管理原则。例外管理原则是成本效益原则在仓储成本控制中的体现。仓储成本控制所产生的经济效益必须大于因进行仓储成本控制而发生的成本耗费。根据成本效益原则，仓储成本控制应将精力集中在非正常金额较大的例外事项上。

课堂思考

某物流企业的规模日益扩大，经营业务量逐步递增，但是发现企业的利润增长逐步下滑。企业管理层经过初步的分析发现，问题都出在仓储成本上。当前，企业仓储成本所占企业总成本的比例已经达到了30%左右，还有增长的趋势。现在，企业管理层要求仓储部门对仓储成本进行分析，并提出一个可行的控制方案。假如你是该物流企业的仓储部门主管，该怎样分析和把握仓储成本，并提出怎样的控制对策？

3. 仓储成本控制的措施

（1）充分利用现代仓储技术和设备，提高各工作环节的作业效率。在仓储作业中，实际生产效率不一，劳动力耗费、机械设备消耗、燃料费用等也有所不同，如果仓储管理经营得法，则整个仓储费用就会降低，经济效益就会增加。因此，在仓储作业中要利用现代仓储技术和设备，提高劳动生产率。

（2）加速企业原料、成品周转，充分发挥库场使用效能，提高仓容利用率。存货周转速度加快，可使企业的资金循环周转快、资本增值快、货损货差小、仓库吞吐能力增强、成本下降。充分发挥仓储使用效能是降低仓储成本的前提，可以采取高垛的方法，增加储存的高度；缩小库内通道宽度，以增加储存有效面积；采用侧叉车、推拉式叉车，以减少叉车转弯所需的宽度；减少库内通道数量，以增加储存有效面积；等等。

（3）加强材料、成品在库质量管理，减少保管中非正常损耗。仓储物品质量完好、数量准确，在一定程度上反映了仓储管理质量。为了避免或降低物品耗损，应严格验收入库物品，做到不合格的材料、成品不进库，手续不全时绝不发料，质量有问题的产品绝不出厂。对原料成品分类分区存放，科学进行堆码苫垫，控制好仓库温湿度，定期进行物品在库检查，确保账单相符、账账相符、账实相符。

（4）采用有效的"先进先出法"，保证物品的储存期不过长。"先进先出法"是储存管理的准则之一。有效的"先进先出"的方式主要有：一是采用计算机存取系统。采用计算机存取系统，根据物品入库时的时间，可以自动排列出货的顺序，从而实现"先进先出"。这种计算机存取系统还能将"先进先出"和"快进快出"结合起来，加快周转，减少劳动消耗。二是在仓储中采用技术流程系统的办法保证"先进先出"。最有效的方法是采用贯通式货架系统，既可提高仓库利用率，又能使仓库管理实现机械化、自动化，这也是现代仓库的重要技术措施。

（5）努力使物流、信息流、资金流保持一致，增强管理的有效性。充分利用仓储管理信息化、网络化、智能化的优势，有效地控制进-销-存系统，使物流、资金流、信息流保持一致。运用物流、资金流、信息流的动态资料辅助决策，能有效降低库存的成本费用，提高仓储服务的效率。

> **课堂思考**
> 仓储成本控制的方法还有哪些？

（二）配送成本控制

1. 配送成本控制的意义

配送成本、配送管理、配送技术、配送效益是相互影响、相互制约、相互促进的。企业追求技术进步只是为了降低配送成本，提高企业经济效益，而配送管理水平的高低也影响配送成本的高低。一家企业资金、设施设备及人力资源等的利用效果、材料消耗的多少，都与企业的配送管理水平有关，都会影响企业的配送成本。

> **知识拓展**
> 企业在配送活动中，一方面在不断追求配送技术的进步，另一方面在不断追求配送的经济效益的提高。配送技术的进步只是手段，而配送经济效益的提高才是目的。无论多么先进的技术，若不能为企业带来经济效益，对于以自主经营、自负盈亏、自我约束、自我发展的经济组织而言，都是毫无意义的。

控制配送成本对降低整个物流成本、提高物流效益起着重要的作用。企业通过对配送成本的了解和对配送活动的有效管理，利用物流配送要素之间的效益背反的关系，科学合理地组织物流配送活动，加强对配送活动过程中费用支出的有效控制，降低配送活动中的物化劳动和活劳动的消耗，从而达到降低配送总成本、提高企业和社会经济效益的目的。

配送成本控制的具体意义体现在以下几个方面：

（1）从社会宏观角度来看，控制和降低配送成本可以给行业和社会带来经济效益。

① 如果全行业物流配送成本管理控制得比较好，物流配送成本能够降低到一个新的水平，那么该行业在国际市场上的竞争力就会增强；对于一个行业或地区而言，就可以提高其在全国乃至国际上的竞争力。

② 物流配送成本的降低，将在不影响企业利润的情况下，使产品或服务的价格降低，从而增强人们的购买力，提高人们的生活水平。

③ 如果物流配送成本的降低是建立在对能源和原材料消耗及废气排放的减少上，这不仅具有经济意义，而且具有环境保护意义。

（2）从企业微观角度来看，控制和降低配送成本对企业自身的生存和发展意义重大。

① 降低物流配送成本有利于企业在产品或服务价格不变的情况下，拓展盈利空间，实现企业的快速发展。

② 降低物流配送成本有利于企业在不减少盈利的情况下，降低企业产品或服务价格，增强企业的市场竞争力。

③ 降低物流配送成本是企业实现物流"第三利润源泉"的有力体现。

2. 配送成本控制的策略

（1）混合策略。混合策略是指配送业务一部分由企业自身完成。这种策略的基本思想是，尽管采用纯策略（即配送活动要么全部由企业自身完成，要么完全外包给第三方物流完成）易形成一定的规模经济，并使管理简化，但由于产品品种多变、规格不一、销量不等等情况，采用纯策略的配送方式超出一定程度，不仅不能取得规模效益，反而还会造成规模不经济。而采用混合策略，合理地安排企业自身完成的配送和外包给第三方物流完成的配送，能使配送成本降低。

（2）差异化策略。差异化策略的指导思想是：产品特征不同，顾客服务水平也不同。当企业拥有多种产品线时，不能对所有产品都按同一标准的顾客服务水平来配送，而应按产品的特点、销售水平来设置不同的库存、不同的运输方式及不同的储存地点，因为忽视产品的差异性会增加不必要的配送成本。

课堂阅读

一家生产化学品添加剂的公司，为降低成本，按各种产品的销售量比重进行分类：A类产品的销售量占总销售量的70%左右，B类产品的销售量占总销售量的20%左右，C类产品的销售量占总销售量的10%左右。对于A类产品，在各销售网点都备有库存；对于B类产品，只在地区分销中心备有库存而在各销售网点不备有库存；对于C类产品，连地区分销中心都不设库存，仅在工厂的仓库才有存货。经过一段时间的运行，该公司总的配送成本下降了20%之多，证明这种方法是成功的。

（3）合并策略。合并策略包含两个层次：一是配送方法上的合并；二是共同配送。

① 配送方法上的合并。企业在安排车辆完成配送任务时，要充分利用车辆的容积和载重量，做到满载满装，这是降低成本的重要途径。实行合理的轻重配装、容积大小不同的物品搭配装车，不仅能在载重方面达到满载，而且充分利用了车辆的有效容积，因而能取得最优效果。

② 共同配送。共同配送是一种产权层次上的共享，也称集中协作配送。它是几家企业联合，集小量为大量，共同利用同一种配送设施的配送方式。共同配送的标准运作形式是：在中心机构的统一指挥和调度下，各配送主体以经营活动（或以资产为纽带）联合行动，在较大的区域内协调运作，共同对一个或多个客户提供系列化的配送服务。这种配送有两种形式：一种是中小生产、零售企业之间分工合作实行共同配送，即同一行业或同一区域的中小型生产、零售企业在运输量少、效率低下的情况下进行联合配送，不仅可以减少企业的配送费用、使配送能力得到互补，而且有利于缓解城市交通压力，提高配送车辆的利用率；另一种是几个中小型配送中心之间的联合，针对某一区域的用户，由于各配送中心所配物资数量少、车辆利用率低等原因，几个配送中心将用户所需物资集中起来，共同配送。

（4）延迟策略。在传统的配送计划中，大多数库存是按照对未来市场需求的预测量设置的，这样就存在预测风险：当预测量与实际需求量不符时，就会出现库存过多或过少的情况，从而增加配送成本。延迟策略的基本思想就是对产品的外观、形状及其生产、组装、配送应尽可能推迟到接到顾客订单后再确定，一旦接到订单就要快速反应。因此，采用延迟策略的一个基本前提是信息传递要非常快。

知识拓展

一般来说，实施延迟策略的企业应具备以下几个基本特征：

（1）产品特征。模块化程度高，产品价值密度大，有特定的外形，产品特征易于表述，定制后可改变产品的容积或重量。

（2）生产技术特征。模块化产品设计，设备智能化程度高，定制工艺与基本工艺差别不大。

（3）市场特征。产品生命周期短，销售波动性大，价格竞争激烈，市场变化大，产品提前期短。

课堂阅读

美国一家生产金枪鱼罐头的企业通过采用延迟策略改变配送方式，降低了库存水平。历史上这家企业为提高市场占有率曾针对不同的市场设计了几种品牌标签，产品生产出来后运到各地的分销仓库储存起来。由于顾客偏好不一，几种品牌的同一产品经常出现某一品牌畅销而另一些品牌却滞销压仓的问题。为了解决这个问题，该企业改变以往的做法，在产品出厂时不贴标签就运到各分销中心储存，当接到各销售网点的具体订货要求后，才按各网点指定的品牌贴上相应的标签，这样就有效地解决了此消彼长的矛盾，从而降低了库存。

（5）标准化策略。标准化策略指的是尽量减少因品种多变而导致附加配送成本的情况，尽可能多地采用标准零部件、模块化产品。例如，服装制造企业按统一规格生产服装，直到顾客购买时才按顾客的身材调整尺寸大小。采用标准化策略，要求企业从产品设计开始就要站在消费者的立场去考虑怎样节省配送成本，而不要等到产品定型生产出来了才考虑采用什么方法去降低配送成本。

二、仓储与配送绩效管理的目标、意义与原则

（一）仓储与配送绩效管理的目标

以顾客为中心的企业在注重利润的同时，应坚持更好地为顾客服务的宗旨。因为只有听取顾客的意见，满足顾客的需求，才能获得更多的利润，占据更大的市场份额。

仓储与配送绩效管理的工作目标是按计划完成经营目标，保持并逐步提高对客户的服务水平，控制部门的成本和企业的物流运作总成本。为了达到这一目标，就要建立起系统的仓储与配送绩效考核体系。从总体上看，这样可以正确判断企业的实际经营水平，提高企业的经营能力和管理水平，挖掘企业的服务潜能，增强企业的整体效益。

（二）仓储与配送绩效管理的意义

仓储与配送运营绩效考核指标是仓储与配送运营管理成果的集中体现，是衡量仓储与配送运作和管理水平高低的尺度。利用指标考核仓储部门经营的意义在于对内加强管理，降低仓储成本，对外进行市场开发，接受客户评估。

1. 对内加强管理，降低仓储成本

企业可以利用仓储与配送运营绩效考核指标对内考核企业物流服务各个环节的计划执行情况，纠正运行过程中出现的偏差。

（1）有利于提高仓储与配送运作与管理水平。仓储与配送管理绩效考核指标体系中的每一项指标都反映部分工作或全部工作的一个侧面。通过对指标的分析，能发现工作中存在的问题，特别是对几个指标的综合分析，能找到彼此之间的联系和关键问题之所在，从而为计划的制订、修改及仓储与配送运作过程的控制提供依据。

（2）有利于落实岗位责任制。仓储与配送的各项指标是实行经济核算的根据，仓储与配送的绩效考核有利于落实岗位经济责任制，实行按劳取酬和各种奖励的评定。

> **课堂讨论**
>
> 如果仓储企业的所有职工都发一样的工资，会出现什么局面？

（3）有利于仓储与配送设施设备现代化改造。一定数量、水平的设施设备是保证仓储与配送经营活动高效进行的必要条件，通过对比作业量系数、设备利用等指标，可以及时发现仓储与配送作业流程的薄弱环节，以便仓储与配送有计划、有步骤地进行技术改造和设备更新。

（4）有利于提高仓储与配送经济效益。经济效益是衡量仓储与配送工作的重要标志，通过指标考核与分析，可以对仓储与配送的各项活动进行全面的检查、比较、分析，确定合理的仓储与配送作业定额指标，制订并优化仓储与配送作业方案，从而提高仓储与配送设施设备的利用率，提高客户服务水平，最终降低成本，以合理的劳动消耗获得理想的经济效益。

> **课堂讨论**
>
> "效率是设计出来的，不是监督出来的。"你对这句话怎么看？

2. 对外进行市场开发，接受客户评估

仓储与配送企业还可以充分利用仓储与配送运营绩效考核指标对外进行市场开发和客户关系维护，给货主企业提供相应的质量评估指标和参考数据。

（1）有利于说服客户，扩大市场占有率。货主企业在仓储与配送市场中寻找供应商的时候，在同等价格的基础上，服务水平通常是最重要的因素，如果仓储与配送部门能够提供令客户信服的服务指标体系和数据，就会在竞争中获得有利地位。

（2）有利于稳定客户关系。在当前的物流市场中，以供应链方式确定下来的供需关系并不太多，供需双方的合作通常以1年为期，到期客户将对物流供应商进行评估，以决定今后是否继续合作。

（三）仓储与配送绩效管理应遵循的原则

（1）科学性。科学性原则要求所设计的指标体系能够客观如实地反映仓储生产的所有环节和活动要素。

（2）可行性。可行性原则要求所设计的指标体系便于工作人员掌握和运用，数据容易获得，便于统计，便于分析比较。

（3）协调性。协调性原则要求各项指标之间相互联系和相互制约，但是不能相互矛盾和重复。

（4）可比性。在对指标分析的过程中，需要对指标进行比较，如实际完成和计划相比、现在与过去相比、自身与同行相比等，所以可比性原则要求指标在内容等方面一致，使指标具有可比性。

（5）稳定性。稳定性原则要求指标体系一旦确定之后，应在一定时期内保持相对稳定，不宜频繁变动、修改；在执行一段时期后，经过总结后再进行改进和完善。

课堂阅读

库存管理能力是亚马逊卖家的核心竞争力。为了让卖家更好地管理库存，并清除掉那些卖不出去的产品，提高整体营收，亚马逊推出了新的库存绩效指标（Inventory Performance Index，IPI），并于2018年7月1日开始实施。每个卖家的IPI分数将在每个季度重新评估一次，得分低于350分的卖家账号库存将受限，直到下一季度重新评分并且得分高于350分，库存超额费用将按每立方英尺每月10美元的费率收取。得分等于或高于350分的卖家库存量没有限制，但仍然要正常交FBA（Fulfillment by Amazon的缩写，即亚马逊物流服务）短期和长期仓储费用。显然，IPI分数高于350分对卖家有很多好处，库存量可以不受限制，但仍要保持良好的信誉并提高IPI分数。

卖家要知道，在采取行动和重新计算以更新得分之间，存在时间滞后。卖家库存售完和重新补货通常在同一天更新，而售罄率只会每周更新一次。特别是当卖家接近IPI分数门槛时，那么就要计划并调整补货库存，小心添加新产品。这里需要注意的是，最终评估日期时的IPI得分是至为关键的，并且会对整个季度的仓储空间产生影响。对于那些IPI分数较低的卖家来说，不仅要想着如何生存，而且要想着如何在库存量有限制的情况下实现增长。如果你是卖家，你应该怎么做？

IPI分数主要取决于4个因素：Sell-through rate（售罄率，目前最重要的影响因素）、In-stock rate（现货率）、Excess inventory percentage（滞销库存比率过高）、Stranded inventory percentage（因Listing出问题被滞留在仓库中的库存比率）。

其实，卖家可以这样做：

（1）确定新的库存限制。亚马逊会为服装、标准尺码和超大件产品分配单独的仓储空间。如果卖家目录跨越多个品类，那么将产品放进这些品类的独立仓库至少能减轻一些卖家的仓储压力。

（2）根据亚马逊公告，卖家的仓储限制不低于每种产品约0.71m³。特别是销售历史记录良好的卖家，平台提供的仓储空间可能会高于限制值。

（3）优先考虑最小化库存。如果卖家的库存超过限额，则在亚马逊计算超额费用之前，卖家仍有时间卖出一些库存，具体做法就是提高售罄率或从FBA仓库中移除产品。商家可以选择将部分物品转存到第三方海外仓，更换标签后以全新的产品重新返回FBA仓库。

（4）清理品类目录。对于亚马逊上的所有卖家而言，该政策旨在清理一些表现不佳或销售速度慢的产品，帮助改善卖家所提供的体验。卖家可以利用一些工具来清理可能过期的品类目录。

三、绩效考核与评价

（一）仓储与配送运营绩效考核指标体系

仓储与配送运营绩效考核指标体系是反映仓库生产成果及仓库经营状况各项指标的总和，其种类由于仓储部在供应链中所处的位置、仓储企业经营性质的不同而有繁有简。有的企业或部门将该指标分为6类，即反映仓储生产成果数量的指标、反映仓储生产作业质量的指标、反映仓储生产物化劳动和活劳动消耗的指标、反映仓储生产作业物化劳动占用的指标、反映仓储生产劳动效率的指标、反映仓储生产经营效益的指标。

> **课堂思考**
>
> 年末，某公司要对仓储部门进行考核，通过考核来检验当年的业绩情况。通过考核，可以了解部门是否实现了今年的经营目标，发现企业运营方面存在哪些问题，从而可以解决企业存在的问题。现在，总经理委托人事部门主管和仓储主管进行考核，要求设计考核指标和标准、制定考核表，考核内容要求全面、科学，不仅要对仓储部门的绩效进行全面的考核，而且要对仓储部门的相关人员进行考核。
>
> 假如你是人事部门主管或者仓储主管，该设计哪些考核指标、制定哪些标准呢？

1. 反映仓储作业成果数量的指标

（1）吞吐量。吞吐量是指计划期内仓库中转供应物品的总量，计量单位是"t"，计算公式为

$$吞吐量 = 入库量 + 出库量 + 直拨量$$

（2）库存量。库存量通常指计划期内的日平均库存量，同时反映仓库平均库存水平和库容利用状况，计量单位是"t"，计算公式为

$$月平均库存量 =（月初库存量 + 月末库存量）/2$$

（3）存货周转率。库存周转率是销售（出货）数量与库存平均数量的比率，一般指在特定周期内的商品周转情况，计算公式为

$$库存周转率 =（货物销售成本 \div 库存平均余额）\times 100\%$$

> **知识拓展**
>
> 在物品的总需求量一定的情况下，如果能降低仓库的物品储备量，则其周转的速度就越快。从降低流动资金占用和提高仓储利用效率的要求出发，就应当减少仓库的物品储备量，但若一味地减少库存，就有可能影响到物品的供应。因此，仓库的物品储备量应建立在一个合理的基础上，做到在保证供应需求的前提下，尽量地降低库存量，从而加快物品的周转速度，提高资金和仓储效率。

2. 反映仓储作业质量的指标

（1）收发差错率。收发差错率也叫收发正确率，是以收发货所发生差错的累积数所占收发货总数的百分比来计算。该指标反映仓储部门收发货的准确程度，计算公式为

$$收发差错率 =（收发差错累计笔数 / 收发货总笔数）\times 100\%$$
$$收发正确率 = 1 - 收发差错率$$

收发差错包括因验收不严、责任心不强而造成的错收、错发，不包括丢失、被盗等因素造成的差错，是仓储管理的重要质量指标。在通常情况下，收发差错率应控制在

0.005% 的范围之内,而对一些单位价值高的商品或具有特别意义的物品,客户会要求收发差错率为零,否则将根据合同予以索赔。

(2)业务赔偿费率。业务赔偿费率是以仓储部在计划期内发生的业务赔罚款占同期业务总收入的百分比来计算。该指标反映仓储部门履行仓储合同的质量,计算公式为

$$业务赔偿费率=(业务赔罚款总额/业务总收入)\times 100\%$$

业务赔罚款是指在入库、保管或出库阶段,由于管理不善、措施不当而造成库存物损坏或丢失所支付的赔款和罚款,以及为延误时间等所支付的罚款,意外灾害造成的损失不计入其中。业务总收入是指计划期内仓储部门在入库、储存、出库阶段提供服务等收取的费用之和。

(3)物品损耗率。物品的损耗率是指在保管期中,某种物品自然减量的数量占该种物品入库数量的百分比。该指标反映仓储部物品保管和维护的质量和水平,计算公式为

$$物品损坏率=(物品损坏量/期内物品保管总量)\times 100\%$$

或

$$物品损坏率=(物品损坏金额/期内物品保管总金额)\times 100\%$$

知识拓展

> 物品损耗率指标主要用于评估易挥发、易流失、易破碎的物品。仓储部与货主根据物品的性质在仓储合同中规定一个相应的损耗上限,当实际损耗率高于合同中规定的损耗率时,说明仓储部门管理不善,对于超限损失部分仓储部要给予赔偿;反之,说明仓储部管理更有成效。

(4)账实相符率。账实相符率是指在进行物品盘点时,仓储保管的物品账面上的结存数与库存实有数量的相互符合程度,在对库存物品进行盘点时,要求根据账目逐笔与实物进行核对。该指标可以衡量仓库账面物品的真实程度,反映保管工作的完成情况和管理水平,是避免物品损失的重要手段,计算公式为

$$账实相符率=(账实相符笔数/储存物品总笔数)\times 100\%$$

或

$$账实相符率=(账实相符件数/储存物品总件数)\times 100\%$$

(5)缺货率。缺货率反映仓库保证供应、满足客户需求的程度。该指标可以衡量仓储部门进行库存分析的能力和组织及时补货的能力,计算公式为

$$缺货率=(缺货次数/用户需求次数)\times 100\%$$

(6)配送准时率。配送准时率是反映配送服务的重要指标,也是仓储与配送企业保有和发展业务与客户的重要参考指标,计算公式为

$$配送准时率=(配送准时次数/配送总次数)\times 100\%$$

3. 反映仓储作业物化劳动和活化劳动消耗的指标

(1)库用物资消耗指标。库用物资消耗指标是指库用材料、燃料、动力的消耗定额。

(2)平均验收时间。平均验收时间是指每批物品的平均验收时间,计算公式为

$$平均验收时间=每批物品验收天数之和/入库验收总批数$$

每批物品验收天数是指从物品具备验收条件的第二天起,至验收完毕单据返回财务部门的累计天数。当日验收完毕并退单的按半天计算,入库验收批数以一份入库单为一批进行计算。

(3)整车平均发运天数。其计算公式为

$$整车平均发运天数=整车发运天数之和/发运车总数$$

整车发运天数是从调单到库第二日起,到向承运单位点交完毕止的累计天数。在库内专用线发运的物资从调单到库第二日起,至车皮挂走止来累计天数。

(4) 作业量系数。作业量系数为1表示是最理想水平,表明仓库装卸作业组织合理。其计算公式为

$$作业量系数 = 装卸作业总量 / 进出库物品数量$$

(5) 单位进出库成本和单位仓储成本。其计算公式分别为

$$单位进出库成本 = 进出库费用 / 进出物品总量$$

$$单位仓储成本 = 储存费用 / 各月平均库存量之和$$

4. 反映仓储作业物化劳动占用的指标

(1) 仓库面积利用率。其计算公式为

$$仓库面积利用率 = (库房占地总面积 / 仓库占地总面积) \times 100\%$$

(2) 仓容利用率。其计算公式为

$$仓容利用率 = (仓库平均存量 / 最大仓容量) \times 100\%$$

(3) 设备利用率。其计算公式为

$$设备利用率 = (设备作业总台时 / 设备额定作业总台时) \times 100\%$$

设备作业总台时是指各台设备每次作业时数的总和。设备额定作业总台时是指各台设备应作业时数的总和。计算设备利用率的设备必须是在用的完好设备。

5. 反映仓储作业劳动效率的指标

反映仓储作业劳动效率的指标主要是全员劳动生产率,可以用平均每人每天产成的出入库物品量来表示,计算公式为

$$全员劳动生产率 = (全年物品出入库总量 / 全员年工日总数) \times 100\%$$

6. 反映仓储作业经济效益的指标

反映仓储作业经济效益的指标主要有人均税利率等。

(二) 仓储与配送绩效评估的原则、标准与内容

1. 仓储与配送绩效评估的原则

仓储与配送绩效评价体系指的是与物流绩效评价相关的评价制度、评价方法、评价标准、评价机构或人员及评价指标等方面形成的有机的整体。它主要由物流绩效评价指标体系、物流绩效评价制度体系、物流绩效评价组织体系组成。

(1) 评价指标必须是定量的。这就意味着企业物流的绩效评价指标体系必须具有客观性、稳定性和可操作性,不会因个人的主观意愿而有所改变。

(2) 评价指标必须明白易懂。企业物流的绩效评价指标涉及企业各个部门及各个阶层的人员,一个有效的绩效评价系统应该能清晰地传达它所要评价的内容和具体的评价方法。

(3) 评价指标必须众人达成共识。由于绩效评价体系所涉及的评价指标和专业术语较多,而不同的企业对于同一指标和术语的理解又有所不同(以"准时送达"为例,有的认为是在15min内送达,而有的认为是在具体的某一天的某一刻送达),所以让企业所有的人员,包括内部人员和外部人员,对每个具体的指标及其所涉及的术语达成一致意见是非常有必要的。这是让企业直接提高物流活动效益的环节。

(4) 评价必须特别抓住关键环节。过多的评价指标会带来混乱,导致整个绩效评价体

系的失效,各企业应该根据其经营的重点和目标,对企业物流、供应链和经营战略起决定作用的环节做出重点评价,而其他环节只需要略加点评。

(5)绩效评价必须能够增加经济效益。实施企业物流的绩效评价体系所带来的效益必须超过数据收集和分析的成本,不提倡过于复杂、涉及面广或过于简单的评价体系,因为这样的体系会偏离评价指标的初衷。

> **课堂思考**
> 一般情况下,企业会先设定一定的顾客服务水平,然后在保证顾客服务水平的基础上,尽量降低物流成本。这种做法的目的何在?

2. 仓储与配送绩效评估的标准

(1)计划标准。计划标准是评价物流绩效的基本标准。以计划标准为尺度,可以将物流绩效实际达到的水平同计划指标进行对比,反映物流绩效计划的完成情况,并在一定的程度上表明了现代企业的经营管理水平。

(2)历史标准。以历史标准为尺度,可以将物流绩效指标实际达到的水平同历史同期水平或历史最好水平进行对比,观察这种指标是否达到了最佳状态。这种纵向的对比能够反映出物流绩效指标的发展动态及方向,为进一步提升物流绩效提供决策依据。

(3)行业标准。用国内外同行达到的先进水平作为评价物流绩效的尺度进行横向对比,便于观察和表明企业本身所处的位置,便于发现差距,为企业制定物流发展战略提供参考。

(4)顾客标准。用顾客对企业物流运作服务的评价和满意度来衡量现代企业的物流绩效。顾客的满意度是评价现代企业物流运作服务水平的关键要素,也是现代企业改进和提高物流服务水平的依据。

> **课堂讨论**
> "仓储运营水平的提高=优秀的制度+清晰的流程+合理的绩效。"对于这句话,你怎么看?

3. 仓储与配送绩效评估的内容

(1)成本与收益方面。成本与收益方面包括物流总成本、物流单位成本、物流成本销售额百分比、入库成本、出库成本、管理成本、仓库订单处理成本、直接劳动成本、实际成本与预算成本偏差、成本趋势分析、直接产品收益、服务收益、库存持有成本、退货成本、产品损坏成本、服务失败成本、过时交付成本等。

(2)客户服务方面。客户服务方面包括订单履行率、缺货、发货错误、准时交付、过时交付、周转时间、交货连贯性、客户服务响应时间、响应精确度、完成订单数、客户投诉、销售部门意见、全面可靠性、总体满意度等。

(3)内部作业方面。内部作业方面包括单位员工发货数量、单位劳动力处理产品数、每个销售代表订单数、历史标准偏差、目标计划、生产力指数、设备停工期、订单录入效率、仓储劳动生产力、产品损坏率、订单录入精确度、分拣/发货精确度、文件/发票精确度、信息有效性、信息精确度、补偿数量、客户退货数量、库存周转次数、库存水平和供应天数、库存废旧率、净资产回报、投资回报等。

> **课堂思考**
> 还有哪些方面可以进行物流绩效评估?

（三）仓储与配送绩效管理的突破点

1. 服务质量

服务质量的测定考核可以通过识别、追踪、消除仓库作业影响中不稳定、不合理的问题和环节，整合流程以降低不确定的因素的干扰和影响来实现。

要测定考核仓库服务质量，提高服务水平，可以采取的步骤：第一步，通过结果观察仓库现有服务质量，回答"目前做得怎样？"等问题；第二步，通过诊断进一步观察服务低于或高于目标的原因；第三步，通过产生的影响追溯服务质量的直接成本和间接成本。

2. 仓库生产率

仓库生产率指的是仓库实际产出与实际投入的比率，可以测定仓库生产过程满足需求的效率，计算公式为

仓库生产率 =（同时期装运的订单数 / 某时期接收的订单数）× 100%
　　　　 =（同时期装运的订单数 / 某时期装运的平均订单数）× 100%
　　　　 =（同时期装运的订单数 / 某时期的直接工时数）× 100%

提高仓库生产率可以采取 3 种途径：一是重新设计程序；二是更好利用现有资源；三是积极改进问题突出的工作环节。

3. 程序效率

程序效率也是一种测定考核内部顾客服务的方法，在仓储与配送绩效管理中运用广泛。只要有产品或信息从一个人或部门传递到另一个人或部门，接受者就是内部顾客。这种供应商与内部顾客之间的关系是很重要的，它会直接影响企业对最终顾客的服务，内部服务失误的情况发生得越多，外部或最终顾客认为这种绩效为劣质服务的可能性就越大。因此，运用程序分析工具既能巩固物流程序满足顾客需求的效力（物流的服务质量方面），又能提高程序的效率（物流的生产效率方面），而最终结果是顾客将得到更多超值的服务。

（四）提高仓储与配送绩效管理的策略

仓储与配送企业通常可以通过 4 个方面的活动来提高绩效管理：一是彻底研究顾客的需要；二是在认真权衡成本与收益的基础上确定最优的服务水平；三是在订货处理系统中采用最先进的技术手段；四是考核和评价仓储与配送管理各个环节的手段。

有效的仓储与配送服务战略立足于深刻理解顾客对服务的需求。因此，对于仓储与配送服务审计和调查的研究必不可少，一旦明白了顾客对服务的需求，管理层必须制订合适的战略，以实现企业长期盈利和收回投资的目标。最优的仓储与配送服务水平能以最低的服务成本为企业留住最有价值的顾客群，而制订有效的仓储与配送服务方案所需要符合的标准：一要反映顾客的观点；二要为服务业绩提供可操作和有针对性的评估方法；三要为管理层提供调整业务活动的线索。

应用案例

A 公司是一家仓储物流企业，在某顾问公司和人力资源部总监的共同努力下，设计和引进了一个科学高效的绩效评估系统。该系统包括职务说明书、绩效管理目标卡、绩效考核体系、薪酬和发展系统 4 个部分。然而，该系统在实施过程中，人力资源部总监却遇到了几个问题：

（1）虽然整个系统非常科学和实用，但管理者仍然反映不知道如何对属下进行迅速、合理和真实的评估。

（2）每当考核完毕后，被考核人常以结果不合理为由，直接向人力资源部申诉，要求公正和公平，搞得人力资源部疲于应付而影响其他工作。

（3）一部分员工对绩效评估提出了质疑，如绩效评估是不是就是烦琐的填表和交表、是不是为了找员工的不足和缺陷等。

（4）管理者对评估结果的描述简单而缺少变化，让部属感到无所适从或不被重视。

（5）管理者认为评估过程太烦琐，耽误了很多时间。

绩效评估体系在企业人力资源管理实践中能否成功，有两个关键点：一是开发和设计，这决定了系统本身的科学性和实用性；二是实施过程，这决定了科学实用的评估系统能否真正发挥作用。A 公司出现上述问题，说明其评估系统本身并不存在问题，而是在系统的实施过程中，相关人员对系统本身的认识和方法不当。

绩效评估是一种防止绩效不佳和提高绩效的工具，是由企业领导和员工以共同合作的方式来完成的。这就需要领导和员工之间进行持续不断的双向沟通和交流，通过沟通使员工对既定的工作职责、员工和上级之间如何共同努力达成共识。企业一旦引进绩效评估系统，就意味着对管理进行了一场革命，即由管理者对部属单向的领导和控制转向双方的真正合作，这是有效绩效评估的前提。

A 公司应该从以下几个方面着手解决绩效评估系统实施过程中的问题：

（1）改变管理者和员工的观念。

① 绩效评估系统的运作效果如何，除了跟系统本身有关以外，更重要的是在于实施过程和执行的力度。

② 许多管理者和员工认为评估就是在月末、季末或年末针对过去的表现和业绩进行考核的管理行为，而实际上通过评估，可对被评估者的能力提升和职业生涯规划会起到有效的推进作用，并进一步促进管理规范和提高组织绩效。这是实施绩效评估系统的真正目的和意义所在，所以管理者和员工不应该把实施绩效评估系统当作一种负担，而应该看作一种先进的管理方式。

（2）设计三级评估体系。被考核人进行自我考核和由直接领导进行评估的同时，又受到绩效评估委员会的审核和监督。而且，整个执行过程是一个被考核人始终与上级领导相互沟通、上下级之间相互交换意见的过程，这保证了评估过程和结果的公平性和公正性。

（3）建立绩效评估投诉制度。一般来说，由总经理、人力资源部总监和外聘的人力资源顾问共同成立的绩效评估委员会由公司高层直接领导，主要职责是领导和指导绩效评估工作、听取各部门管理者的初步评估意见和汇报、纠正评估中的偏差、有效控制评估尺度等。这为绩效评估的客观公正提供了进一步的保障，因为绩效评估结果对员工的薪酬和发展问题将会产生重大影响。如果部门经理或直接主管在评估过程中对部属的打分程度有偏差，可退回中心评估。当员工对评估结果有争议时，可提出申诉由委员会调解仲裁，达到客观公正。有了严格的投诉制度和委员会，人力资源部总监才可以避免面对疲于应付的局面。

（4）实施大规模的绩效培训。

① 管理者和员工认识绩效评估系统的本身。对管理者而言，评估可以不必介入所有的具体事务中，通过赋予员工必要的知识来帮助他们进行合理的自我决策，从而节省管理者的时间；同时，减少员工之间因职责不明而产生的误解。对员工而言，评估可以得到有关他们工作业绩情况和工作现状的反馈，获知他们应该做什么和为什么要这样做；同时，使员工具有进行日常决策的能力。

② 培养责任感。绩效评估是一项从公司总体战略着眼，以提高公司整体业绩为目的，从员工个人业绩出发，对员工和整体进行考核的业绩管理制度。培养管理者和员工的责任感是系统有效实施的必要条件。

③ 掌握绩效评估的技巧和方法。一个完整的绩效评估系统，会涉及许多种评价方法，以及相应的评估技巧。通过培训，管理者能制定出部属的工作要项和工作目标，了解绩效评估的方法、程序和评估标准，学会如何做绩效评估面谈和相应的技巧、如何制订绩效改进计划、懂得如何实施对部属的辅导。

（5）做好管理者和员工的工作，使其认识到绩效评估是规范管理和提高绩效的最佳方法。绩效评估是一件复杂和细化的工作，所以许多管理者和员工认为评估过于烦琐，耽误工作时间。而事实上，如果绩效评估系统运行两三周以后，评估双方会发现通过上下级之间的业绩目标合作，可以实现更有效的工作授权；通过考核中的监督和指导，可以实现管理者对部属的工作的指导；通过沟通，可以找出工作中的优缺点、差距，有效确定改进方向和措施。

（资料来源：根据华夏管理网资料整理，有改动）

问题思考

（1）从 A 公司实施绩效评估系统来看，在仓储管理中实施绩效评估应注意哪些问题？

（2）如果你是 A 公司人力资源部总监，你觉得仓储物流怎样进行绩效考核才是合理和有效的？

实训项目

实训目的

通过模拟实训，熟悉仓储与配送企业绩效管理的内容和设计方法，了解企业绩效相关内容的管理与考核，以巩固所学知识。

实训准备

（1）了解仓储与配送绩效管理的内容。
（2）设计并准备好相关表格。
（3）将学生分组，8人一组，指派小组长负责小组的管理工作。
（4）安排工作计划。

实训实施

假设一家位于保税区的第三方物流公司有一个20人的仓储团队，其中包括组长1人、副组长1人、单证员3人，其余的人不分岗位。日常工作内容为收货、清点、上架、取货、核对、盘点、贴标签、装车等。如果每个月有10万元薪水要给这20人，那么通过什么方法考核他们的工作，才能比较公平、公正地进行分发，然后年末又能通过考核制度来决定他们能否升职、加薪？

（1）以小组为单位开展讨论，记录讨论结果。
（2）以小组为单位展示实训成果。

实训考核

实训考核表见表3-18。

表3-18 实训考核表

考核人		被考核人	
考核地点			
考核内容	仓储与配送企业绩效管理设计		
考核标准	具体内容	分值/分	实际得分
	工作态度	20	
	沟通水平	20	
	汇报文字	30	
	汇报陈述	30	
	合　　计	100	

能力自测

知识能力自测

（1）仓储成本控制的重要性体现在哪里？
（2）仓储成本控制的原则有哪些？应如何执行？
（3）配送成本控制的策略有哪些？
（4）仓储与配送绩效管理的意义是什么？
（5）仓储与配送绩效考核指标制定的原则是什么？如何进行指标管理？
（6）进行仓储与配送绩效评估指标分析的方法有哪些？
（7）可以从哪几个方面寻找仓储与配送绩效管理的突破口？
（8）仓储与配送绩效评估的程序是怎样的？

双创能力自测

在一家跨国公司策划总监职位的招聘会上，应聘者云集，但考核也异常严格。经过层层筛选，最后只有3人脱颖而出。在最后一次考核前，3人被分别安置在一间被监控的房间内，房间内各种生活用品、家用电器一应俱全，但没有电话，不能上网，他们的手机也都被收走了。该公司没有告知3人具体要做什么，只是说让他们耐心等待考题的送达。

第一天，3人都在略显兴奋中度过，看看书报，看看电视，听听音乐，只是在做饭的时候都因为不太擅长而出现了一些小问题，但于手忙脚乱之中3人还是快乐地吃到了饭。

第二天，情况开始出现了不同。因为迟迟等不到考题，有1人变得浮躁起来，不断地更换电视频道，把书翻来翻去，甚至连吃饭也草草应付了事；有1人不停地在房间里走来走去，眉头紧锁，满脸凝重，夜里翻来覆去难以入眠；只有1人，还跟着电视情节快乐地笑着，津津有味地看书，快快乐乐地吃饭，踏踏实实地睡觉。

几天后，该公司终于将3人请出了房间，那两个焦躁的人已经形容枯槁，只有那个始终快乐的人依然神采奕奕。就在3人凝神静气地等待主考官出题时，主考官却宣布考核的最终结果，那个能够坚持快乐生活的人被录用了。主考官的解释是："快乐是一种能力，能够在任何环境中都保持一颗快乐的心，可以更有把握地走向成功。"

思考：当你带着智慧出发的时候，一定也要带上快乐。你是怎么想的？

参考文献

陈艳，2014．仓储管理实务 [M]．武汉：武汉理工大学出版社．
季敏，2018．仓储与配送管理实务 [M]．北京：清华大学出版社．
李方峻，曹爱萍，2017．配送管理实务 [M]．重庆：重庆大学出版社．
刘莉，2005．仓储管理实务 [M]．北京：中国物资出版社．
刘艳良，肖绍萍，2008．仓储管理实务 [M]．北京：人民交通出版社．
聂军，2004．物流技术与设备 [M]．北京：对外经济贸易大学出版社．
王登清，2009．仓储与配送管理实务 [M]．北京：北京大学出版社．
邬星根，李荘，2005．仓储与配送管理 [M]．上海：复旦大学出版社．
武德春，2004．现代物流仓储与配送 [M]．苏州：苏州大学出版社．
张晓川，2013．现代仓储物流技术与装备 [M]．2 版．北京：化学工业出版社．
真虹，张婕姝，胡蓉，2015．物流企业仓储管理与实务 [M]．3 版．北京：中国财富出版社．
郑克俊，2018．仓储与配送管理 [M]．4 版．北京：科学出版社．
郑丽，2021．仓储与配送管理实务 [M]．2 版．北京：清华大学出版社．
周云霞，2014．仓储管理实务 [M]．3 版．北京：电子工业出版社．